MÉDICOS DO CAMPO DE BATALHA

MÉDICOS DO CAMPO DE BATALHA

COMO A GUERRA MUDOU A HISTÓRIA DA MEDICINA

MARTIN KING

Battlefield Medics - How warfare changed the History of Medicine
Copyright © Arcturus Holdings Limited

Os direitos desta edição pertencem à
Pé da Letra Editora
Rua Coimbra, 255 - Jd. Colibri - Cotia, SP, Brasil
Tel.(11) 3733-0404
vendas@editorapedaletra.com.br / www.editorapedaletra.com.br

Esse livro foi elaborado e produzido pelo

Sr. ARANDA ESTÚDIO
(11) 93020-0036

Tradução Fabiano Flaminio
Design e diagramação Adriana Oshiro
Revisão Larissa Bernardi
Coordenação Fabiano Flaminio

Impresso no Brasil, 2021

Dados Internacionais de Catalogação na Publicação (CIP)
Câmara Brasileira do Livro, SP, Brasil
Angélica Ilacqua - CRB-8/7057

King, Martin
Médicos do campo de batalha : como a guerra mudou a história da medicina / Martin King ; tradução de Fabiano Flaminio. – Brasil : Pé da Letra, 2021.
256 p. : il.; 16 x 23 cm

Bibliografia
ISBN: 978-65-5888-376-0
Título original: Battlefield Medics - How warfare changed the History of Medicin

1. Medicina – História 2. Guerra - Assistência aos doentes e feridos I. Título
II. Flaminio, Fabiano

21-3745 CDD 610.9

Índices para catálogo sistemático:
1. Medicina - História

Sumário

Prefácio

“Estas coisas que fazemos para que outros possam viver”, assim diz o credo do médico de combate. Já saí da relativa segurança de um posto avançado de combate, percorri uma estrada traiçoeira ou penetrei em áreas infestadas pelo inimigo mais vezes do que posso lembrar. Fiz isso, todas as vezes sem um total complemento de pessoas e equipamentos. É o caminho da infantaria. Nunca se tem tudo do que se precisa. Posso ter perdido um ou dois atiradores, ou até mesmo uma peça-chave do equipamento de combate, mas nunca fiquei sem meu médico. Nunca. Os nomes deles eu já esqueci há muito tempo, provavelmente, porque os chamávamos todos de “doutor”, mas seus rostos estão incrustados em minha mente para sempre. Eu posso vê-los hoje em seus equipamentos de combate, com o olhar determinado em seus rostos, bolsas médicas enfiadas firmemente nas costas, prontos para aquele chamado infame: “médico!”

É o dever solene de um comandante de combate cumprir a missão e trazer seu pessoal para casa com vida. Levamos isto muito a sério, especialmente este último, e o realizamos, em grande parte, através de um tratamento médico detalhado e de um plano de evacuação e rede que salva vidas. No centro disto está o médico.

Há pouco conforto na batalha. Carregado com coletes pesados e desconfortáveis, água, munição e armas volumosas, envolvido em atividade física semelhante a um intenso treinamento cross-fit, um soldado encontra pouco conforto. As forças terrestres são as mais vulneráveis entre os membros do serviço militar, expostas à ira das armas inimigas e dos dispositivos explosivos improvisados (IEDs). Qualquer breve período de descanso dos rigores deste ambiente é um momento bem-vindo para um soldado; respirar atrás de uma cobertura protetora, uma pausa na luta, a rendição de um inimigo ou a chegada de um médico. Especialmente a chegada de um médico.

Não há nada tão poderoso, tão reconfortante, tão curativo do que a conexão humana. Ansiamos por isso desde o momento de nosso nascimento até nossa idade adulta. Isto é especialmente verdade no campo de batalha. Além de seu companheiro de batalha, um médico ou enfermeira são a conexão humana que os soldados desejam. Do ponto assustador da lesão ao período de estabilização e cura em um hospital, são nossos médicos e enfermeiras, não nossos capitães ou sargentos, que prestam esse cuidado inabalável e amoroso.

Não é por acaso que chamamos nossos médicos de "Anjos do Campo de Batalha". Quando algo profundamente positivo acontece em nossas vidas, muitos de nós olhamos para cima em agradecimento a um anjo que acreditamos ter nos ajudado, guiado ou protegido. O mesmo é verdade na guerra. Um ferimento em combate nos leva de volta à nossa infância, quando estávamos impotentes, exigindo a proteção e os cuidados de um dos pais. Na guerra, feridos, ficamos deitados sobre a terra queimada de um campo de batalha ou sobre o conforto angélico branco de um leito de hospital, imobilizados por nossos ferimentos, impotentes, procurando essa mesma proteção e cuidado. Quando olhamos para cima, desta vez, vemos um anjo de verdade. Um médico.

As espingardas têm força no campo de batalha, os médicos têm ainda mais força. Os atiradores devem mirar e destruir um inimigo, muitas vezes, contra grandes probabilidades, manobrando diretamente no fogo inimigo. Os médicos lutam ao lado de fuzileiros, mas devem desempenhar suas funções de salvar vidas, normalmente, sob fogo, sacrificando sua própria segurança e bem-estar pela segurança e bem-estar de outro. Em um instante, eles passam de atiradores a médicos. A precisão com uma arma rapidamente se transforma em precisão com suas mãos e as ferramentas do seu ofício de salvamento de vidas.

Neste livro, você será levado a uma jornada de avanços médicos na tecnologia e na evacuação médica, salvando um número crescente de vidas. Os cockpits das aeronaves modernas e os painéis e equipamentos de comunicação das formações motorizadas de infantaria têm se tornado cada vez mais avançados tecnologicamente. O atendimento médico de combate não é exceção. Em meio a esses avanços, uma coisa permanece constante: a habilidade e a bravura de um médico que presta assistência no ponto de ferimento. Através do crescimento e da mudança tecnológica, a necessidade de um humano ir em auxílio de outro, certamente, transcenderá a evolução da guerra.

Todos rezam pelo fim da guerra, especialmente aqueles que vestem o uniforme militar de seu país. De fato, nenhuma pessoa revive a guerra mais do que alguém que deve combatê-la. Enquanto os humanos habitarem a Terra, é provável que a guerra exista. E, apesar dos avanços no armamento de reserva, nas plataformas aéreas e terrestres não tripuladas e outros avanços tecnológicos, os humanos continuarão a travar a guerra. Serão necessários guerreiros corajosos para apreender e manter o terreno, capturar prisioneiros, treinar forças locais e resolver questões da sociedade rural que alimentam as insurgências. Infelizmente, daqui a alguns anos, em alguma guerra futura, em um campo de batalha distante, um soldado certamente será ferido por um ataque inimigo. E mesmo que esse soldado esteja preparado com equipamentos de proteção mais avançados, e até mesmo dispositivos de monitoramento para determinar rapidamente os ferimentos, ele ainda olhará para cima. Ele ainda voltará à sua ânsia de infância por essa proteção e cuidados amorosos. E, quando olhar para cima neste futuro campo de batalha, ele ansiará por ver aquela pessoa que todos conhecem: Doutor. Uma pessoa que não busca recompensa nem honra por seus esforços. Uma pessoa que trata amigos e inimigos com os mesmos cuidados. Verá um médico de combate. Verá um anjo.

Coronel Robert Campbell (aposentado), Equipe de Combate da 1ª Brigada, 101ª Divisão Aerotransportadora, Exército dos EUA.

Prefácio

Estive ao redor de pessoas da profissão médica durante a maior parte da minha vida. Minha mãe era enfermeira, minha esposa é enfermeira e minha filha e uma de minhas irmãs trabalhavam em psiquiatria. Elas estão entre as melhores e mais resilientes pessoas que eu já conheci. Elas também são drasticamente mal pagas pelo trabalho que fazem. Uma das enfermeiras que mais impactou minha vida começou sua carreira em um hospital-geral. Seu nome era Augusta Chiwy, o tema do meu livro *Searching for Augusta* e do múltiplo premiado com o *Emmy Award* documentário de mesmo nome.

Ao pesquisar a história de Augusta, desenvolvi uma nova apreciação e respeito por todo o pessoal médico de combate. Isso me inspirou a aprofundar o assunto. Outro incentivo que inspirou este livro foi uma visita à excelente fazenda de Jacob Weikert, em Gettysburg. Os proprietários me contaram a história de uma jovem enfermeira extemporânea chamada Tillie Pierce, e as condições terríveis em que ela trabalhou durante e após a batalha. Nunca havia ouvido falar dela e de muitos outros nomes ilustres. Espero que este livro, de alguma forma, altere este déficit.

A maioria dos historiadores militares tende a se concentrar nas campanhas, generais e indivíduos que participaram ou orquestraram os combates. É natural, mas a guerra é uma experiência multifacetada; trata-se de salvar vidas, assim como tirá-las. Filmes contemporâneos como *Hacksaw Ridge* e séries antigas de TV como *M.A.S.H.* destacaram os papéis desempenhados pelos médicos do exército em várias zonas de guerra mortíferas. Eles fizeram um grande trabalho de chamar a atenção para a incrível atuação desses indivíduos. Eu até me lembro de tentar entrar para uma unidade MASH quando eu estava no final da adolescência, porque o programa de TV e o filme tiveram um efeito tão profundo em minha jovem vida. Infelizmente, sem o conceito mais básico de autodisciplina, percebi cedo que não fui talhado para isso em nenhum nível. Consequentemente, nunca consegui ir além dos Cadetes do Mar. Mesmo ali, eu ouvia histórias de como a Marinha Real usava limões e limas para combater o escorbuto desenfreado que, frequentemente, atingia as tripulações dos navios em longas viagens. Um suboficial falou com grande reverência sobre o papel dos cirurgiões da Marinha Real durante as Guerras Napoleônicas. A maioria desses médicos navais tinha diplomas médicos e eram todos membros do Colégio de Médicos de Elite.

Assim, as sementes do meu interesse foram plantadas há muitas décadas. Este livro é o culminar do meu fascínio pelos serviços médicos militares. Não é uma obsessão mórbida ou sanguinária, apenas um sinal do meu respeito e paixão pelo assunto escolhido. Embora Augusta Chiwy tenha me encorajado muito, o interesse já estava, até certo ponto, presente; ela foi apenas a centelha proverbial. Ela foi meu "Anjo" de Bastogne, mas, como vocês descobrirão, houve outros anjos e outras batalhas. Para os comandantes dos exércitos, eles estavam lá apenas para reparar os feridos, mas para os aflitos e moribundos, eles eram realmente anjos. É minha profunda esperança que as histórias contidas neste livro inspirem e alimentem um maior amor e uma maior apreciação por aqueles que ousaram aventurar-se nos domínios do inferno para salvar vidas.

Martin King, 2021

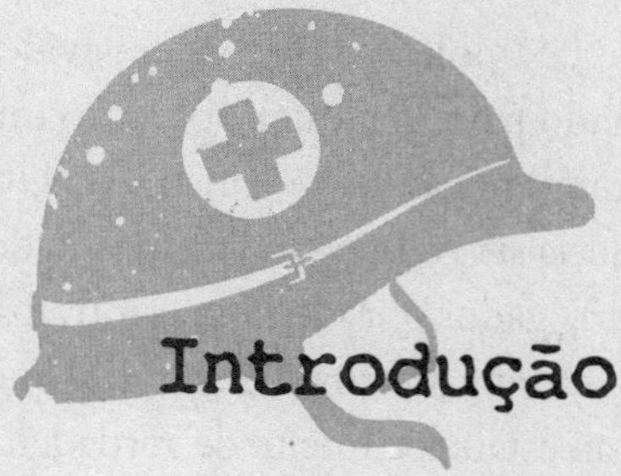

Introdução

Durante séculos, enquanto a poeira ainda estava baixando e a batalha ainda estava em fúria, estes homens e mulheres notáveis, muitas vezes, se colocaram em perigo para atender aos feridos e aos moribundos. Desde as Guerras do Peloponeso até as colinas e montanhas do Afeganistão, eles têm enfrentado estilingues e flechas, bombas e balas, para fazer seu trabalho. Até mesmo os antigos egípcios tinham um conceito nominal de práticas medicinais básicas de campo de batalha que combinavam a aplicação de ervas calmantes com requisitos celestiais duvidosos projetados para um propósito, remendar os feridos o melhor que pudessem e fazê-los lutar novamente. Os gregos expandiram consideravelmente a ideia e as legiões romanas até empregaram unidades médicas organizadas em seus exércitos.

Durante a Idade Média, enquanto os vikings assolavam as costas da Britânia, a maior parte do inestimável conhecimento recolhido pelos egípcios, gregos e romanos havia sido perdido para a posteridade. Muitos séculos passariam antes que os comandantes do exército chegassem a perceber os benefícios potenciais de cuidar e, até mesmo, curar as baixas da guerra.

Hoje em dia, uma Cruz Vermelha ou Crescente Vermelho em braçadeiras ou capacetes, geralmente, distingue o pessoal médico da linha de frente de outros militares, mas nem sempre foi este o caso. Os homens e mulheres que respondiam ao grito de “Médico!” eram um coletivo notável, desimpedido por raça ou etnia, e igualmente indefinido por nacionalidade ou gênero, eles provaram, em inúmeras, ocasiões que o cuidado não tem cor e a coragem não tem credo. Estas páginas são uma pequena homenagem a alguns seres humanos verdadeiramente excepcionais.

INTRODUÇÃO

De Ramsés e Júlio César a Napoleão e Patton, era evidente o quão integral era o pessoal médico treinado para qualquer operação militar séria, mas demorou muito tempo para que a noção fosse registrada. Uma vez estabelecido que um soldado ferido poderia ser remendado e enviado de volta para à frente de batalha, aqueles sobrecarregados por ideologias intransigentes começaram a reavaliar a importância vital do inestimável serviço que o pessoal médico poderia prestar. Isto levou ao estabelecimento de verdadeiros serviços médicos de primeira linha, mas foi um caminho tortuosamente doloroso. À medida que este livro avança, você lerá, em primeira mão, relatos de veteranos de várias guerras e conflitos.

Aplicar inovações médicas foi uma coisa, mas outros elementos importantes que o pessoal médico forneceu não puderam ser aprendidos, nem ensinados. Cuidado, coragem e compaixão são inquestionáveis, mas igualmente importantes para os feridos. A expressão "ir além e acima" é uma frase frequentemente utilizada quando se descreve atos de heroísmo, mas aqui estava um grupo de pessoas que fizeram exatamente isso em quase todos os momentos concebíveis. Eles suportavam as mesmas privações e dificuldades que aqueles que faziam a luta e, frequentemente, corriam os mesmos riscos sem receber os mesmos elogios ou créditos. Agora é a hora de contar suas histórias.

PARTE UM

ESSAS MÃOS CURADORAS

CAPÍTULO UM

ONDE TUDO COMEÇOU

Os egípcios acreditavam que os tratamentos de feridas bem-sucedidos exigiam a prescrição de elementos visíveis e sobrenaturais. Para este fim, inevitavelmente, eles respeitariam remédios físicos práticos, mas estariam preparados para lançar o estranho feitiço mágico ou a rotina de dança espontânea para aumentar a eficácia. Seus remédios também contavam com o poder combinado de feitiços, juntamente com as misturas de ervas para, esperançosamente, alcançar um resultado desejado. As palavras certas poderiam invalidar ou desviar as forças maliciosas, e o uso de amuletos ou materiais que tinham estado em contato com talismãs poderosos também se esperava que produzissem um efeito salutar. Isto era, frequentemente, em detrimento do soldado aflito, cujas considerações primárias raramente excediam: "Faça algo rápido, isso dói, sabia?"

Como as tropas egípcias se aventuravam em batalha, frequentemente, elas usavam um amuleto para proteção que retratava a imagem horrível do Deus egípcio Bes. Isto foi pensado para deter os deuses malévolos ou os espíritos hostis dos mortos. No caso de Bes estar preocupado com outros assuntos, a imagem era aumentada com um escudo maciço e um par de pernas robustas que, à medida que a situação evoluía, podiam mudar de direção a qualquer momento. Os antigos egípcios não confiavam inteiramente em remédios sobrenaturais quando lidavam com traumas físicos. Um papiro escrito durante um período de luta e a guerra se refere a um médico que trata ativamente as baixas em batalha.

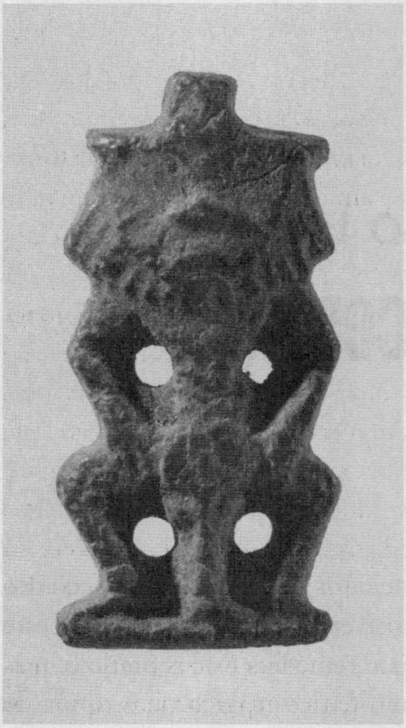

Amuleto do Deus egípcio Bes, c.1550-1295 a.C. Um dos muitos deuses que os antigos egípcios invocavam para curar seus feridos.

Ele descreve em detalhes os tipos de armas que teriam infligido feridas tanto em soldados egípcios quanto em seus inimigos em combate. Os tratamentos físicos e prescrições envolviam um compêndio de substâncias compilado ao longo de milênios. A cirurgia era extremamente rara, e a dissecção, definitivamente, não era considerada uma opção viável. Os médicos da época empregavam uma vasta farmacopeia de substâncias naturais como mel e suco de romã, um poderoso adstringente. A planta do lírio d´água, que era aplicada em feridas e abrasões, comprovadamente, continha propriedades analgésicas e pode também ter sido ingerida ocasionalmente para esse fim. Os resíduos descobertos em distintos recipientes de pescoço alto, que podem ter sido importados da Ásia Menor, sugerem que os médicos egípcios conheciam as propriedades anestésicas do ópio. Todos os médicos foram meticulosamente treinados e precisavam se tornar profissionais qualificados em medicina física e sobrenatural. Alguns séculos mais tarde, os gregos também invocavam seus deuses para inúmeros fins, mas tendiam a confiar em soluções mais práticas ao tratar os feridos.

A Hipócrates, o renomado médico grego da Era de Péricles, é creditado o famoso juramento: "Aquele que deseja praticar cirurgia deve ir para a guerra". O que ele deu a entender é que somente durante a guerra um médico poderia realmente aprender sua arte, fechando feridas, tratando infecções e aprendendo os meandros da anatomia humana. Uma passagem de *Ilíada*, de Homero, diz: "Um médico vale mais do que vários outros homens juntos, pois ele pode cortar as flechas e espalhar ervas curativas". Isto leva em conta, é claro, que a maioria das feridas teria resultado da implementação das práticas de entrecortes, esfaqueamento ou espadadas empregadas pelos antigos exércitos.

Embora seu valor anestésico possa ter sido questionável, algumas das "ervas curativas" aplicadas às áreas afligidas poderiam, de fato, ser bastante eficazes.

O antigo termo grego para a pessoa que cuidava dos feridos era '*iatros*', aparentemente derivado de uma antiga palavra jônica que significava "extrator de flechas". Os gregos efetivamente limpavam as feridas com uma mistura de vinho e vinagre. O vinho grego continha *polyphones*, que são bactericidas 33 vezes mais poderosos que os fenóis Joseph Lister usados em 1865.

É conhecido que o exército de Alexandre, o Grande, usava torniquetes feitos de bronze e couro para segurar os sangramentos. No entanto, eles não tinham o conhecimento para parar permanentemente o sangramento uma vez que um torniquete fosse removido. Alexandre reconheceu abertamente os benefícios de ter médicos treinados para acompanhar seus exércitos, e eles operaram em situações não completamente estranhas ao pessoal médico contemporâneo. Ele tinha apenas sete médicos sobrecarregados para cuidar de um exército de cerca de 40.000. Sua experiência inspiraria o Exército Romano a incorporar um serviço médico militar altamente organizado e eficiente como um acréscimo padrão a todas as suas legiões conquistadoras.

Quando os Exércitos Romanos começaram a se expandir para apoiar as ambições de seu imperador, eles desenvolveram algo que se assemelhava a um sistema distinto de medicina militar. Uma vez que o exército romano derrotou os gregos e os forçou a renunciar à sua independência, o serviço médico romano melhorou a versão grega, incorporando médicos treinados e estabelecendo hospitais de campo para cuidar de seus feridos. Platão estava correto quando escreveu, "todas as coisas boas dos conquistados passam para as mãos dos conquistadores".

O autor romano, Vegetius, escreveu que o Exército Romano deveria ser "preservado" fornecendo "um bom suprimento de água limpa, levando em conta considerações sazonais, o uso da medicina e o exercício para as tropas". Ele enfatizou que os comandantes não deveriam marchar as tropas ao sol escaldante ou em clima de congelamento, e que a água potável era um imperativo em todos os momentos. Ele foi um dos primeiros a afirmar categoricamente que os soldados doentes deveriam ser "trazidos de volta à saúde através de alimentos adequados e curados pela habilidade dos médicos". Cada médico ligado ao Exército seria obrigado a passar pela escola apropriada antes de ser permitido liberar seu talento sobre os legionários. A medicina do campo de batalha era um domínio exclusivamente masculino naquela época, e sua aplicação no Exército Romano era notavelmente avançada até mesmo pelos padrões contemporâneos. Ela excedeu, em muito, o conhecimento médico do período medieval.

Um oficial médico romano era conhecido como o "*medicus*". Este médico treinado, geralmente, era responsável pelo pessoal médico grego, ou treinado pelo pessoal médico grego conhecido como o "*medici*". A posição exata e hierárquica dos "*medici*" dentro do exército nunca foi determinada de forma conclusiva. Eles, geralmente, eram empregados ao serviço de Roma após serem capturados como prisioneiros de guerra.

Os soldados romanos feridos recebiam tratamento inicial por médicos chamados *capasarii*, que carregavam caixas de curativos. Mais tarde, os cirurgiões do Exército Romano, geralmente, recebiam o posto de *magister* ou 'mestre'. Registros mostram que suprimentos médicos e carruagens para carregar os feridos eram estrategicamente colocados no meio das colunas de marcha.

Descobertas arqueológicas na cidade de Xanten (conhecida como Vetera para os romanos) na Alemanha, desenterraram o que é assumido por muitos como um hospital romano (*Valetudinarium*) completo, com enfermarias, salas cheias de instrumentos médicos, salas cirúrgicas, salas de convalescença e, possivelmente, mortuários. Estes hospitais foram originalmente construídos para servir os militares.

Sob os auspícios do general romano e estadista Gaius Marius, o Exército Romano tornou-se a força mais bem treinada e disciplinada que o mundo conhecido já testemunhou, e seus serviços médicos militares tornaram-se a inveja de todos os exércitos opostos.

No sétimo livro *Natural History*, de Plínio, publicado em 77 d.C., o autor se refere a Marcus Sergius Silus Ferrous, general romano e político que viveu de 240-187 a.C. e lutou durante as Guerras Púnicas. Segundo Plínio, este general romano foi um dos primeiros soldados a usar um membro protético, tendo sua mão direita sido cortada em uma luta de espada. O general não apenas viveu para contar a história, mas também participou ativamente de muitas batalhas que se seguiram e, depois, sofreu mais 23 ferimentos separados em suas extremidades.

Ele conseguiu manter sua destreza na batalha utilizando uma mão de ferro protética capaz de segurar um escudo e rachar os crânios inimigos com des-

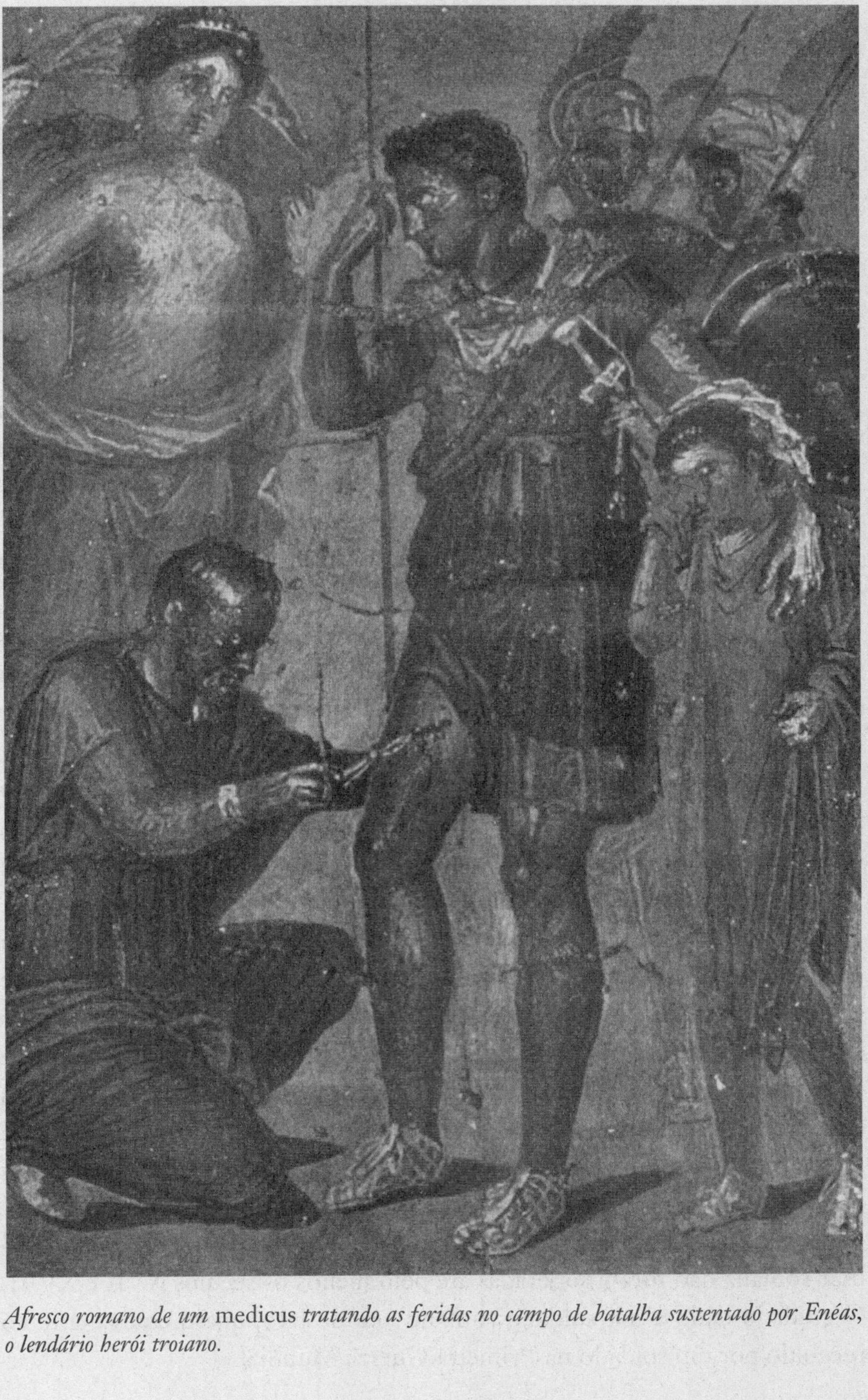

Afresco romano de um medicus *tratando as feridas no campo de batalha sustentado por Enéas, o lendário herói troiano.*

treza notável. Seus inimigos, frequentemente, eram reduzidos a um silêncio aterrorizante enquanto ele esfaqueava, arrancava e cortava com grande efeito. Duas vezes feito prisioneiro pelos cartagineses de Hannibal, ele conseguiu escapar em ambas as ocasiões. Depois do serviço militar, ele se aventurou na política, onde serviu como pretor romano. Vários de seus colegas tentaram impedir o ex-general de participar de cerimônias públicas por causa de sua percepção de "deformidade". Entretanto, Sergius confundiu seus detratores, o que, de certa forma, fez dele o primeiro defensor mundial dos direitos dos amputados veteranos.

No Exército Romano, a pessoa que inicialmente cuidou do general teria sido o *medicus*, utilizando os instrumentos à sua disposição para o tratamento de ferimentos. Seu uso primário teria sido para a extração de pontas de flechas e pequenas pedras disparadas por estilingues, mas havia vários outros instrumentos que eram notavelmente similares aos utilizados pelos cirurgiões do século XIX e início do século XX. Os cirurgiões romanos utilizavam pinças, bisturis, torniquetes, colheres de ouvido, cateteres e até pinças arteriais. Eles não teriam nenhum conhecimento sobre infecções bacterianas, mas tinham algum conceito de higiene, pois, geralmente, tomavam a precaução de ferver os instrumentos antes e depois de cada procedimento.

O *medicus* também tinha sedativos e analgésicos à sua disposição para melhorar sua maneira de dormir, incluindo sementes de ópio e meimendro, que continham escopolamina, também conhecida como hioscina, que é usada para tratar o enjoo de movimento, náuseas e vômitos pós-operatórios.

Soldados romanos feridos foram tratados com *acetum*, uma mistura feita de vinagre que provou ser um antisséptico viável, mas que era terrivelmente doloroso quando aplicado em feridas. Eram necessários quatro ou cinco *capasarii* para conter um paciente quando era usado, mas como antisséptico era conhecido por prevenir algumas infecções e até mesmo evitar que feridas superficiais se tornassem fatais.

Infelizmente, muitos desses remédios gregos e romanos foram perdidos na Idade Média, para serem recuperados apenas na Era Moderna.

Os historiadores concordam que a qualidade e a eficácia da medicina militar romana não foram superadas até pelo menos os séculos XVII e XVIII. O cuidado dado a um soldado romano era, de fato, quase equivalente ao recebido por um soldado na Primeira Guerra Mundial.

A palavra "enfermeira" deriva da palavra latina *nutrire*, que significa amamentar e, originalmente, pode ter se referido a uma enfermeira de maternidade. Foi somente no final do século XVI que a palavra "enfermeira" obteve seu significado contemporâneo como alguém que presta cuidados e conforto aos enfermos.

Diz-se que a primeira escola de enfermagem do mundo foi fundada na Índia, por volta de 250 a.C. Escritos da época indicam que somente homens eram considerados "puros" o suficiente para se tornarem enfermeiros. Este também era o caso da Roma antiga, onde os "*nosocomi*" eram homens que prestavam cuidados de enfermagem. O termo "*nosocomial*", que significa "hospital adquirido", deriva da palavra latina tardia para hospital, *nosocomium*. As mulheres foram novamente ignoradas em 300 d.C., quando outro grupo de homens conhecido como parabolani iniciou um hospital prestando cuidados voluntários de enfermagem e serviços funerários durante uma epidemia de peste em Alexandria, durante o episcopado de Dionísio, o Grande. O nome parabolani deriva do latim "*ignorar*", pois os homens desta organização fraterna se expuseram deliberadamente a doenças contagiosas. Quando o Império Romano se tornou o Império Bizantino, outras inovações médicas ocorreram com a criação de dois hospitais dentro da grande cidade de Constantinopla, abrigando enfermeiros e enfermeiras. Eles eram conhecidos como "*hypourgoi*" e ajudavam a avançar a enfermagem em uma escala global.

No entanto, é importante notar que a enfermagem só se tornou muito mais comum na Europa durante a Idade Média, devido, principalmente, à sua propagação pela poderosa Igreja Católica.

Foi São Bento, nascido por volta de 480, em Norcia, na Itália moderna, que fundou a Ordem de enfermagem dos monges beneditinos, e aqui os parâmetros se tornaram ligeiramente obscuros porque sua irmã gêmea, Santa Escolástica, passou a estabelecer uma comunidade monástica semelhante de mulheres. O pouco que sabemos sobre São Bento foi escrito sobre uma geração posterior nos *Dialogues of Gregory the Great*, pelo Papa Gregório I, o homem que estabeleceu o papado medieval.

Quando Carlos Magno tornou-se Imperador Romano Sagrado, em 800, ele se comprometeu a restaurar e equipar os hospitais de seu domínio com todas as últimas novidades e equipamentos médicos. Ele também exigiu que os hospitais fossem ligados a cada catedral e mosteiro dentro da Europa, o que ajudou a estimular a demanda por mais enfermeiros. Os mosteiros começaram a instalar hospitais dentro de suas instalações, assim como a construir enfermarias separadas, com a estipulação de que seus serviços estivessem disponíveis apenas para os genuinamente piedosos. Os pagãos e adoradores de outras religiões não eram bem-vindos.

Militares, religiosos e ordens leigas de homens, incluindo os Cavaleiros Hospitalares, os Cavaleiros Teutônicos, os Cavaleiros de São Lázaro e os Irmãos Hospitalares de Santo Antônio prestaram cuidados de enfermagem durante a Idade Média. Depois houve os Alexianos, grupos informais de leigos que prestavam assistência de enfermagem aos pobres no século XII.

CAPÍTULO DOIS

A DOLOROSA IDADE MÉDIA

Após a queda do Império Romano, a Europa Ocidental recuou drasticamente da estrutura bem ordenada e da disciplina da Era Clássica e as substituiu pelo que ficou conhecido como feudalismo. O início do período feudal começou por volta do século IX, na Europa Ocidental e Central. Com o tempo, disseminou-se para outras partes do continente, finalmente parando bruscamente no século XV, na Europa Ocidental, embora elementos de feudalismo continuassem por muito mais tempo na Europa Oriental.

Este sistema de subjugação forçada foi baseado em hierarquias rígidas, tendo cada grupo obrigações e expectativas dos grupos acima e abaixo deles. Sob este sistema desprezado, todos, exceto o rei, tinham um senhor governante acima a quem deviam lealdade, fidelidade e serviço em troca de terra e proteção. Alguns poucos camponeses mantiveram sua liberdade, mas eram minoria, porque a maioria se tornou servos, escravos do senhor feudal. Eles eram obrigados a permanecer na terra e pagar aluguéis extorsivamente altos ao senhor. Para piorar a situação, em tempos de guerra ou conflito armado, esperava-se que os homens portassem armas e servissem ao senhor feudal sem questionar. Os registros existentes oferecem extensos relatos dos meios, muitas vezes nefastos, que os reis feudais usavam para levantar seus exércitos. Foram mantidos inventários detalhados das obrigações feudais para calcular o número total de cavaleiros que poderiam ser pressionados a servir, quando necessário.

Há poucas referências nestes registros a respeito do tratamento de soldados feridos. A suposição geral é que dependia, em grande parte, da generosidade ou parcimônia do respectivo senhor feudal para cuidar dos cavaleiros e soldados a pé em seu serviço e, na maioria das vezes, cabia aos mosteiros cuidar dos soldados deficientes que tinham assinado para lutar por salários. A única esperança para estes infelizes camponeses dependia unicamente de sua obediência ao cristianismo devoto e da convicção, imposta ou não, de que a vida no céu seria consideravelmente melhor do que a vida na Terra.

Enquanto residentes na mansão, a maioria das pessoas suportava uma existência, geralmente, centrada em torno do castelo, da igreja, do vilarejo e das terras agrícolas vizinhas. Estas mansões, normalmente, eram bastante isoladas, e só raramente animadas por visitas de ambulantes, peregrinos a caminho da Terra Santa, ou soldados de outros feudos. O cuidado que um soldado recebia nesta época conturbada dependia inteiramente do status daquele indivíduo. Embora muitos senhores feudais ignorassem os valores do altruísmo genuíno, eles cuidavam de seus cavaleiros, enquanto os mosteiros eram sobrecarregados com o cuidado do soldado raso comum, ou um camponês empunhando uma foice.

Durante os tempos medievais, o tratamento de soldados feridos dentro e fora do campo de batalha, muitas vezes, recaía sobre o clero, onde a imposição de doutrina religiosa rigorosa, frequentemente, impedia a qualidade do cuidado recebido. A forte divisão da profissão médica em médicos e cirurgiões, pode ser rastreada até o século XII, quando a Igreja Católica proibiu oficialmente o clero de derramar sangue sob qualquer circunstância. Embora isto tenha se mostrado problemático para a extração de pontas de flechas ou de parafusos de besta, padres e monges continuaram, muitas vezes, sorrateiramente, a praticar medicina. A cirurgia real, entretanto, foi alocada aos talentos duvidosos de seus antigos assistentes leigos, cujo dever principal era raspar a cabeça dos monges com lâminas afiadas. Este desenvolvimento saudou o advento da profissão de "barbeiro-cirurgião", entretanto, mais tarde.

Por volta de 1048, comerciantes italianos em Amalfi fundaram uma organização que ficou conhecida como Cavaleiros Hospitalários. Estes comerciantes estabeleceram a Ordem principalmente para fornecer cuidados médicos e um porto seguro para os peregrinos doentes, feridos e pobres que se aventuravam em Jerusalém e na Terra Santa. Monges e outras Ordens quase religiosas ou militares que acompanhavam os Cruzados, geralmente, eram os que organizavam este serviço. Todos respondiam de boa vontade e fervorosamente ao chamado "*Deus vult*" (Vontade de Deus).

As forças Cruzadas eram constituídas por uma população diversificada, resultado do amplo apelo da bula papal de Urbano II para lançar a Primeira Cruzada, em 1095. Os Cavaleiros Cruzados eram acompanhados por uma verdadeira abundância de artesãos. Havia ferreiros e armadores, juntamente com caçadores para cuidar dos falcões e cães dos cavaleiros, mas havia pouca ou nenhuma provisão para higiene pessoal ou necessidades médicas.

O completo descaso dos Cruzados com a higiene pessoal provou ser uma das maiores afrontas às sensibilidades árabes na Terra Santa. O escritor sírio Usama ibn Munqidh, em seu livro, *The Book of Instruction*, abertamente desdenhou das práticas negligenciáveis dos Cruzados quando observou que, "Primeiro, os Francos simplesmente arrancaram a perna de um cavaleiro com um machado infectado; segundo, eles esculpiram uma cruz no crânio de uma mulher doente antes de esfregá-la com sal. Ambos os pacientes morreram no local, quando o médico árabe perguntou: 'Você precisa de mais alguma coisa de mim?' 'Não', disseram eles. E assim eu saí, tendo aprendido sobre suas coisas de medicina que eu nunca tinha conhecido antes."

Esta falta de higiene pessoal entre os Cruzados pode muito bem ter contribuído para o número significativamente grande deles que pereceram na praga após o cerco de Antióquia por oito meses, em 1098.

Em uma Cruzada posterior, a generosidade e misericórdia de Ricardo I para com os pobres, fornecendo transporte para eles e salvando muitas vidas no processo, forneceu o catalisador para sua reputação como um líder Cruzado. Frederick Barbarossa, igualmente mostrou uma linha altruísta quando aceitou a responsabilidade pela saúde de suas tropas, fornecendo carrinhos especialmente feitos para transportar os doentes, "para que a multidão indigente de pessoas lânguidas não pereça no caminho". Estas poderiam ter sido, de fato, as primeiras ambulâncias.

Havia cirurgiões entre as fileiras dos Cruzados, mas a palavra "cirurgia" tinha uma conotação muito mais ampla na época. Ela não incluía apenas condições que eram fisicamente visíveis, mas também doenças que poderiam, em algum momento, precisar de uma operação. Isto implicava que o cirurgião precisava ser competente no uso de outros tratamentos da época, como modificação da dieta, drogas, sangria e banho.

As práticas médicas árabes raramente são mencionadas nos jornais e diários ocidentais contemporâneos compilados durante e após as Cruzadas, mas acontece que elas tiveram uma abordagem muito mais ampla e mais bem informada do que suas contrapartes europeias em relação às necessidades e exigências médicas dos combatentes.

Em geral, as Cruzadas foram muito menos importantes para o mundo islâmico no século XII do que foram para a Europa. O mundo islâmico medieval era tão expansivo que, de acordo com a maioria dos estudiosos muçulmanos, as Cruzadas representavam pouco mais para eles do que um incidente remoto na fronteira. Entre os séculos IX e XIII, o mundo islâmico forneceu contribuições substanciais para a ciência da medicina. Califas e médicos estabeleceram hospitais reais, que forneceram uma base para a educação médica. Médicos-cientistas como al-Razi (865-925) escreveram o *Kitab al-Hawi fi al-tibb* (O Livro Abrangente da Medicina), que forneceu o principal currículo médico para as escolas europeias até o século XIV. Mansur (1380-1422) escreveu o primeiro livro sobre anatomia ilustrado em cores. Outros médicos islâmicos compilaram informações sobre o uso de medicamentos de plantas e técnicas cirúrgicas avançadas, incluindo a extração de cataratas. Eles estudaram fisiologia, incluindo a circulação pulmonar muito antes de seus homólogos ocidentais. Estes livros forneceram a base para o atendimento médico enquanto a Europa ainda estava emergindo da Idade das Trevas.

As palavras hospital, hospício, hospitalar e assim por diante, são derivadas da palavra latina "*hospitale*", que foi transposta para "Hospitalários" pelos Cavaleiros e seus auxiliares que adotaram este sufixo. A Organização existe no nome até os dias de hoje. Durante a Primeira Cruzada, liderada por Godfrey de Bouillon, em 1096, não havia nenhuma provisão médica oficial ou provas de que os exércitos sistematicamente cuidavam de seus feridos. É provável que os feridos fossem simplesmente deixados na cidade amiga mais próxima, na esperança de que receberiam algum tipo de cuidado. Após a queda de Jerusalém, em 1098, várias Ordens Cavalheirescas estabeleceram hospícios para cuidar de soldados doentes e feridos, assim como de peregrinos destinados à Terra Santa. Estes são assumidos por muitos como os precursores dos hospitais modernos de hoje.

Ainda é possível visitar o que é, alegadamente, um dos primeiros hospitais do mundo. O Hospital St John, em Bruges, tem uma história de 800 anos

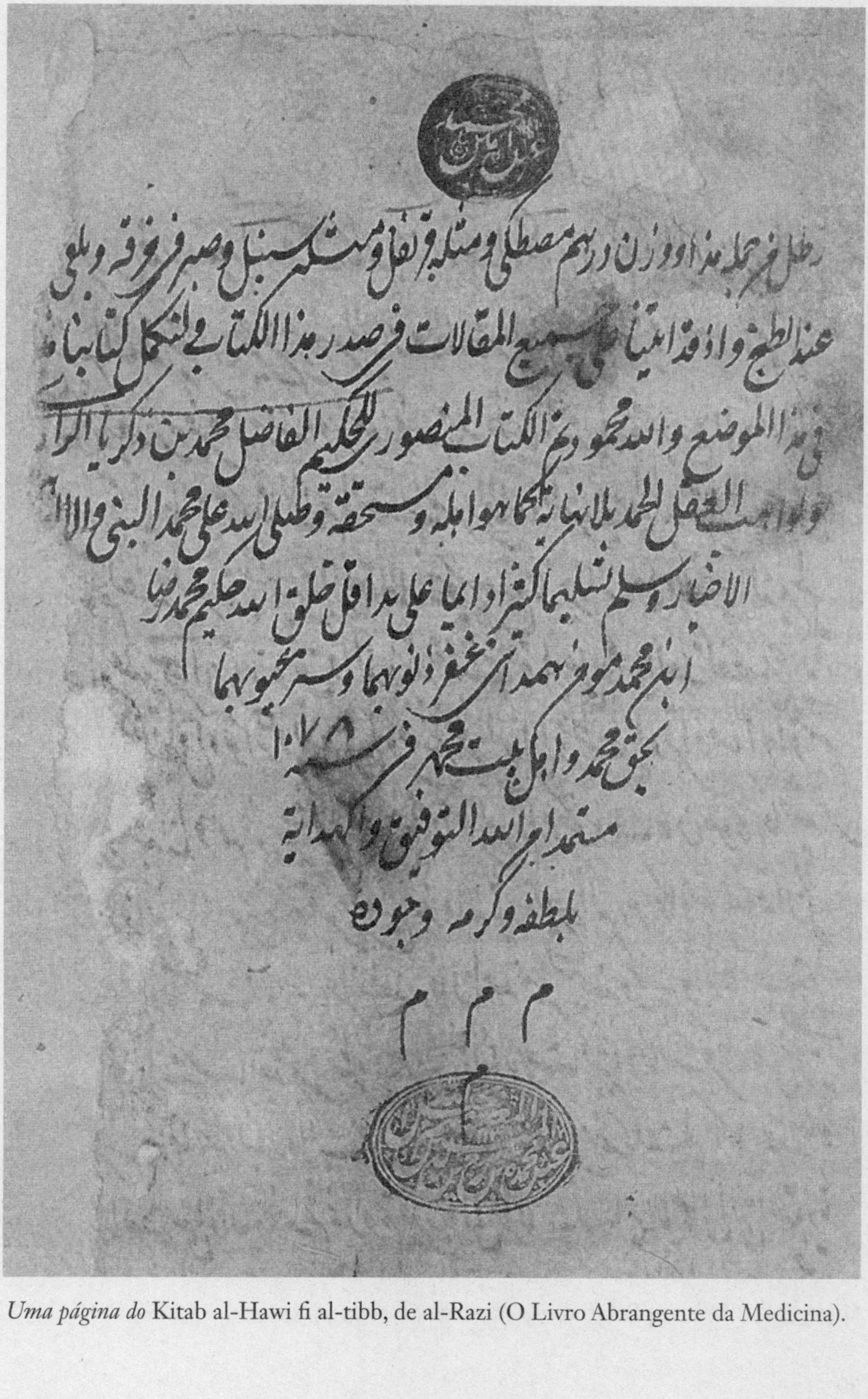

Uma página do Kitab al-Hawi fi al-tibb, de al-Razi (O Livro Abrangente da Medicina).

cuidando de peregrinos e viajantes, juntamente com os cidadãos empobrecidos e doentes daquela cidade. Durante a próspera era borgonhesa, a próspera cidade de Bruges era considerada uma utopia medieval, completa com serviços sociais e assistência quase médica. As alas onde as freiras e monges praticavam suas duvidosas habilidades médicas ainda são acessíveis ao público, assim como a capela e a impressionante coleção de instrumentos e implementos médicos de aparência bastante intimidante. A perspectiva de estar na ponta receptora de qualquer um deles tinha o potencial de induzir paroxismos de terror, estados catatônicos ou mesmo a morte. Esta última opção foi preferida na maioria das circunstâncias.

Não há muitas referências históricas a enfermeiras de campo de batalha antes do século XVIII, mas nos tempos medievais, quando os homens iam para a guerra, muitas vezes, levavam suas famílias com eles, e está bem documentado que suas mulheres assumiam os papéis de enfermeiras errantes para os feridos e moribundos durante campanhas militares. Remover os feridos do campo de batalha era outra questão inteiramente diferente. A primeira referência a qualquer tipo de maca ocorre em um manuscrito de 1380.

Os médicos eram considerados pessoas ostensivamente qualificadas, mas seu trabalho era baseado em um conhecimento inadequado da anatomia

O Hospital St John, em Bruges é, supostamente, o hospital mais antigo do mundo.

humana. As experiências com corpos mortos eram proibidas por motivos religiosos na Inglaterra medieval. Os médicos cobravam por seus serviços, de modo que somente os ricos podiam pagar por eles. As curas que aplicavam podiam ser bastante bizarras, embora alguns tratamentos, como a sangria e o uso de ervas, tivessem real valor medicinal.

Um remédio particular, supostamente inventado por São Paulo, era uma poção para tratar epilepsia, catalepsia e problemas estomacais. Sua extensa lista de ingredientes incluía alcaçuz, sálvia, salgueiro, rosas, funcho, canela, gengibre, cravo-da-índia, sangue de corvo-marinho, mandrágora, sangue de dragão e três tipos de pimenta. Onde se adquire sangue de dragão é o palpite de qualquer um, mas alguns dos outros ingredientes têm valor medicinal comprovado. O alcaçuz, por exemplo, ainda é usado para tratar a tosse e a bronquite. Pensa-se que a sálvia melhora o fluxo sanguíneo para o cérebro e o salgueiro contenha ácido salicílico, um componente da aspirina dos tempos modernos. Mesmo que os gases intestinais repetitivos e trovejantes fossem considerados mais como um meio de entretenimento do que um passaporte para a exclusão social, funcho, canela e gengibre são carminativos reconhecidos, ou tratamentos para aliviar gases e cólicas. No entanto, é duvidoso que a poção tivesse sido de qualquer utilidade no tratamento da epilepsia e da catalepsia.

Outra cura era, na verdade, conhecida como "sangue de dragão", e era a resina vermelha brilhante da árvore *Dracaena draco*, uma espécie nativa do Marrocos, Cabo Verde e das Ilhas Canárias. Pesquisas modernas mostraram que ela tem propriedades antissépticas, antibióticas, antivirais e curativas significativas, e ainda hoje é utilizada em algumas partes do mundo para tratar a disenteria.

A resina de árvore vermelha escura conhecida como "sangue de dragão".

Esfregar a gosma de um caracol na área afetada era o remédio medieval para queimaduras e escaldaduras. Isto parece pura charlatanice, mas realmente ajudou a reduzir a formação de bolhas e aliviar a dor. Foi cientificamente comprovado que a gosma de caramujo contém antioxidantes, antisséptico e anestésico, juntamente com propriedades anti-irritantes, anti-inflamatórias, antibióticas e antivirais, bem como colágeno e elastina, vitais para o reparo da pele. A combinação da cevada com um punhado de betônia (erva de pasto) e outro punhado de verbena era um tratamento para dores de cabeça na Era Medieval. Uma vez cozida, a mistura era envolta em um cataplasma que era colocado firmemente na cabeça do doente para aliviar os sintomas, o que inevitavelmente acontecia. A betônia também era usada por boticários medievais como ingrediente em remédios a serem tomados internamente para todos os tipos de enfermidades.

A medicina moderna ainda faz uso dos medicamentos alcaloides encontrados na betônia para tratar dores de cabeça graves e enxaquecas, e os derivados da verbena também são usados em tratamentos modernos para enxaquecas, depressão e ansiedade. Diz-se que a verbena foi usada para conter o fluxo de sangue das feridas de Cristo em sua crucificação. Pode ter sido mais útil quando a coroa de espinhos foi colocada sobre a cabeça do pobre homem, mas essa é a beleza da visão a posteriori. Em todo caso, é claro que nem toda medicina medieval era uma charlatanice flagrante.

Dois especialistas médicos da época que definitivamente não eram charlatões, foram John Bradmore e Thomas Morstede. Ambos eram cirurgiões dedicados, empregados pelos reis lancastrianos Henrique IV e Henrique V. Bradmore desempenhou um papel integral e memorável na vida do homem que viria a se tornar Henrique V, imortalizado por Shakespeare por sua vitória contra os franceses em Agincourt, em 1415.

Alguns anos antes, durante as Guerras das Rosas, na Batalha de Shrewsbury, em 1403, o então Príncipe Henrique, Príncipe de Gales, foi atingido no rosto por uma flecha, provavelmente disparada de uma besta, que penetrou seu crânio até uma profundidade de cerca de 15 cm. Bradmore, que possuía apenas um conhecimento rudimentar da anatomia craniana, obtido principalmente por ter examinado algumas cabeças cortadas (que eram relativamente fáceis de adquirir na época por razões óbvias), no entanto, concebeu um meio engenhoso de extrair o projétil ofensivo.

Com a ferida sangrando profusamente, o príncipe em dor agonizante e, sem dúvida, acusando violentamente Bradmore de ser de parentesco incerto, o médico, aparentemente, improvisou um par de pinças ocas que tinham a largura de uma ponta de flecha, com uma rosca em forma de parafuso na

Na Batalha de Shrewsbury, em 1403, o médico John Bradmore demonstrou uma inovação que causou uma dor excruciante, mas salvou a vida de um futuro Rei.

extremidade de cada braço e um mecanismo de parafuso separado passando pelo centro. Para desgosto do príncipe, a ferida teve que ser ampliada e aprofundada antes que a pinça pudesse ser inserida. Isto foi eventualmente conseguido por meio de sondas grandes e longas feitas de tecido de linho de sabugueiro costurado com mel de rosas.

Quando Bradmore determinou que havia chegado ao fundo da ferida, ele introduziu a pinça no mesmo ângulo em que a flecha havia entrado, colocou o parafuso no centro e manobrou o instrumento na tomada da ponta da flecha. Bradmore até teve a perspicácia de evitar a infecção tratando a ferida com vinho branco. O álcool teria, inadvertidamente, servido como uma espécie de desinfetante. Depois que a ferida foi limpa, ele a empacotou com maços de linho embebidos em pomada de limpeza, infundidos com uma improvável combinação de pão, miolo de pão, cevada, mel e óleo de terebintina. Como a ferida sarou, ele reduziu a quantidade de pomada a cada dois dias até que, 20 dias após a batalha, ele foi capaz de relatar com confiança que "a ferida estava perfeitamente limpa". O que foi notavelmente fortuito para Bradmore, que salvou o príncipe e a si mesmo de um destino pior do que a morte.

O príncipe Henrique se recuperou completamente e foi coroado como Rei Henrique V em 1413. Bradmore morreu em 1412 e foi substituído por Thomas Morstede. Neste momento da história, o ritmo se acelera um pouco e Morstede é autorizado a, não, positivamente encorajado, a montar uma comitiva de cirurgiões, aprendizes e homens médicos. Alguns indivíduos consideram este coletivo como um dos primeiros corpos médicos profissionais a acompanhar uma força de combate inglesa. Alega-se que Morstede escreveu extensivamente sobre a profissão que escolheu, mas seu trabalho instrucional sobre cirurgia foi considerado perdido para a posteridade - até uma descoberta recente surpreendente.

Ainda há um debate acalorado de que os escritos redescobertos no século passado podem ser atribuídos a Morstede ou Bradmore - ou a nenhum dos dois. Os escritos detalham as habilidades e competências exigidas por um cirurgião de campo de batalha, juntamente com um profundo conhecimento de anatomia, o qual, como já foi dito anteriormente, foi amplamente desaprovado na devotamente religiosa Idade Média.

A Igreja disse aos camponeses medievais que a doença era um castigo de Deus pelo comportamento pecaminoso e, além dos estranhos e felizes pagãos, eles acreditavam nisso inquestionavelmente. Portanto, qualquer doença era autoimposta e um resultado direto dos caminhos pecaminosos do indivíduo. Homens como Morstede e Bradmore, provavelmente, discordavam, sendo seu conhecimento da dor e do sofrimento adquirido pelo que viram e trataram no campo de batalha, a guerra e o conflito os fundamentos arquetípicos de aprendizado de muitas inovações médicas naquela época. Algumas dessas descobertas tiveram um impacto significativo em nossa compreensão do corpo e do impacto devastador do trauma no campo de batalha, tanto na mente quanto no corpo. O paradoxo foi que, enquanto a equipe médica iniciou novos métodos de tratamento, os combatentes desenvolveram novas formas mortais de mutilar e assassinar, o que, por sua vez, apresentou novos desafios para a comunidade médica.

***

Enquanto os estudiosos ocidentais lutavam com os princípios básicos da anatomia e tratamentos medicinais, os médicos chineses desenvolveram um intrincado sistema de cura que evoluiu ao longo de alguns milhares de anos e incorporou a medicina herbal, acupuntura, moxabustão, acupressão, massagem e muito mais. No século VI, o Japão importou a cultura da medicina chinesa, principalmente através da península coreana, e a adaptou para atender às suas próprias necessidades. A principal fonte de remédios na medicina tradicional chinesa é baseada na botânica e na espiritualidade, e não no corporal. Dos mais de 12.000 itens usados pelos curandeiros tradicionais, cerca de 500 ainda estão em uso comum.

A medicina chinesa disseminou conceitos filosóficos como Yin-Yang, os Cinco Elementos, identificação de padrões, Qi e Sangue, que eram completamente alheios às práticas médicas ocidentais e considerados abstratos demais para serem de qualquer utilidade. Estes conceitos estavam em desacordo com o conhecimento anatômico mais amplo, que estava sendo desenvolvido na medicina ocidental, que não via nenhuma correlação entre o corpo humano e o microcosmo do universo no diagnóstico e tratamento. Os chineses consideravam colocar a mente, o corpo e o espírito em harmonia com o equilíbrio Yin-Yang como quintessencial para a saúde e o bem-estar dos pacientes. O conceito de equilíbrio Yin-Yang indicando a harmonia dos órgãos internos continua sendo o fator dominante na medicina tradicional chinesa.

O Ocidente pode ter rejeitado o emprego da medicina tradicional chinesa, mas não teve nenhum problema em utilizar essa outra invenção chinesa, a pólvora, usada na guerra por alguns séculos no Extremo Oriente, antes que o Ocidente se apoderasse dela por volta do século XIV. Sua invenção foi estabelecida por volta de 850, como resultado da tentativa dos alquimistas chineses de encontrar uma poção que perpetuasse a longevidade. A pólvora, sendo uma substância extremamente volátil, provavelmente, teve o efeito oposto.

Numerosos exércitos já haviam utilizado materiais incendiários para deter potenciais agressores durante centenas de anos. A mistura mais notória era conhecida como "Fogo Grego" e muitos escritores da antiguidade se referem a flechas em chamas, panelas de fogo e ao uso de substâncias como breu, nafta, enxofre e carvão vegetal. A substância podia ser jogada em panelas ou descarregada de tubos (como argamassa) onde, aparentemente, pegava fogo espontaneamente e este não podia ser extinto com água.

Consequentemente, vários tratamentos para queimaduras graves também estavam disponíveis. Hipócrates havia recomendado o uso de curativos volumosos impregnados com gordura de porco fundida e resina alternados com molhos de vinagre quentes, aumentados com soluções de curtimento feitas de casca de carvalho. No primeiro século d.C., Celsus, um filósofo grego e ardente opositor do cristianismo primitivo, prescreveu uma loção para queimaduras com propriedades bacteriostáticas e que consistia em vinho e mirra. Um dos métodos mais simples e ainda utilizados para tratar queimaduras foi recomendado em torno de 900 por um médico árabe de alguma distinção chamado Rhases (Muhammad ibn Zakariya al-Razi) que, sensatamente, sugeriu abrigar a área afetada em água fria.

O verdadeiro renascimento da medicina militar na Europa ocorreu na Espanha durante as últimas décadas do século XV, quando as forças espanholas finalmente conseguiram expulsar os mouros islâmicos de sua terra natal. Enquanto as guerras eram violentas, os militares espanhóis emulavam os hospitais móveis já utilizados pelos exércitos mouros. Após a rendição de Málaga, em 1487, o Hospital da Rainha trouxe para a cidade vítimas do exército espanhol em 400 "*ambulâncias*" (carroças) para receber atendimento médico e uma visita restauradora da Rainha Isabella.

Foi nessa época que cirurgiões como Ambroise Paré começaram a aparecer nos exércitos franceses. À medida que o sistema feudal se dissipou na Europa, e as nações começaram a tomar forma, os europeus, posteriormente, formaram exércitos para se defenderem e, ocasionalmente, conquistarem novos territórios. Com as novas nações também veio um renascimento, ou renascença, do aprendizado. Em contraste com seus homólogos ocidentais, as culturas árabe e bizantina retiveram muitos textos gregos e romanos antigos, que foram então traduzidos e reintroduzidos na medicina europeia. Infelizmente, alguns dos textos médicos foram perdidos na tradução, o que resultou no tratamento inadequado de certos ferimentos. Por exemplo, a infecção foi frequentemente introduzida em ferimentos na crença de que ajudava na cura, apesar dos médicos gregos e romanos entenderem que este era um conceito totalmente errado.

A introdução da pólvora no campo de batalha no final da Idade Média significava que os cirurgiões tinham que adaptar suas técnicas de acordo. Eles descobriram que as bolas de chumbo disparadas de mosquetes de cano liso tinham o potencial de infligir feridas horríveis, particularmente nos membros. Fraturas múltiplas, raras nos tempos antigos, tornaram-se comuns devido à força de uma bala ou projétil que atinge um osso. Embora a maioria dos combatentes sobrevivesse aos ferimentos iniciais sofridos pelos tiros, outras complicações inevitavelmente se desenvolveriam e acabariam se revelando fatais.

O principal problema para muitos desses ferimentos era a infecção. Quase todos os ferimentos de bala eram infectados devido à natureza do ferimento em si, ou à roupa suja, sujeira e outro material contaminado sendo forçado a entrar na ferida quando o corpo fosse atingido pela bola de mosquete ou pedaço de estilhaço de bala. A situação seria agravada ainda mais pela duvidosa higiene pessoal dos feridos e pelas condições insalubres que eles teriam que suportar após o ferimento. O fato de a sonda do cirurgião para a bola de mosquete ou estilhaço ter dedos e mãos não lavados e com detritos também não ajudava. No esforço de promover a cura, havia, muitas vezes, um alto risco de morte por infecção e não pelo ferimento em si.

A higiene pessoal era, de fato, um problema, mas há evidências suficientes para sugerir que na Idade Média a maioria das pessoas se lavava pelo menos uma vez por semana. Enquanto os pobres se banhavam em riachos, rios e lagos, os membros mais abastados da sociedade se reuniam em banhos. A Igreja Católica desaprovou veementemente estes lugares notórios e, surpreendentemente, nesta ocasião, suas objeções vociferantes não foram totalmente infundadas. Muitos balneários eram, de fato, utilizados como bordéis.

Com o passar dos séculos, as considerações de higiene pessoal realmente se deterioraram a tal ponto que, no século XVII, os banhos foram positivamente desaprovados. Consequentemente, as pessoas fediam muito e isto permaneceu assim até o advento da Revolução Industrial, em meados do século XVIII, e a descoberta da teoria de germes de doenças na segunda metade do século XIX. Até então, a higiene e o saneamento não eram universalmente aceitos como as razões por trás de algumas doenças e enfermidades como a cólera e a febre tifoide.

Desde o final da Idade Média e por muitos séculos seguintes, a única forma reconhecida de lidar com um membro infectado era a amputação imediata. O problema era que a capacidade do cirurgião não seria avaliada por seu conhecimento da medicina, mas sim pela rapidez com que ele poderia remover o membro. Apesar do advento da pólvora e do tiro, a engenhosidade e a incrível capacidade do pessoal médico de adaptar técnicas e improvisar sob fogo salvou inúmeras vidas em circunstâncias horríveis. As técnicas desenvolvidas em combate por cirurgiões como Morstede e Bradmore ressoariam e se disseminariam pelo mundo da medicina e permaneceriam conosco até os dias de hoje.

CAPÍTULO TRÊS

JÁ ESTAMOS LÁ?

Ambroise Paré, que encontramos brevemente no último capítulo, foi um dos principais inovadores do que viemos a considerar como "medicina de campo de batalha" e serviu como um cirurgião militar nomeado para vários reis franceses. Além de ser pioneiro em novos tratamentos no campo de batalha, ele melhorou radicalmente as técnicas existentes projetadas para o tratamento de ferimentos de guerra. Ele começou como um barbeiro aprendiz, depois decidiu seguir uma carreira na medicina ao testemunhar soldados franceses matando seus camaradas feridos com um golpe de misericórdia na Batalha de Milão, em 1536. Ele permaneceu na medicina durante os 30 anos seguintes.

Barbeiros-cirurgiões como Paré eram, ocasionalmente, trabalhadores qualificados que, além de serem capazes de fornecer um corte adequado e uma barba, eram treinados por aprendizagem para realizar procedimentos cirúrgicos básicos e outras tarefas médicas. Os jovens aprendizes, frequentemente, eram treinados por cirurgiões especializados do exército, onde muitos permaneceram no mesmo depois de dominarem o ofício.

Filmes que mostram o tratamento de ferimentos no campo de batalha na Era Medieval, muitas vezes, mostram uma espada ou punhal branco quente sendo habilmente aplicado para cauterizar e selar a área afetada. O espectador, geralmente, é tratado ao som de uma carne que se agoniza e aos uivos agonizantes de dor de um paciente relutante. Durante séculos, o tecido exposto após uma amputação seria, de fato, cauterizado desta forma. A abertura da ferida não era suficiente para que o tecido estancasse o sangramento e o próprio procedimento era tão terrivelmente doloroso que muitos pacientes expiraram em cima da mesa por causa do choque. Paré tentou usar ligaduras para estancar o sangramento pós-operatório. Usando esta técnica, as artérias abertas seriam amarradas com fio. A infecção resultante dessas ligaduras também tinha o potencial de causar a morte, mas seu trabalho pioneiro tem sido amplamente reconhecido como um verdadeiro marco na medicina.

Outro método comum de tratar feridas abertas, mas igualmente doloroso, era a prática de derramar óleo fervente sobre a área afligida. Em uma ocasião, Paré havia esgotado seu abastecimento pessoal de óleo, então, ele combinou uma tintura feita de gema de ovo, terebintina e óleo de rosas. Na manhã

Ambroise Paré elevou a prática do tratamento de ferimentos por trauma no campo de batalha para o próximo nível.

seguinte, ele ficou surpreso ao ver que todos os soldados que haviam sido tratados com sua tintura estavam em condições consideravelmente melhores do que aqueles que haviam sido submetidos ao excruciante tratamento com óleo fervente. Eles também tinham o benefício de não cheirar como toucinho cozido.

As observações de William Harvey sobre a circulação sanguínea, a administração intravenosa de medicamentos de Sir Christopher Wren e os trabalhos de Andreas Vesalius sobre anatomia humana fizeram referência ao trabalho pioneiro de Ambroise Paré. Ele rejeitou completamente a cauterização para a selagem de feridas após a amputação e acabou optando exclusivamente por antigas ligaduras de estilo romano para fechar vasos sanguíneos, pois considerava este método marginalmente menos traumático para o paciente. A ausência de qualquer tipo de antisséptico ainda significava que as ligaduras poderiam ser infectadas, resultando em morte. Isto dissuadia outros cirurgiões de utilizar a mesma técnica.

Paré manteve suas pesquisas e permaneceu receptivo a novas ideias, como as propostas pelo anatomista flamengo Andreas Vesalius. Seu livro *De humani corporis fabrica*, de 1543, apresentava um conteúdo sem precedentes, que detalhava as observações pessoais de Vesalius sobre a dissecação humana. O livro transformou a anatomia em um assunto que dependia de anotações tiradas diretamente dessas dissecções, em oposição ao jogo de adivinhação perpétuo empregado por muitos barbeiros-cirurgiões da época.

Paré também foi um expoente pioneiro dos tratamentos baseados na anatomia. Entre outras coisas, ele introduziu a implantação de dentes, membros artificiais e olhos artificiais feitos de ouro e prata. Ele inventou muitos instrumentos científicos, popularizou o uso da treliça para hérnia, e foi o primeiro a sugerir a sífilis como causa do aneurisma (o inchaço dos vasos sanguíneos), juntamente com a introdução de ideias revolucionárias em obstetrícia. Ele também projetou uma versão inicial de um hemostático moderno, o que permitiu a amputação de membros maiores e o tornou um procedimento mais aceitável. Em 1545, Paré havia coletado conhecimentos suficientes de medicina de campo de batalha para publicar *The Method of Curing Wounds Caused by Arquebus and Firearms*. Ele foi um verdadeiro inovador que engendrou habilmente os métodos de tratamento de ferimentos de trauma no campo de batalha.

Seu famoso trabalho como cirurgião de guerra e, depois, como cirurgião em Paris, juntamente com a publicação de seu livro *Les Oeuvres*, em 1575, garantiu que as técnicas e ideias de Ambroise Paré se espalhassem por toda a Europa. Seu sucesso também foi influente para iniciar o aumento do status dos anteriormente temidos barbeiros-cirurgiões.

Durante o reinado de Henrique VIII (1509-1547) e seus sucessores, o Exército Inglês empregou regularmente cirurgiões para cuidar dos feridos. Havia 57 cirurgiões presentes na Batalha de São Quintino, em 1557, dos quais 50 foram designados para os soldados de patente. A maioria dos cirurgiões do Exército foi fornecida pela Companhia de Barbeiros-Cirurgiões de Londres, que tinha a reputação de ter empregado algumas práticas bastante duvidosas e padrões questionáveis. É discutível se eles estavam ou não familiarizados com o trabalho de Paré ou Vesalius.

Não há guerra mais insidiosa, mais dolorosa e mais divisória do que uma guerra civil. Durante a Guerra Civil Inglesa (1642-1651), no rescaldo da Batalha de Edgehill, que ocorreu em 23 de outubro de 1642, pouca atenção foi dada às numerosas baixas que resultaram deste choque de armas. Geralmente, é aceito que o Exército Real não deu a mesma prioridade ao cuidado de seus doentes e feridos que seu homólogo Parlamento, mas, mesmo assim, pouco se sabe sobre o que aconteceu com os parlamentares feridos após aquela primeira batalha. O Exército Real não fez nenhuma provisão central para o cuidado de soldados doentes ou feridos. A maioria de suas baixas foi impiedosamente deixada para trás para apodrecer enquanto uns poucos sortudos foram laboriosamente transportados para Oxford em carroças puxadas por bois e depositados em várias igrejas, casas de esmolas, albergues e casas particulares ao longo do caminho, com vagas promessas de que seriam recolhidos mais tarde.

Nessa época, as tropas já estavam armadas com uma variedade de armas que incluíam longas lanças e mosquetes. Os soldados mais afortunados tinham mosquetes com trava de roda, mas ainda havia alguns com dispositivos de disparo de faíscas que, tragicamente, tinham o potencial de acender as bolsas de pólvora nos bandolins conhecidos como os "12 apóstolos" usados pelos mosqueteiros. Isto poderia, ocasionalmente, fazer com que o portador se tornasse o sujeito de sua própria exposição pirotécnica e fosse simplesmente explodido em pedacinhos.

Eventualmente, foi estabelecido um hospital militar na parte sobrevivente do antigo Colégio St. Mary. Como resultado dos cercos e batalhas que se seguiram, além das baixas ocorridas no campo, tanto os exércitos reais quanto os parlamentares tiveram que enfrentar várias epidemias resultantes da falta de saneamento, superlotação, falta de alimentos e água infectada. A cólera, a febre tifoide e mesmo o ressurgimento da peste devastadora afligiram milhares de pessoas. As mulheres estavam frequentemente nas proximidades para cuidar dos doentes e feridos, mas na época não eram especificamente delegadas como enfermeiras.

O piedoso comandante Parlamentar, Oliver Cromwell, raramente foi a vida e a alma de qualquer partido. Ele era uma pessoa notoriamente miserável, que acabaria por ter a temeridade de cancelar o Natal. Mas ele acertou algumas prioridades. Quando apresentou seu Novo Exército Modelo, em 1645, nomeou um médico general, um cirurgião geral e um boticário geral. Ele seguiu o padrão de exigir um cirurgião para cada companhia, que as

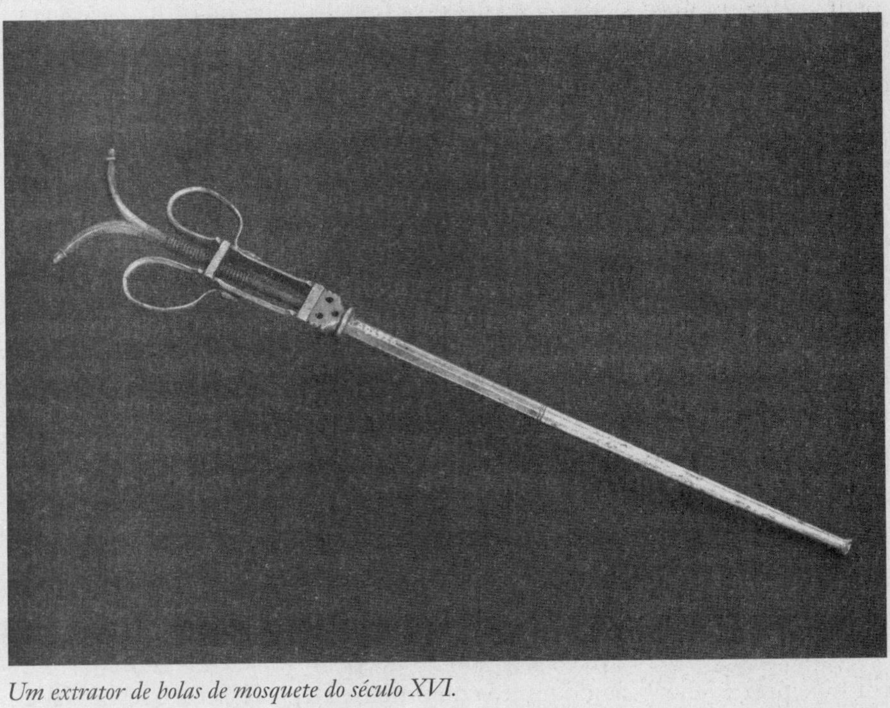

Um extrator de bolas de mosquete do século XVI.

corporações designadas eram obrigadas a fornecer se não houvesse voluntários suficientes. O Parlamento fornecia medicamentos que eram para uso interno, mas os cirurgiões ainda eram obrigados a fornecer medicamentos externos, tais como linimentos e pomadas, e os curativos para as feridas, cujo custo final era financiado pelas tropas. Dado o número de baixas, os recursos dos hospitais regimentais logo se tornaram sobrecarregados com soldados doentes e feridos. No início do conflito, muitos dos feridos receberam assistência financeira e foram enviados para casa.

Apresentar uma ferida na Guerra Civil inglesa foi uma experiência particularmente agonizante. Os soldados eram tratados com extratores de balas, serras de ossos e elevadores de crânio. A anestesia ainda não havia sido desenvolvida, e algumas das curas realmente pioravam a situação dos feridos. Não havia falta de pessoal ferido em quem praticar. As bolas de mosquete, canhões, tifo e disenteria tiveram seu preço, mas é surpreendente como muitos sobreviveram a ferimentos frequentemente horríveis.

O século XVII assistiu ao advento das tentativas de realizar a cirurgia craniana. Evidentemente, um neurocirurgião do século XVII mantinha suas unhas longas em preparação para a remoção de um pericrânio exposto. A maioria dos médicos da época possuía um conhecimento razoável da anatomia, mas um desconhecimento sombrio do funcionamento real do cérebro. Alguns astrólogos-cirurgiões acreditavam que era perigoso usar uma trefina (uma serra de furos usada em cirurgia para remover um círculo de tecido ou osso) durante uma lua cheia porque pensavam que, em tais ocasiões, o cérebro era aumentado e ficava muito próximo do crânio do paciente.

Há evidências para propor que alguns profissionais estavam cientes do fenômeno de um edema cerebral pós-traumático, mesmo não de seu mecanismo subjacente. Um cirurgião recomendando a trepanação para uma fratura cominutiva do crânio declarou: "Isto deveria ser feito quando o paciente tivesse se recuperado do choque imediato, mas não após o terceiro dia, quando a operação estaria então repleta de perigo". Mas sempre atrairia uma boa multidão e proporcionaria um espetáculo sedento de sangue para os espectadores que haviam distorcido seriamente os pontos de vista sobre o que constituía precisamente o entretenimento. Tais espetáculos poderiam ter violado o decreto parlamentar que proibia, entre outras coisas, "Espetáculos de prazer, expressando muito comumente alegria lasciva e leviandade".

Entretanto, é seguro supor que o receptor das atenções dos cirurgiões e espectadores, raramente expressou, ou a alegria lasciva, ou a leviandade.

Em resposta a um conflito que reduziu a população da Inglaterra em cerca de 6%, o Parlamento estabeleceu os primeiros hospitais militares permanentes. Em 1642, foi iniciado um sistema de bem-estar viável para as tropas e suas famílias que fornecia enfermeiras de fato. Havia muitas viúvas de guerra entre este coletivo, que eram designadas para a troca semanal de roupas e toalhas, para a limpeza profunda dos hospitais e prescrevendo viagens para as águas restauradoras de Bath.

À medida que a Guerra Civil avançava, a quantidade de baixas e os recrutas se tornando cada vez mais difíceis de obter, foram feitos arranjos concretos para os cuidados com os doentes e feridos. Em Londres, uma instalação central foi estabelecida no Hospital Savoy em 1644, com o Parlamento pagando seus médicos e cirurgiões através de seu Comitê para Soldados Doentes e Mortos. Esta e outras organizações deste tipo foram resultado das terríveis baixas sofridas por ambos os lados. As estimativas de mortes relacionadas à Guerra durante este período foram quase 18 vezes maiores do que as sofridas pelos britânicos na Segunda Guerra Mundial. O número de feridos foi estimado em mais de 90.000 para a Inglaterra e País de Gales; 30.000 para a Escócia; e entre 80.000 e 100.000 para a Irlanda.

No início dos anos 1700, durante o reinado da Rainha Ana, um de seus favoritos, John Churchill, o Duque de Marlborough, preparou seu exército para a guerra. Como líder das Forças Aliadas nos Países Baixos, ele conseguiu vitórias espetaculares em Blenheim (1704), Ramillies (1706), Oudenarde (1708) e Malplaquet (1709), que consagraram seu lugar na história como um dos grandes generais da Europa. Há referência à presença de enfermeiros em vários documentos contemporâneos junto com a venerável qualidade dos cuidados prestados nos hospitais do exército de Marlborough, o que também é frequentemente atestado.

Em 1701, John Hudson, responsável pela administração do hospital do exército em Bruges, foi convidado a propor um estabelecimento para um hospital que atendesse exclusivamente o exército. Hudson respondeu com uma lista de requisitos mínimos, com base no pressuposto otimista de que "não haverá menos de mil doentes em um exército de 18.000 homens". Nada

Uma das muitas razões pelas quais Marlborough foi um comandante bem-sucedido foi a nomeação de um boticário geral, que forneceu a cada regimento um baú de medicamentos.

menos que três médicos, três cirurgiões-mestres, três auxiliares de cirurgia, um boticário-mestre e quatro auxiliares de boticário seriam providenciados. As propostas de Hudson foram aceitas e ele foi oficialmente nomeado Controlador do Hospital da Cidade e Campo de Sua Majestade em Flandres.

Hudson também especificou que os estoques de medicamentos e utensílios para os doentes e feridos deveriam ser montados, além dos baús e instrumentos dos cirurgiões entregues a cada batalhão. Todos estes suprimentos teriam que ser vistos e aprovados pelo médico geral e pelo cirurgião geral antes do despacho. A campanha no início do século XVIII era sazonal e as estimativas de Hudson eram baseadas no conceito de uma campanha padrão de 200 dias, não negociável, que garantiria que todos os encarregados estivessem em casa para o Natal.

Além de fornecer um hospital estático, as responsabilidades de Hudson se estenderam ao fornecimento de hospitais de campo móveis ou "voadores". Uma vez que o Capitão Geral o tivesse informado sobre o local onde um hospital deveria ser instalado, as decisões seriam tomadas em relação ao recebimento de soldados doentes e feridos em hospitais britânicos ou holandeses. Em seguida, eles receberiam comida, alojamento, medicamentos e a atenção de médicos e cirurgiões.

Havia uma razão fiscal para evitar ser ferido porque se esperava que os soldados pagassem por essas instalações. Havia, no entanto, um pouco de altruísmo, que assegurava que qualquer pessoa admitida em uma instalação hospitalar do exército receberia assistência financeira para pagar pelos cuidados prestados. Um barômetro de ingestão nutricional também foi observado e os regulamentos foram introduzidos para acomodar aqueles que sofriam de doenças ou ferimentos relativamente menores. Além de seu pagamento diário normal, em moeda local, cada paciente receberia uma diária extra para cobrir custos adicionais. Os pacientes que estivessem muito doentes ou gravemente feridos e que, presumivelmente consumissem menos alimentos, receberiam uma ajuda de custo marginalmente menor. O conselho não oficial era: "não se machuque, isso lhe custará, mas a comida em Flandres é bastante boa".

Hudson se comprometeu a se apresentar pessoalmente em Marlborough a cada semana ou quinzena, dependendo das circunstâncias, para ser informado sobre o estado dos hospitais. O boticário geral concordou em equipar cada regimento com um baú de medicamentos, mas fez uma distinção entre oficiais e outros homens quando acrescentou que deveria "haver uma provisão particular de medicamentos para atender no campo, para o uso do general ou de outros oficiais". Isso não o tornou particularmente querido entre os oficiais da base.

Esforços para promover a boa saúde e saneamento garantiram que todo oficial responsável em terra ou no mar fosse obrigado a garantir que os aposentos de seus soldados fossem mantidos limpos e arrumados "sob pena de punição severa". Os artigos estatutários impuseram uma tentativa de limitar a infecção cruzada, exigindo a remoção imediata de qualquer pessoa que adoecesse ou tivesse sido ferida. Eles eram levados de suas linhas regimentais para acomodações onde poderiam ser tratados e, esperava-se, recuperar-se sob a supervisão de um oficial responsável.

Os soldados doentes e feridos podiam receber o pagamento até que um cirurgião ou médico qualificado determinasse que eles não poderiam retomar o serviço militar. Regras estritas eram aplicadas quando um soldado morria em serviço ativo. Seu ex-capitão era encarregado de fornecer fundos aos parentes mais próximos ou beneficiários legais. Qualquer um que se apropriasse indevidamente dos pertences de um soldado morto seria obrigado a reembolsar o dobro do valor avaliado aos herdeiros legítimos.

Hudson foi um dos primeiros funcionários públicos nomeados a reconhecer a presença de pessoal de enfermagem em suas contas anuais. Ele detalhou meticulosamente os pagamentos feitos ao pessoal júnior do hospital, listados como "servidores", incluindo "enfermeiras" que atendiam os homens doentes e feridos, juntamente com um mordomo e um cozinheiro e seus assistentes, uma lavadeira e uma porteira, que recebia os recados e tirava água do poço.

As compras anuais de alimentos de Hudson para o exército eram de 2.632 kg de carneiro, carne de vaca e vitela, 6.076 pães, 6.360 latas de cerveja (neste contexto, o uso contemporâneo da "lata" referia-se a uma medida de copo de capacidade variável), 374 kg de queijo, 216 kg de arroz, 1.712 alqueires de aveia, 172 kg de açúcar, 382 litros de vinho e aguardente, 2.050 ovos e 41 kg de manteiga. O leite era adquirido em grandes quantidades e utilizado em uma variedade de preparações dietéticas, incluindo a bebida "*posset*" para os pacientes mais fracos. Esta libação era, originalmente, uma popular bebida quente britânica feita de leite coalhado com vinho ou cerveja, muitas vezes picante, que durante uma campanha era, frequentemente, usada como remédio para aqueles que estavam doentes ou em recuperação de feridas. Sal, ervas e especiarias adicionavam sabor ao caldo, à papa e às bebidas lácteas, assim como ao vinho ou conhaque. Hudson acreditava fortemente na obtenção de itens das comunidades locais, tais como a relva e carvão usados tanto para aquecimento e cozimento, velas, madeira, sabão para lavar a roupa de cama dos homens, assim como palha fresca para renovar os colchões de cama do hospital.

O exército de Marlborough suportou dois anos de guerra relativamente estática nos Países Baixos, mas, em 1704, esta bem afinada máquina de guerra entrou em ação. Durante dez anos, Marlborough foi vitorioso, vez após vez, contra uma superpotência militar que permaneceu invicta por mais de 60 anos. Em uma longa e relativamente eclética carreira militar que terminou com a ascensão dos Jacobitas, em 1715, ele lutou com os franceses contra os holandeses, os holandeses contra os franceses, com o católico James contra o protestante Monmouth e o protestante William contra o católico James. Aqui estava o comandante que poderia arrancar o polimento do Rei Sol e demonstrar a maneira certa de vencer uma campanha no processo.

Marlborough provou sua genialidade militar em inúmeras ocasiões. Além disso, ele conseguiu manter a coesão em uma aliança frágil e lançar as bases da guerra moderna. Seu exército era temido em toda a Europa, e inimigos eram aterrorizados em uma guerra europeia que se estendia da Espanha ao Danúbio, e da Itália aos Países Baixos. Marlborough tentou, testou e provou o valor intrínseco de serviços médicos eficientes e a importância de um trem de abastecimento bem protegido para um exército em campanha. Um exército saudável era um exército eficaz e uma perspectiva terrível para seus adversários.

Era a época gloriosa do esclarecimento e tinham sido necessários decênios para que os comandantes militares finalmente compreendessem as rudimentares exigências de um exército em marcha. Naturalmente, ainda havia estupro, pilhagem e saque para enfrentar, mas, geralmente, eram de natureza temporária.

As inovações médicas estavam aumentando e, embora ainda houvesse um longo caminho a percorrer antes do advento dos bactericidas, pelo menos os esforços estavam sendo feitos para reconhecer e lidar com as enfermidades físicas que assolavam os soldados em combate.

Em 1718, o cirurgião francês Jean Louis Petit inventou um torniquete de parafuso para controlar o sangramento. Ele tornou possível as amputações das coxas, e reduziu os riscos associados às amputações abaixo do joelho. O torniquete de parafuso ainda era amplamente utilizado durante a Guerra Civil Americana. Como as amputações se tornaram mais seguras, os cirurgiões militares deram maior ênfase à preparação de membros para próteses. As amputações por retalho e incisão lateral tornaram-se procedimentos comuns. No entanto, a taxa de mortalidade por amputação permaneceu alta até o desenvolvimento de métodos para controlar infecções e choques no século XIX.

Antes que as mulheres fossem oficialmente autorizadas a servir como enfermeiras, seu papel como cuidadoras era terrivelmente estereotipado: como "esposas amorosas" ao cuidar de um marido doente, ou freiras assexuadas, servindo a Deus e suas legiões doentes, ou pior ainda, como as muito malignas "seguidoras do campo", mulheres de má reputação que fariam qualquer coisa

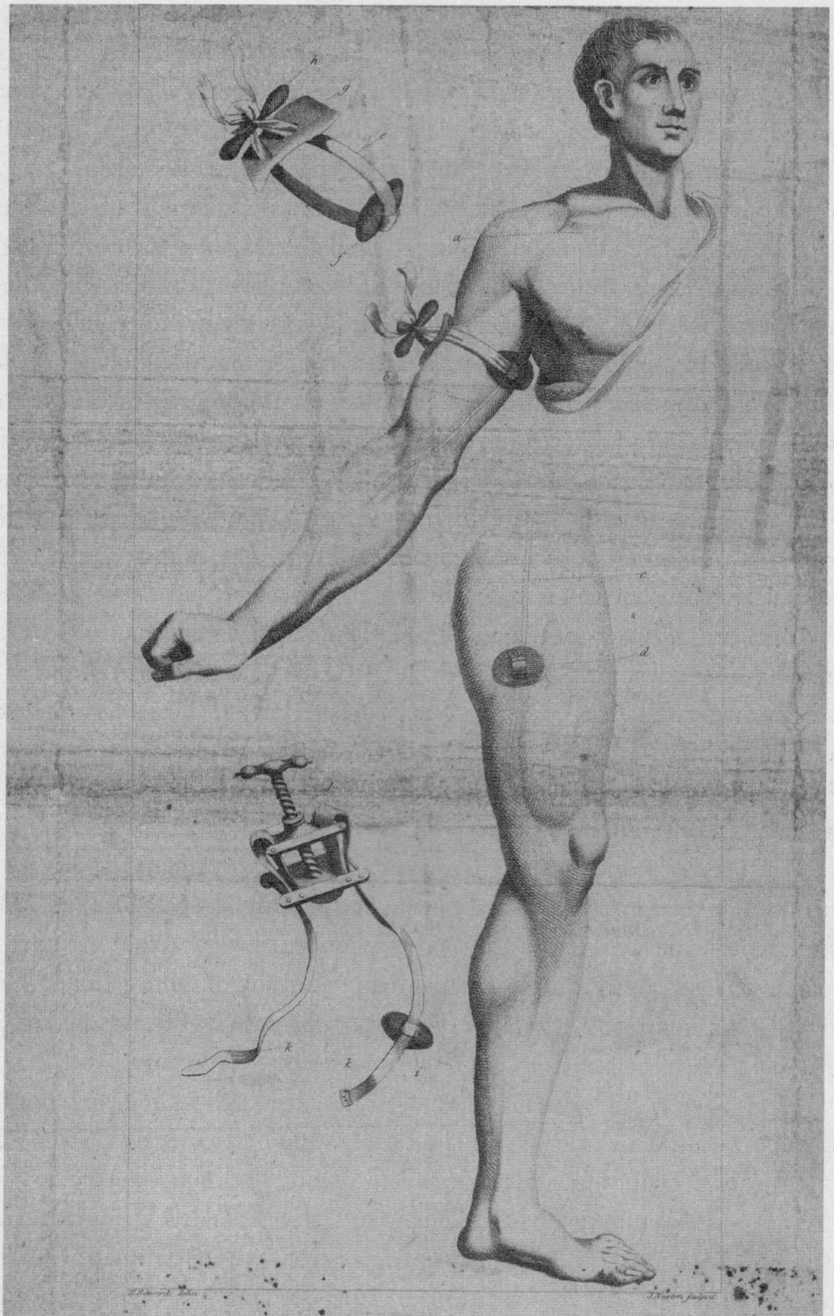

Um diagrama do torniquete de parafuso de Petit.

por dinheiro, incluindo cuidar dos doentes. As mulheres definitivamente não eram aceitas como “boas” trabalhadoras de saúde até pelo menos meados do século XVIII, com exceção das fantásticas Irmãs de Beguine.

Este maravilhoso coletivo não prestava qualquer assistência de enfermagem no campo de batalha, mas elas, certamente, teriam atendido aos Cavaleiros Cruzados e sua comitiva que conseguiram voltar para suas comunas (Conventos) da Terra Santa. Em 1302, as Irmãs se encontraram diretamente na linha de fogo após a “ Batalha das Esporas Douradas”. O cenário para esta batalha é notavelmente semelhante ao que foi travado por Henrique V e seu anfitrião alguns anos mais tarde, em Agincourt. Esta batalha particular ocorreu em Groeningheveld, nos arredores da cidade flamenga de Kortrijk. O Exército franco-burguês consistia, principalmente, em uma cavalaria fortemente blindada. Ao contrário do popular folclore flamengo, os adversários eram principalmente milícias da cidade que estavam bem equipadas e bem treinadas. Eles eram organizados por afiliação da guilda, e equipados com capacetes de aço, lanças, arcos e bestas e numerados em torno de 9.000, incluindo 400 fidalgos. As milícias flamengas urbanas da época se orgulhavam de seu treinamento e preparação regulares. Elas tinham uma formação de linha contra a cavalaria com as lanças apontadas para fora. Devido ao alto índice de deserções entre a nobreza flamenga, havia poucos cavaleiros montados no lado flamengo.

O resultado, aparentemente, era inevitável, mas os flamengos tinham escolhido seu campo de batalha. A maior parte da área estava inundada e pantanosa, o que não era propício ao incômodo traje dos cavaleiros franceses/burgueses que, consequentemente, ficavam presos na lama. Os camponeses flamengos agarraram a oportunidade de saquear e despachar esses cavaleiros. A batalha logo se tornou uma rotina.

Entre os troféus dos vencedores estavam numerosos esporões de ouro puro das botas dos cavaleiros franceses, que deram o título a este encontro. Quando os cavaleiros franceses/burgueses em retirada descobriram soldados flamengos feridos sendo tratados em um Convento local, ele foi atacado e muitos dos feridos, inclusive algumas irmãs, foram brutalmente assassinados. Apesar deste revés, as Irmãs de Beguine sobreviveram a guerras, cruzadas, pragas e fome e continuaram a oferecer um cuidado profundamente apreciado e respeitado nas comunidades em que viviam.

As Irmãs de Beguines eram um coletivo formidável que dirigia os hospitais e prestava atendimento nas muitas comunidades onde viviam e prosperavam na Idade Média.

A razão pela qual as Irmãs existiram, primeiramente, foi devido ao surgimento dessas ordens monásticas mendicantes no final do século XII e no século XIII, que levaram a um desequilíbrio de gênero incomum no norte da Europa. O sistema feudal definiu regras estritas para classe e gênero, o que deixou as mulheres com muitas poucas opções. Uma mulher podia viver sob o teto de seu pai enquanto era noiva, depois, com seu marido até ficar viúva. Então, se ela tivesse sorte, poderia viver com um ou mais de seus descendentes. Se tudo isso falhasse, ela poderia viver como solteirona, o que poderia significar acusações permanentes de ser uma bruxa e se arriscar na *ducking stool* (cadeira de afogamento) ou pior. Finalmente, ela poderia vestir um hábito, fazer votos e se tornar uma freira respeitável.

O problema era que havia tantas mulheres solteiras, viúvas ou abandonadas no norte da Europa, especialmente na Bélgica, que as Ordens Religiosas eram super requisitadas. Elas recusavam as mulheres ou pediam a suas famílias por contribuições maiores antes de aceitá-las. Os Cistercienses fecharam sua Ordem às mulheres por algum tempo. Mas, a necessidade de ser mãe da invenção, significou que um grupo de mulheres na Bélgica, sem intenção de se tornar mãe ou irmã de ninguém, se reuniu e criou um novo espaço para si mesmas na sociedade. Era uma organização para mulheres não casadas, que estavam dispostas a trabalhar duro e viver uma vida piedosa.

As Irmãs de Beguine eram, de fato, uma espécie de movimento de libertação das mulheres. Seus membros levavam um estilo de vida comunitário, dedicando-se a Deus, à oração, à enfermagem e ao cuidado social - mas evitavam rigorosamente fazer votos ou ter qualquer conexão com a hierarquia poderosa e dominadora da Igreja Católica. O nome 'beguine' pode ter vindo da cor bege de seus hábitos, mas existem outras teorias sobre como o nome se originou. Pode ter sido emprestado do francês medieval, sendo um derivado feminino de 'mendigo', ou seja, o membro masculino de uma ordem leiga. A maior diferença entre beguines e freiras era que as beguines podiam deixar a comunidade para se casar sem nenhuma repercussão. Se uma freira tentasse deixar sua Ordem, ela corria o risco de ser excomungada ou, em alguns casos, de morrer.

As Beguines tornaram-se membros respeitados e valorizados da sociedade de Bruges e de Borgonha por muitos anos. Eles prosperaram até

1311, quando o Conselho de Vienne emitiu o decreto *Ad nostrum*, que acusou as Beguines de serem antinomianas "hereges do Espírito Livre" e desencadeou décadas de perseguição que quase erradicaram a Ordem. As sobreviventes tiveram seus bens confiscados e foram forçadas a se casar. A Organização foi salva quando o Papa João XXII emitiu a bula papal *Racio recta*, que declarou que as Beguines deveriam ser autorizadas a "perseguir seu modo de vida sem diminuição de propriedade ou direitos". Roma estava se tornando cada vez mais paranoica com a perspectiva da formação de novas Ordens Religiosas. Em 1421, o Papa Martin V ordenou ao arcebispo de Colônia que "buscasse e destruísse qualquer pequeno convento de pessoas que vivessem sob o manto da religião sem uma regra definida". As Beguines não deveriam ter sido realmente uma questão de consternação para o Papa Martin, porque eram essencialmente casas e hospitais pobres, que não estavam preocupadas com questões teológicas. As Irmãs de Beguine permaneceram ativas até que a Reforma as dissolveu, embora os iniciados na Bélgica tenham tido algo de reavivamento no século XVII. Em 1969, houve ainda 11 inícios na Bélgica e dois na Holanda. Apesar de séculos de adversidade, elas sobreviveram e seus membros continuaram a fornecer os cuidados essenciais na comunidade. Elas eram enfermeiras.

Durante a Guerra Civil Inglesa, uma mulher chamada Lucy Apsley, filha de Sir Allen Apsley, Tenente da Torre de Londres, prestou "cuidados de enfermagem" aos feridos. Aos 18 anos de idade, ela se casou em com John Hutchinson Nottingham, um rico proprietário de terras. Tanto Lucy Hutchinson quanto seu marido eram batistas devotos numa época em que a religião tinha precedência sobre a perspicácia militar e tudo o que ocorria era atribuído à vontade de Deus. Durante a Guerra Civil, John tornou-se oficial do Exército Parlamentar e Lucy trabalhou como enfermeira. Após a Guerra, ela relatou suas experiências e mencionou que após uma batalha em particular, ela ampliou sua capacidade de enfermagem para cuidar de homens feridos do Exército Real adversário. "No encontro, apenas cinco de nossos homens foram feridos, cuidamos de todas as suas feridas com tal sucesso que todos ficaram curados. Ao ver três dos prisioneiros sangrando muito, cuidei também das feridas deles. O capitão Palmer entrou e me disse para não ajudar os inimigos de Deus. Eu respondi que tinha o dever de tratá-los como homens, não como inimigos."

Depois da Restauração, John Hutchinson foi preso por ter sido um dos signatários da sentença de morte de Charles I. Ele morreu na prisão em 1664. Em 1670, Lucy Hutchinson terminou *Memoirs of the Life of Colonel Hutchinson*, mas o livro foi considerado muito inflamatório e antimonarquista para ser publicado. Mais importante ainda, por seus atos de guerra, ela havia estabelecido a maravilhosa contribuição inequívoca que o pessoal médico da linha de frente poderia fazer ao cuidar dos feridos de ambos os lados. Lucy Hutchinson morreu por volta de 1680.

É possível que os eventos da Guerra Civil Inglesa tenham inspirado uma certa Sra. Elizabeth Alkin a escrever esta carta a um comitê naval parlamentar em julho de 1655:

> "Sr. Blackbourne,
>
> Imploro que preste um serviço humilde a todos os meus mestres, e a você mesmo, o senhor me enviou a Harwich com cinco libras, mas acredite que isso me custou três vezes mais, desde a minha vinda aqui, eu tenho disposto meu dinheiro para diversas necessidades sobre os homens doentes e feridos aqui, tenho pena de ver pessoas pobres em perigo, não posso vê-las querendo se eu tenho uma grande quantidade de dinheiro que tenho dado para tê-los limpos, e seus cabelos cortados, consertando suas roupas, reparações e várias outras coisas."

Naquele mesmo século, havia outras indicações de mulheres assumindo papéis altruístas como enfermeiras cuidando dos feridos de guerra. A Guerra dos Trinta Anos, apesar de ter sido uma luta preeminente na Alemanha entre 1618 e 1648, foi uma das piores crises da história militar europeia. Foi uma série de conflitos catastróficos dentro do Sacro Império Romano, e causou o colapso virtual de muitas economias domésticas, assim como fomes e pandemias. Está bem documentado durante esta Guerra que as mulheres trabalhavam como cozinheiras, enfermeiras, alfaiates, lavadeiras e empregadas de bar, e eram consideradas parte integrante e indispensável da economia de guerra. Estas seguidoras do campo até receberam mercadorias saqueadas e, ocasionalmente, se entregaram pessoalmente a pilhagens hediondas.

Muitos soldados ainda levavam suas mulheres e crianças para a guerra com eles, o que significava que parte do trem de bagagem de um exército era simplesmente um acúmulo de lares itinerantes. As mulheres no trem estavam sujeitas à justiça militar, e eram obrigadas a ajudar a fortificar os campos. Soldados e oficiais que tentavam isentar seus dependentes femininos causavam grande consternação entre seus colegas oficiais e tropas. Como regra, as mulheres e todo o trem de não combatentes estavam sob a vigilância de um oficial que era depreciativamente chamado de *hurenwaibel* (superintendente de prostitutas).

Em parte, foi graças a tais referências depreciativas que, no final do século XVII, a enfermagem como *métier* de reputação se dissipou. Na Grã-Bretanha, durante a Reforma, a maioria dos mosteiros foram fechados junto com os hospitais que abrigavam. As freiras que haviam trabalhado como enfermeiras foram forçadas a deixar a profissão e a permanecer em casa. Isto causou uma estagnação geral na profissão entre os séculos XVII e XVIII na Europa, exceto em áreas onde o catolicismo se manteve, mas, mesmo ali, o papel das enfermeiras diminuiu drasticamente junto com seu número.

O que inspirou aquelas que desejavam continuar praticando foram serviços tais como oferecer cuidados como enfermeiras comunitárias aos que estavam dentro do patrimônio de seus patrões. Enquanto essas enfermeiras residissem na fazenda, elas eram obrigadas a executar tarefas tipicamente realizadas por boticários, médicos e cirurgiões. Enquanto a enfermagem enfrentaria tempos mais tumultuados durante os próximos anos, a demanda por enfermeiras, na verdade, aumentou junto com a preferência quase reverencial do público por ser tratado por uma enfermeira atenciosa em oposição a um médico. A profissão médica ainda tinha um longo caminho a percorrer, mas havia certos indivíduos que começaram a reconhecer a importância das enfermeiras, particularmente, no campo de batalha.

Durante a Guerra da Independência Americana (1775-1783), o Congresso Continental autorizou um cirurgião a servir em cada regimento. Poucos dos cirurgiões do regimento tinham qualquer experiência no tratamento de traumas. Eles foram treinados, principalmente, através do sistema de aprendizagem porque naquela época havia apenas duas escolas médicas na colônia (King's College, agora Universidade de Columbia, em Nova York, NY, e a Universidade da Pensilvânia, na Filadélfia, PA). A organização era

Dr. Benjamin Church, primeiro Diretor-Geral do Departamento Médico do Exército.

mínima, e os cirurgiões regimentais tendiam a trabalhar para sua unidade em vez de se verem como parte do Departamento Hospitalar, o que se tornou ineficaz devido às lutas internas burocráticas. Os oficiais médicos designados a cada regimento do Exército Continental, frequentemente, recebiam seus aprendizados de um médico ou cirurgião qualificado, ao invés de passarem por uma educação formal. Eles eram mal pagos e era alegado que, muitas vezes, desviavam os fundos que lhes eram dados para comprar medicamentos e suprimentos, para complementar seu baixo salário. No início da Guerra, havia 3.500 médicos e cirurgiões vivendo na América, mas apenas 400 deles possuíam diplomas médicos. Em 1756, o posto de Inspetor de Enfermeiras Regimentais foi estabelecido para assegurar que os padrões profissionais fossem mantidos, que o dinheiro arrecadado fosse devidamente contabilizado e que os pacientes recebessem os cuidados adequados.

Em julho de 1775, o Congresso escolheu George Washington para comandar o Exército Continental sitiando em Boston. Nesse mesmo mês, o Congresso também criou o Departamento Médico do Exército e nomeou o Dr. Benjamin Church como seu primeiro Diretor-Geral e Médico-Chefe do Hospital do Exército. No século XVIII, as mulheres eram uma parte visível em qualquer acampamento do Exército. Algumas dessas mulheres eram esposas de soldados que simplesmente seguiam atrás, não tendo para onde ir. Outras mulheres ofereciam seus serviços como cozinheiras, lavadeiras, enfermeiras, prostitutas ou costureiras.

A introdução de enfermeiras para acompanhar formalmente o Exército Continental foi devida a Washington em resposta a um apelo do General Horatio Gates de que "os doentes sofriam muito por falta de boas enfermeiras". O exército preferiu as enfermeiras a enfermeiros masculinos. Em resposta a este pedido, o Congresso autorizou uma enfermeira para cada dez pacientes, e uma matrona para cada dez enfermeiras. O Congresso autorizou um salário de 2 dólares por mês para essas enfermeiras; às matronas eram pagos 4 dólares por mês. Para proporcionar um meio de cuidar dos soldados doentes, o Congresso também autorizou a formação de hospitais. Apesar dos esforços do Congresso para aumentar o número de enfermeiras para o exército, permaneceu uma escassez durante toda a guerra, pois os regimentos procuravam constantemente mulheres para cuidar de seus doentes e feridos. Os generais e oficiais desses regimentos usaram todos os meios possíveis para coagir as mulheres a trabalharem como enfermeiras, e até ameaçaram reter as rações daquelas que se recusassem a ser voluntárias.

Servir como enfermeira no Exército Continental era uma escolha precária de vocação. Embora recebessem salário regular e a segurança no emprego fosse boa, a enfermagem no Exército era potencialmente fatal. A exposição a doenças mortais como varíola e febres do acampamento poderia causar a morte precoce, e ainda não era considerada uma profissão respeitável para as senhoras. Ao longo das guerras revolucionárias, a doença, em vez de ferimentos de batalha, foi a principal causa de morte entre as fileiras.

O quanto o pessoal da enfermagem era valioso para o Exército de Washington é sustentado pela história da dona de casa da Filadélfia e enfermeira Lydia Darragh que, segundo a lenda, na noite de 2 de dezembro de 1777, salvou as vidas do General George Washington e seu Exército Continental quando ouviu os britânicos planejando um ataque surpresa programado para o dia seguinte. Se isto realmente aconteceu nunca foi definitivamente apurado, mas, naquela época, ajudou a elevar o status de enfermeiras entre as tropas.

As corajosas mulheres que ofereceram seus serviços ao exército estavam embarcando numa jornada que oferecia desconforto, dificuldade e estava repleta de perigos. Além de apoiar o exército e sua causa irrefutável, elas se esforçavam para ganhar a vida para si mesmas e suas famílias. As contribuições das mulheres da Era da Guerra Revolucionária podem ter sido atribuídas à posteridade, mas é igualmente importante recontar sua bravura e sacrifício na mesma medida que os homens combatentes que elas apoiaram. Nas palavras de Abigail Adams, em uma carta a seu marido, John Adams, em 31 de março de 1776: "Desejo que vocês se lembrem das senhoras".

CAPÍTULO QUATRO

TIRE O CHAPÉU PARA LARREY!

Um dos verdadeiros pioneiros da cirurgia de campo de batalha e expoente primário da abordagem humanitária foi o Dr. Dominique-Jean Larrey (1766-1842), que também desempenhou um papel integral no reconhecimento e endosso do valor de enfermeiras bem treinadas no campo de batalha. Ele tem sido descrito como o verdadeiro pai da cirurgia militar moderna, e é considerado até mesmo pelos padrões atuais como o cirurgião militar modelo.

Triagem é uma palavra francesa que se refere ao processo de determinar a prioridade dos tratamentos dos pacientes com base na gravidade de sua condição, no tempo e nas possibilidades de tratamento. A palavra pode ter tido origem no trabalho de Larrey para determinar a ordem e a prioridade do tratamento de emergência. Ele também introduziu o uso de unidades médicas móveis, que ele chamou de *ambulançes volantes* ("ambulâncias voadoras"), que foram inspiradas nas carruagens napoleônicas de duas rodas, e aplicou o método de evacuação rápida dos soldados feridos do campo de batalha durante o combate. Larrey passou quase 18 anos com Napoleão, acompanhando-o em 25 campanhas, 60 batalhas e mais de 400 engajamentos.

Ele nasceu em 8 de julho de 1766, em Beaudéan, no pitoresco Vale de Campan. Quando seu pai, o sapateiro da aldeia, morreu, em 1770, Larrey tinha apenas 14 anos. O adolescente decidiu não se dedicar ao negócio da família, mas a uma carreira na medicina. Seu tio Alexis Larrey era o cirurgião-chefe do Hospital Grave, em Toulouse e, provavelmente, inspirou esta decisão. O tio Alex recebeu o rapaz de braços abertos e o inscreveu no Colégio Esquille, que era dirigido pelos Irmãos da Doutrina Cristã. No final de 1787, Larrey se candidatou e conseguiu um cargo de cirurgião na Marinha Real Francesa. No caminho para aceitar sua nomeação no porto de Brest, ele passou pela casa de Ambroise Paré.

Em 1797, Larrey foi nomeado cirurgião-chefe dos Exércitos Napoleônicos na Itália e, mais tarde, viu ação durante a campanha francesa no Egito na primeira Batalha de Aboukir, em 25 de julho de 1799. O respeito e a admiração pelo médico cresceram tremendamente por causa de suas atividades no campo de batalha. Ele não ficou na retaguarda do exército e esperou pelas baixas; ele se atirou na briga, abaixando das bolas de mosquete e estilhaços para tratar os homens onde eles caíam - soldados franceses e mamelucos da mesma forma. Um mameluco agradecido até mesmo deu a Larrey um anel de talismã que ele valorizava e usava na Batalha de Waterloo.

Após a batalha de Aboukir, os superiores de Larrey criticaram seu comportamento impetuoso, mas os feridos expressaram genuína gratidão pela coragem do médico. Quando as tropas francesas estavam sendo evacuadas, Larrey insistiu que os soldados feridos fossem repatriados primeiro, e organizou pessoalmente seu transporte para Toulon. Logo depois, Larrey desenvolveu um interesse em tratar as causas do escorbuto, da disenteria e de outras condições que prejudicaram as tropas de Napoleão no Egito. Ele também destacou a importância da higiene para as tropas. A higiene pessoal nunca havia sido uma grande prioridade para Napoleão, muito pelo contrário, de fato, e ele, uma vez, enviou à Josephine a famosa instrução escrita: "Não se lave meu amor, eu estarei em casa em breve".

A guerra no Egito revelou a capacidade do cirurgião de supervisionar os cuidados e o tratamento dos feridos em ação, fato que não passou despercebido por Napoleão Bonaparte. Quando o Dr. Larrey retornou a Paris, foi nomeado cirurgião-chefe da Guarda Consular. No início do século XIX, Napoleão havia declarado suas opiniões inequívocas sobre a medicina militar, mas suas ações nem sempre refletiam suas opiniões. Em 1800, ele tinha uma ideia pouco favorável sobre o serviço médico do exército francês: "Não há serviço médico no sentido próprio do termo". No entanto, aparentemente, ele tinha uma grande consideração por Dominique-Jean Larrey.

O epítome da coragem, engenhosidade e inovação, Dominique-Jean Larrey era o favorito de Napoleão.

A tese pioneira de Larrey sobre amputações, em 1803, lhe rendeu amplo reconhecimento no mundo médico e, um ano depois, aos 38 anos de idade, ele foi oficialmente nomeado o "Primeiro Médico" e recebeu a estimada *Legion d'honneur*, a mais alta condecoração da França, que lhe foi conferida pessoalmente por Napoleão Bonaparte, que lhe disse: "Seu trabalho é uma das maiores concepções de nossa era, só isso será suficiente para garantir sua reputação".

Durante a desastrosa campanha russa de 1812, Larrey foi cirurgião-chefe da Grande Armée. O organizador consumado, em preparação, reuniu todos os seus cirurgiões em Berlim e deu-lhes instruções específicas para dividir seu pessoal em seis "divisões de ambulância". Nas batalhas cruciais de Smolensk, Borodino e no Retiro de Moscou, ele realizou nada menos que 200 amputações. O Retiro se tornou um verdadeiro teste de coragem e tenacidade para a Grande Armée. Na falta de um apoio logístico sério, e forçado a suportar as condições do inverno russo, o Retiro logo se deteriorou e se tornou uma rotina.

Famintos e exaustos, milhares de homens de Napoleão sucumbiram ao mau tempo, enquanto outros experimentaram um sério colapso da humanidade e perderam todo o semblante da civilização. Um sargento francês escreveu sobre um caso em que um motorista de ambulância adormeceu, deixando o cavalo que puxava sua ambulância sem supervisão. Durante à noite, soldados mataram e comeram o cavalo, tornando a ambulância excedente às necessidades. Para desgosto de Larrey, a maioria das ambulâncias já havia excedido sua utilidade nesta etapa do Retiro. Com o aumento do número de feridos e doentes, pouco podia ser feito por eles sem o acesso aos suprimentos necessários. Preferindo não ficar perto dos doentes e correndo o risco de contrair suas doenças, os motoristas de ambulância, frequentemente, abandonavam sua carga enferma ao lado da estrada.

Os soldados que conseguiram alcançar o rio Berezina e escapar dos cossacos saqueadores estavam em estado desconexo. Os franceses atravessaram o Berezina entre 26 e 29 de novembro, e apesar das façanhas incrivelmente corajosas dos fabricantes de pontões, batalhões inteiros desapareceram sob o gelo, para nunca mais voltar à superfície. Larrey escreveu como ele quase pereceu na travessia. Ele conseguiu atravessar a ponte em duas ocasiões consecutivas para salvar seus equipamentos e instrumentos cirúrgicos. Durante a terceira tentativa de caminhar na multidão de soldados, um deles mencionou

Um exemplo das "ambulâncias voadoras" de Larrey, puxadas por cavalos, durante a Primeira República Francesa.

seu nome. Tal foi o respeito e a reverência pelo médico, que ele foi carregado acima das tropas, como uma estrela do rock fazendo um mergulho de palco em um público adorável, até chegar ao final da ponte e em segurança.

Apesar de ter que lidar com as condições horrendas, Larrey e alguns de seus funcionários continuaram a desempenhar suas funções. Exausto e sofrendo de febre tifoide, ele chegou a Königsberg em 21 de dezembro de 1812. Os hospitais de lá admitiram cerca de 10.000 soldados de Napoleão, mas o pessoal hospitalar, sobrecarregado de trabalho, percebeu que a maioria deles não estava ferida, mas sofria de condições relacionadas ao tempo, tais como extremidades congeladas. Os médicos da época se referiam às queimaduras de frio como uma praga, uma febre de congelação, que era terrivelmente contagiosa. Quando o heroico Larrey chegou aos hospitais, ele rapidamente sucumbiu a esta doença. O Dr. Jacobi, um velho amigo, ajudou a restaurar sua saúde gradualmente.

O número exato de vítimas da campanha de 1812, provavelmente, nunca será conhecido. Estima-se que o Grande Armée de Napoleão iniciou a invasão com cerca de 650.000 homens, dos quais apenas 93.000 sobreviveram. Cerca de 370.000 morreram de ferimentos, doenças ou exposição ao mau tempo, enquanto os russos capturaram cerca de 200.000. Muitos desses prisioneiros também pereceram, enquanto outros têm a reputação de ter se estabelecido na Rússia.

Tal foi sua influência generalizada sobre os franceses que Napoleão conseguiu reunir 300.000 homens no prazo de três meses após seu retorno a Paris. Nas batalhas que se seguiram, Larrey demonstrou novamente uma coragem excepcional em repetidas ocasiões, e foi pessoalmente responsável pela evacuação dos soldados franceses feridos sob ataque dos temidos cossacos na fazenda Heurtebise, na Batalha de Craonne, em 1814. Larrey permaneceu ferozmente leal a seu imperador e recusou-se terminantemente a oferecer tratamento preferencial aos oficiais. Ele escreveu: "O General de Sparre foi levado para minha ambulância ferido. Ele exigiu atenção imediata, mas, depois de examinar sua ferida, pensei que havia casos muito mais urgentes para atender, então, apesar de seus protestos, o fiz esperar sua vez. Fiz o mesmo com o Marechal Victor, os generais Grouchy e Cambronne, apesar de considerar estes homens como meus queridos amigos."

Quando Napoleão foi obrigado a abdicar, Larrey pediu para acompanhar o imperador ao exílio na ilha de Elba. Este pedido foi recusado, porque Napoleão queria que Larrey ficasse com os soldados de sua amada "Velha Guarda". Napoleão retribuiu a devoção de Larrey dizendo que "Se o exército, alguma vez erguer um monumento para expressar sua gratidão, deve fazê-lo em homenagem a Larrey".

Na batalha final de Napoleão em Waterloo, Larrey recebeu dois cortes de espada e foi esfaqueado por uma lança prussiana. Sangrando muito, ele foi capturado e despojado quase nu pelos prussianos, depois, levado diante de um general que exigiu a execução imediata do médico. O comandante do exército prussiano, Marechal Blücher, de 74 anos de idade, interveio em nome de Larrey e poupou sua vida com a premissa de que o médico havia salvado a vida de seu filho ao cuidar dele em um campo de batalha alguns anos antes. Larrey finalmente voltou a Paris em 15 de setembro de 1815.

Depois, quando muitos homens de Napoleão foram julgados como Bonapartistas, o médico manteve notavelmente seu título e função. Larrey evitou a prisão durante a restauração da monarquia francesa devido a um relatório altamente elogioso de seus serviços de guerra apresentado por soldados de todas as nacionalidades. Em 8 de abril de 1818, após 28 anos de serviço, ele encerrou sua gloriosa carreira militar aos 49 anos de idade.

Muitos historiadores afirmam que Larrey era um homem extremamente egoísta e narcisista, que frequentemente projetava sua vaidade com malícia. É indiscutível, entretanto, que a conduta de Larrey durante as Guerras Napoleônicas pode ter inspirado a criação da Cruz Vermelha e, até mesmo, o estabelecimento da Convenção de Genebra. Seu nome está gravado no Arco do Triunfo, em Paris, mas foi sua abordagem humana para cuidar dos feridos, independentemente de lealdades ou nacionalidades, que continua sendo um guia para os médicos sempre que eles são obrigados a decidir entre o dever para com seus pacientes e a pressão das autoridades.

Do lado inglês, durante as Guerras Napoleônicas, é irrefutável que alguns dos cirurgiões do Almirante Lord Nelson eram "serras" ásperas, cuja única habilidade era cortar membros e arrancar dentes. Sir William Dillon disse de seu cirurgião, Thomas Grey: "Embora um excelente estudioso, sendo míope em um de seus olhos, não confiamos muito em sua habilidade na amputação".

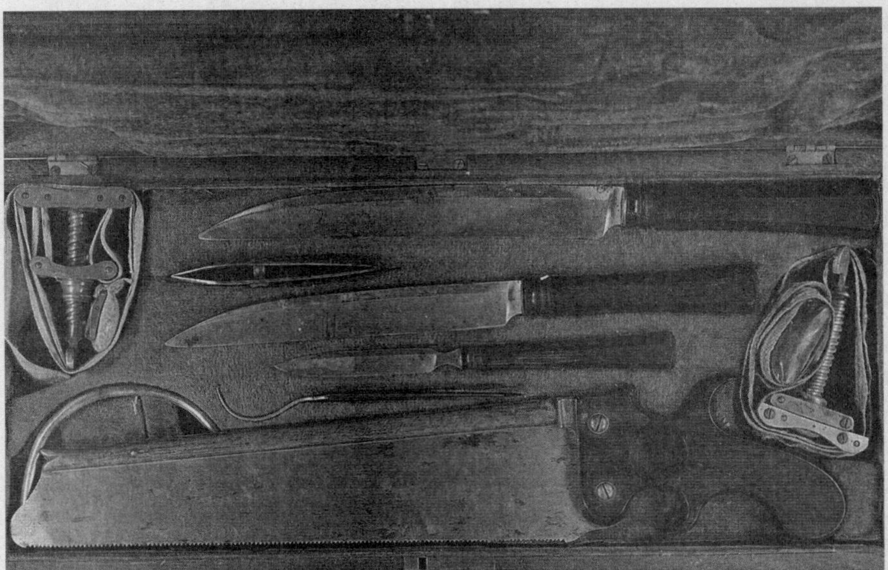

Equipamento de um cirurgião naval, 1793.

A perspectiva de ter um membro removido por um cirurgião meio-cego não teria inspirado muita confiança do paciente. Felizmente, esta deficiência não se aplicava a todos os cirurgiões navais e, pelo menos, alguns deles eram bem instruídos e qualificados em sua área. Apesar disso, a taxa média de mortalidade por amputação era de cerca de 33%.

Para se tornar cirurgião naval no século XVIII e início do século XIX, o candidato tinha que servir um longo período de aprendizagem com um cirurgião praticante em terra. O tempo poderia, então, ser passado em uma universidade ou hospital local para aprender os fundamentos da anatomia, fisiologia e farmacologia. Uma vez que tivessem adquirido conhecimentos suficientes, eles prosseguiam para a Faculdade de Cirurgiões em Londres para um exame rigoroso. A Banca de Examinadores da Faculdade de Cirurgiões informaria à Marinha em que nível o cirurgião recém-qualificado poderia servir nos navios de Sua Majestade. Somente os melhores eram considerados competentes o suficiente para se tornarem cirurgiões de navio plenos. A maioria se tornava auxiliar de cirurgião, e era designada por sua aptidão como primeira, segunda ou terceira classe.

A faculdade especificaria o tamanho do navio no qual o cirurgião nomeado poderia servir, e o tipo de instrumentos médicos de que precisaria. Com o início das Guerras Napoleônicas, os cirurgiões da Marinha Real eram obrigados a comprar seus próprios instrumentos e baú. Um representante da Faculdade de Cirurgiões os verificaria meticulosamente antes de permitir que o cirurgião entrasse no navio.

Os aposentos de trabalho do cirurgião, geralmente, estavam localizados no convés de Orlop, abaixo da linha d'água. Apesar de ser claustrofóbico, escuro e opressivo, esta era considerada uma área relativamente segura durante uma batalha no mar. O ar pungente e rançoso que emanava dos porões também não teria ajudado muito. Devido ao teto baixo, o cirurgião teria que se curvar constantemente. No calor da batalha, à medida que as armas de 32 libras se soltavam acima da cabeça do cirurgião, não era necessariamente o ambiente de trabalho mais plácido. Imagine a tentativa de remover um membro enquanto o navio lança um ataque violento ou, pior ainda, recebe um. Quando o navio não estivesse ativamente engajado em combate, a enfermaria estaria situada em uma área dividida em um convés mais alto, com melhores luz e qualidade do ar.

Um dos relatos mais convincentes da guerra naval durante a Era Napoleônica pode ser encontrado no diário de bordo escrito por Robert Young, que serviu no HMS *Ardent*. É difícil imaginar a cacofonia absoluta e o caos que se seguiriam quando estes leviatãs armados com madeira receberam uma ampla margem de todos os canhões. O metal contra a madeira era sempre um descasamento e, enquanto o cirurgião, até os tornozelos em sangue quente, tentava se concentrar e executar suas tarefas, as balas de canhão estariam impactando em uma proximidade perigosamente próxima. Young relata as condições terríveis que ele sofreu durante a Batalha de Camperdown, em 11 de outubro de 1797: "Fui contratado para operar e tratar as feridas até perto das quatro da manhã, a ação começando por volta de uma da tarde. Tão grande foi meu cansaço que comecei várias amputações sob o pavor de afundar antes de ter estancado os vasos sanguíneos. Noventa feridos foram derrubados durante a ação, todo o convés, os beliches das cabines e parte das camas de cordas, juntamente com minha maca, e minha cama de preparação para o curativo, foram cobertos com eles. Assim, durante algum tempo, eles foram colocados um sobre o outro ao pé da escada."

Uma doença particularmente debilitante com a qual os cirurgiões tiveram que lidar durante períodos mais sedentários foi a doença venérea. Os remédios que eles usavam eram um potencial assassino de paixão para todos, exceto para os marinheiros mais determinados. A condição era, geralmente, tratada aplicando mercúrio nas partes afetadas e esperando pelo melhor. Injeções adstringentes de vitríolo branco (sulfato de zinco) ou água de cevada sob o prepúcio ou abaixo da uretra também eram prescritas frequentemente. Se as pernas ainda não tivessem sido atingidas, um cirurgião sugeria 15 g de uma mistura de sais de Epsom e açúcar de chumbo, "para ser injetado no quintal [pênis]." Isto seria seguido por 1,77 g de goma árabe dissolvida em 90 ml de água se o escaldamento persistisse, o que, inevitavelmente, aconteceria. Estes tratamentos podem não ter curado os males dos marinheiros, mas teriam, definitivamente, amortecido seu ardor por um tempo, se não permanentemente.

O ano de 1797 de muito trabalho para as forças navais britânicas. Em julho de 1797, Nelson foi atingido no braço direito por uma bola de mosquete pouco depois de pisar em terra para liderar um assalto condenado na ilha espanhola de Tenerife. Sangrando profusamente, ele foi levado de volta ao

HMS *Theseus*, onde o membro ferido foi rapidamente amputado. Em 25 de julho, o cirurgião do navio, James Farquhar, escreveu em seu diário, "Fratura composta do braço direito por uma bola de mosquete passando um pouco acima do cotovelo; uma artéria dividida; o braço foi imediatamente amputado". Afirma-se que foram 30 minutos do que deve ter sido um procedimento inimaginavelmente agonizante, Nelson estava de pé e gritando ordens aos seus homens. Em 1º de agosto, Farquhar observou: "Almirante Nelson; braço amputado; continuou a ficar bem muito rápido. O coto parecia bem; não ocorreram sintomas ruins".

Um ano depois, enquanto comandava a HMS *Vanguard* na Batalha do Nilo, Nelson recebeu uma bola de mosquete em sua cabeça disparada por um atirador da marinha francesa, mas, ainda assim, conseguiu garantir uma vitória retumbante. O registro do cirurgião descreve o tratamento administrado: "Ferida na testa, sobre o olho direito, o crânio está nu por mais de uma polegada, a ferida tem três polegadas de comprimento. Liberado em

O membro de Nelson foi amputado na Batalha do Nilo, mas, segundo a lenda (e relatos pessoais), ele estava emitindo ordens novamente meia hora depois.

primeiro de setembro. A ferida estava perfeitamente curada em primeiro de setembro, mas como os integumentos estavam muito aumentados, eu apliquei (todas as noites) uma compressa molhada com uma embrocação discutível durante quase um mês, o que foi de grande utilidade".

Em 1805, o cirurgião Sir William Beatty cuidou do almirante Lord Horatio Nelson durante seus momentos de morte na Batalha de Trafalgar. Entretanto, a natureza e a causa das feridas mortais de Nelson foram intencionalmente omitidas do diário naval do HMS *Victory*. Especialistas do Arquivo Nacional em Kew, acreditam que a omissão foi totalmente deliberada, porque o autor, Beatty, que estava começando e era ambicioso, queria salvar os detalhes para publicação em seu próprio livro, *Authentic Narrative of the Death of Lord Nelson*, publicado em 1807.

Em seu relato, Beatty sugeriu que uma divisão de um grande ramo da artéria pulmonar esquerda foi a causa da morte de Lord Nelson. Mas, qual foi a natureza precisa da ferida fatal de Nelson? A bola de mosquete francesa que causou o dano atingiu Nelson no ombro esquerdo da dragona, com uma força que o atirou sobre os joelhos. Ela quebrou duas costelas e rasgou seu pulmão esquerdo, cortando uma artéria principal no caminho. Em seguida, tendo fraturado a coluna vertebral na sexta e sétima vértebras, danificando a medula espinhal, alojou-se 5 cm abaixo de sua omoplata direita, nos músculos das costas. Isto corresponde ao ângulo e à trajetória em que a bola foi disparada do navio de guerra francês adversário.

Nelson relatou estoicamente que tinha dificuldade para respirar e sentiu um jato de sangue dentro de seu peito. Ainda consciente, ele pediu a seu camareiro para "virá-lo para o seu lado direito", o que lhe deu um alívio escasso. No entanto, o almirante permaneceu consciente por mais três horas, a maioria em terrível agonia. Beatty escreveu: "A lesão vertebral por si só poderia ter sido mortal, mas só com ela ele poderia ter sobrevivido 2-3 dias, embora em estado miserável". Beatty acabou removendo a bola a bordo do *Victory* antes de chegar à Inglaterra, em dezembro de 1805. Enquanto extirpava o projétil ofensivo, ele encontrou "uma parte da renda dourada e almofada de dragona, junto com um pequeno pedaço do casaco de sua senhoria firmemente preso a ela". Embora o diagnóstico e tratamento de Beatty fossem considerados indiscutíveis na época, a recente análise neurocirúrgica forense da ferida fatal de Lord Nelson em Trafalgar chegou a uma conclusão mais completa.

No jargão médico é algo parecido com isto: A perda de sangue de uma artéria pulmonar rasgada ou de um de seus ramos, e/ou compressão de estruturas vitais por um hemotórax, não foi a única nem a principal causa de sua morte, considerando que o sangramento foi apenas moderado, e que a balística moderna exclui um vaso importante na trajetória da bola de mosquete. Lord Nelson, quente no início e frio depois, paralisado, com dores nas costas e um pulso arterial fraco, morreu de/e em choque espinhal, após danos completos da medula espinhal torácica média. A medula foi transgredida em T6-7 pela passagem de uma bola disparada por um mosqueteiro francês, resultando na perda/paralisia de toda atividade neurológica abaixo do nível da lesão, incluindo função motora, sensorial, reflexiva e autonômica. Isto impediu que o corpo do almirante, apesar de sua juventude, compensasse a hemorragia torácica, contribuindo para a disfunção celular final e morte por hipoperfusão de tecidos.

Durante a épica batalha de Waterloo, mais de 6.000 feridos foram levados para a fazenda de Mont St Jean, um lugar que, primeiro, pertenceu aos Cavaleiros Hospitalários, a algumas centenas de metros atrás da linha aliada. O Exército Britânico forneceu 180 cirurgiões na Batalha de Waterloo, aproximadamente um para cada 100 soldados.

O Tenente George Simmons, do 95º Rifles, que foi tratado na fazenda, escreveu: "Um bom amigo meu veio imediatamente para examinar minha ferida. Meu peito estava terrivelmente inchado. Ele fez um corte profundo do lado direito e desalojou do osso do peito uma bola de mosquete. Eu estava sufocando com a lesão que meus pulmões haviam sofrido".

Wellington descreveu a Batalha como uma "coisa de corrida a curta distância". Tão caótica era a situação no dia que os cirurgiões do Mont St. Jean esperavam plenamente que os franceses chegassem a qualquer momento e, no caso, tinham planos de contingência para evacuar. As bolas de canhão já estavam causando impacto na fazenda, causando muita consternação. Os feridos que podiam ser movidos foram imediatamente evacuados para um local seguro mais ao Norte. A lenda diz que uma das poucas pessoas a permanecer voluntariamente era a esposa do fazendeiro, que insistia em ficar para guardar suas galinhas.

O tenente Simmons ficou bastante agitado e exigiu que um sargento do hospital lhe dissesse se ele seria deixado na fazenda. Um colega atirador, o tenente Elliot Johnston, rastejou até ele para confortá-lo com estas nobres palavras: "George, não xingue o companheiro, logo seremos felizes, temos que nos comportar como ingleses". No entanto, ambos os homens acabaram sendo colocados no cavalo e levados para o Norte. Enquanto convalescia em Bruxelas, Simmons escreveu um relatório brilhante sobre sua criada de cabeceira: "Minha querida pequena enfermeira nunca esteve a dez minutos de mim desde que cheguei à casa. Durante dez noites juntos, ela nunca foi para a cama, mas deitou sua cabeça no meu travesseiro".

O tenente Johnston foi morto instantaneamente ao ser atingido por uma bala de canhão francesa perdida que saltava pela estrada pavimentada na qual ele estava montando. O tenente Simmons conseguiu sair da zona de perigo para Bruxelas, mas sofreu uma dor excruciante, escrevendo: "O movimento do cavalo fez o sangue bombear para fora, e os ossos cortaram a carne em uma geleia". Em Bruxelas, ele seria sangrado repetidamente tanto pela faca quanto pelas sanguessugas. Ele se recuperou completamente contra todas as probabilidades e morreu em 1858, aos 72 anos de idade.

Quase todos os homens feridos em um membro tiveram que suportar a amputação, pois os médicos não tinham outro método para prevenir a gangrena ou o tétano. A taxa de sobrevivência foi calculada com base no fato de que um em cada três amputados tinha uma chance de sobrevivência. Os anestésicos eram inéditos na época e, enquanto muitos suportavam a agonia com extraordinária fortaleza, havia também aqueles que não sobreviveram ao choque da operação. Um audacioso soldado francês agarrou sua perna amputada e a jogou no ar com um grito de "*Vive l'empereur*". Lord Fitzroy Somerset, secretário militar de Wellington, foi operado pelo Dr. John Gunning e estava tão abalado que gritou: "Ei! Não jogue esse braço até que eu tenha tirado meu anel".

John Haddy James, do 1° Salva-vidas, lembrou-se: "O silêncio da maior parte dos que sofriam é uma coisa que não esquecerei. Quando se considera a cirurgia apressada, realizada em tal ocasião, as terríveis visões que os homens testemunham, sabendo que sua vez naquela mesa de cirurgia encharcada de sangue é a próxima, vendo a agonia de uma amputação, por mais rápida que seja, e a tortura mais longa de uma sonda, então, se percebe plenamente do que nossos soldados são feitos".

Os cirurgiões realizaram maravilhas dado o estado da ciência médica disponível e à enchente de homens que desciam sobre eles. Uma de suas tarefas mais cruéis, escreveu William Gibney, "era ser obrigado a dizer a um soldado moribundo que havia servido bem a seu rei e seu país naquele dia, que seu caso não tinha esperança e, depois, passava para outro, onde havia mais chances de sobrevivência". Ele continuou dizendo que "A agonia de alguns era tão terrível que eles rezavam para serem mortos imediatamente ao invés de sofrerem torturas excruciantes".

Na verdade, houve um americano que também viveu o inferno de Mont St. Jean à queima-roupa. O coronel nova-iorquino Sir William Howe De Lancey era um amigo altamente respeitado do Duque de Ferro e permaneceu próximo a ele no dia de seu maior triunfo. Na tarde da Batalha, montado a cavalo e falando com Wellington, ele foi derrubado de seu cavalo quando foi atingido, pelas costas, por uma bola de canhão. O impacto inicial quebrou oito costelas. Enquanto a Batalha se desenrolava, o tenente-coronel De Lancey Barclay, da 1º Guarda a Pé, um general adjunto e primo de Sir William, viu o evento e ordenou que quatro soldados levassem o oficial ferido até a segurança de um celeiro no Monte St. Jean. Após a Batalha, Wellington anunciou erroneamente a morte de Lancey em seus despachos. Quando o duque descobriu seu erro, foi para Mont St. Jean, onde De Lancey estava sendo tratado. Wellington contou a De Lancey seu erro e até brincou com seu velho amigo: "Ora, De Lancey! Você saberá o que seus amigos disseram de você depois de sua morte", ao que Sir William respondeu corajosamente, "Espero que eu saiba". Apesar dos cuidados de enfermagem de sua noiva por apenas dois meses, a deslumbrantemente Lady Magdalene Hall, De Lancey morreu alguns dias depois.

Nascido em Nova York, em 1778, De Lancey era um membro de uma das famílias mais poderosas da cidade. Ele foi enterrado em 28 de junho de 1815, em um cemitério em St Joose-ten-Noode, no lado sul do Chaussée de Louvain. Em 1889, por ordem da Rainha Victoria, os restos mortais de De Lancey e os de outros oficiais que caíram em Waterloo, foram transferidos para um enorme monumento em Evere, um subúrbio de Bruxelas, perto da atual sede da OTAN. Por quase dois séculos, muitos assumiram que De Lancey havia morrido no celeiro de Mont St. Jean devido a seu papel bem documentado como hospital britânico durante e após a batalha. Mas, as dúvidas permaneceram e outros detalhes dos últimos dias de De Lancey foram envoltos em mistério. Em 1999, em um canto de um sótão, o tataravô de Lady Magdalene fez uma descoberta surpreendente. Dentro de um baú coberto de poeira, ele encontrou o diário original da noiva/viúva, dois retratos da jovem Magdalene e 40 cartas assinadas por ela.

Magdalene tinha saído correndo da Antuérpia para ver De Lancey. Acompanhada por um certo Sr. Hay, ela observou em suas cartas que ela cavalgava em uma carruagem através de multidões de feridos, campos cheios de mortos da Batalha que faziam seus cavalos "gritarem com o cheiro da decomposição". Magdalene descreve sua emoção enquanto esperava para ver se seu marido ainda estava vivo: "Quão fervorosa e sinceramente resolvi que se o visse vivo durante uma hora, eu nunca me lamentaria! Eu quase tinha perdido minha memória com o excesso de ansiedade e suspense quando o Sr. Hay gritou: 'Está tudo bem; eu o vi. Ele a espera.'"

Ela cuidou de Sir William durante seis dias, até que ele "deu um último suspiro" e morreu. Magdalene visitou o túmulo de seu marido perto de Bruxelas em 4 de julho de 1815. "Naquele dia, três meses antes, eu era casada". Mais tarde, naquele ano, a viúva Lady De Lancey registrou suas reminiscências em um diário que, originalmente, era destinado apenas aos olhos de seus amigos íntimos e família. Ela pode ter sentido a necessidade de proteger sua reputação de esposa dedicada e de luto, mas circularam rumores maliciosos de que ela não tivera remorsos suficientes depois de Waterloo, embora fosse mais do que possível que ela estivesse apenas sendo estoica.

Charles Bell, um renomado cirurgião, anatomista e artista que adquiriu um conhecimento sólido sobre ferimentos de bala, enquanto se oferecia como cirurgião durante a Guerra Peninsular, esteve presente dez dias após a Batalha de Waterloo. Ele ofereceu seus serviços ao Exército Britânico ao chegar em Bruxelas e trabalhou incessantemente, muitas vezes, operando por até 12 horas por dia. Ele escreveu: "Minhas roupas estavam duras de sangue e meus braços impotentes com o esforço de usar minha faca".

Infelizmente, ele era um artista melhor do que um amputador porque, 90% dos soldados feridos e que sofreram amputações a seu cargo não sobreviveram ao calvário. No entanto, o médico de Edimburgo ainda fez uma série de contribuições significativas à medicina militar, fazendo pinturas precisas e ornamentadas de seus estudos da Batalha, onde ele retrata seus pacientes e seus ferimentos com detalhes notáveis. A série fornece um registro como-

Charles Bell foi um médico, autor e artista que esteve presente na Batalha de Waterloo. Um verdadeiro "pau para toda obra".

vente das feridas horríveis tratadas pelos cirurgiões do exército de Wellington. Como Presidente da Academia Real de Anatomia, Bell também foi um prolífico autor, e suas experiências em Waterloo continuariam para ajudar os futuros cirurgiões do campo de batalha. Seus talentos artísticos, científicos e literários combinados fizeram dele um guia particularmente valioso para as realidades da guerra. Os desenhos feitos por ele, de seus pacientes, descrevem não apenas suas feridas e lacerações com precisão anatômica, mas também suas expressões desoladas, chocadas ou agonizantes após o tratamento, 10 ou 12 dias após o ferimento. Assim, ele podia pintar e podia escrever - mas se você o encontrasse após uma batalha sangrenta, a melhor opção era entrar em outra fila, para outro médico.

Cartas a Bell, de outros cirurgiões, também responsáveis pelos pacientes, enfatizaram as situações horripilantes que ele havia retratado. Os cirurgiões testemunharam feridas no fígado, bexiga e cabeça e, em alguns casos, cenários ainda piores. Um cirurgião escreveu: “Capitão Campbell foi minha única morte, não me foi permitido abrir o corpo, ele morreu cuspindo pus e com o fígado morosamente distendido”. Mas, ao menos, ele forneceu um bom assunto para uma das obras de arte de Bell.

CAPÍTULO CINCO

ESTA NIGHTINGALE

Para muitos, ela é a "Dama da Lâmpada", a mulher dedicada e incorruptível que cuidava dos feridos britânicos na Crimeia. Mas Florence Nightingale era muito mais do que uma simples enfermeira. Ela era uma mulher complexa, desonesta e ambiciosa cujo modus operandi, ocasionalmente, provocava mais escárnio do que elogios. Poucas pessoas na história da medicina têm sido tão elogiadas e criticadas como a Sra. Nightingale.

O ano era 1853, uma época em que Britannia governava muito mais do que apenas as ondas, seu império se estendia pelo mundo através da violência, brutalidade, conquista e conflito. Foi nesta época de patriotismo maníaco que se formou uma duvidosa aliança entre os britânicos, os franceses, os turcos otomanos e os sardos contra os russos (embora os italianos tenham aderido à aliança por razões mais conhecidas por eles mesmos). O resultado desta união incomum de nações foi a Guerra da Crimeia.

Tudo começou em 1853, quando o imperador francês Napoleão III, sobrinho de Napoleão Bonaparte, obrigou o sultão otomano Abdulmecid I a reconhecer a França como protetora dos povos cristãos na Palestina otomana, que naquela época compreendia toda a costa oriental do Mediterrâneo. Isto incluía a grande área de terra que agora conhecemos como Israel e Palestina, mas também o Líbano e pedaços da Síria e da Turquia foram jogados para dentro, para uma boa medida.

Quando a informação desta anexação chegou ao czar russo Nicholas I, ela não foi bem recebida. As tropas russas foram enviadas para territórios administrados por otomanos nas províncias do Danúbio, na Romênia atual. Isto provocou Abdulmecid a declarar prontamente guerra à Rússia. Seguiu-se um ataque surpresa aos navios turcos na Batalha de Sinope, que levou a Grã-Bretanha e a França a uma guerra que seria travada em três frentes quase simultaneamente. Vamos nos concentrar principalmente aqui na frente da Crimeia, um conflito que envolveu cercos brutais, acusações suicidas e alguma poesia medíocre.

Apenas algumas semanas após a Guerra, tornou-se evidente que mais soldados estavam sucumbindo às doenças do que aos estilhaços, balas, sabres e lanças combinados. Além de ser um pesadelo logístico, a Guerra também estava trazendo à tona as deficiências extremas na prestação de cuidados e tratamento aos soldados feridos. Era hora de a Sra. Florence Nightingale vestir seu avental de renda e fazer uma aparição. Ela se tornou uma das figuras vitorianas mais famosas da história e é, frequentemente, retratada num papel quase romântico como o anjo da misericórdia, cuidando dos soldados desesperadamente doentes à luz de velas.

Mas, apesar de seu status icônico, ela continua sendo uma figura controversa, que ainda inspira elogios de uns e desprezos maliciosos de outros. Suas intenções eram genuinamente altruístas ou ela era simplesmente uma autopublicitária ostensiva e sedenta de mídia? A Grã-Bretanha vitoriana, moralmente corrupta, adorava seus heróis e zombava maliciosamente de seus vilões. Não havia muito espaço de manobra porque a sociedade britânica raramente demonstrava ambiguidade objetiva, mas Florence pode ter sido a exceção.

Há evidências suficientes para mostrar que, ao longo do tempo, ela trabalhou vigorosamente para melhorar a vida dos menos afortunados da sociedade. Isto, muitas vezes, implicou em ser dolorosamente obsequiosa para as organizações governamentais, quando a necessidade se adequava à sua ambição. Mas, ela também poderia ser altiva e tem sido criticada por sua maneira, às vezes, dura. Em uma explosão do que pode ter sido uma rivalidade fraterna, sua irmã Parthenope descreveu Florence como: "Uma enfermeira chocante. Ela tem pouco ou nada do que é chamado de caridade ou filantropia, ela é ambiciosa, muito ambiciosa e gostaria de regenerar o mundo. Gostaria que ela pudesse ser trazida para ver que é a parte intelectual que lhe interessa, não a manual. Os interesses de Florence estavam no administrativo, no qual ela era muito hábil, porém podia ser impaciente com outras pessoas e foi relatada especialmente por não ter trabalhado bem com outras mulheres".

As cartas inéditas de uma das contemporâneas de Florence Nightingale pintam um retrato igualmente perturbador de uma mulher acusada de misoginia hipócrita e jovial, e por ser dominadora, mandona, obstinada e autopromotora. Isto contradiz diretamente aqueles que consideravam Florence como sendo de natureza doce, corajosa e altruísta. Também é inteiramente possível que alguns dos relatos mais mordazes se baseassem em puro ciúme, porque Florence era, de fato, uma pessoa muito assertiva e independente, que estava em contraste direto com o demérito, diminuindo os papéis impostos às mulheres vitorianas naquela sociedade hipócrita e dominada por homens. Sua atitude, por si só, teria incitado o rancor dos homens engomados, que não precisavam de muita provocação para começarem a bufar.

Ela foi criada em uma família de classe média-alta bastante abastada, e teve a sorte de que, na sociedade patriarcal da época, seu pai era um pensador bastante avançado que, ao contrário de seus pares masculinos, exaltava as virtudes da educação da mulher. Mas, apesar de sua educação e do encorajamento de seu pai, Florence continuou sobrecarregada por uma família dominadora e lutou para encontrar a verdadeira realização em sua vida. Isto a deixou frustrada, incapaz de usar sua indubitável inteligência e sua energia inatacável. Em várias ocasiões, ela foi levada à beira do colapso mental.

Em 1850, ela escreveu: "Minha vida atual é suicídio. Eu não tenho outro desejo senão morrer". Acreditando ter ouvido a voz de Deus chamando-a ao seu serviço, ela rejeitou o casamento e decidiu que seu verdadeiro destino estava na enfermagem. Sua família se opôs veementemente a isso, alegando que era uma ocupação totalmente inadequada para uma senhora de sua posição. Suas objeções foram um pouco aliviadas quando Florence foi nomeada superintendente no Hospital para Mulheres Inválidas na Harley Street.

No final de 1853, quando os britânicos desfilavam na suave fecundidade do outono, os despachos e artigos de jornal começaram a circular reportagens sobre as condições deploráveis que os feridos e os soldados britânicos doentes tiveram que suportar na Guerra da Crimeia. Muitas famílias vitorianas testemunharam o pai balbuciando seu Earl Grey na mesa do café da manhã sobre as últimas reportagens da frente russa.

William Howard Russell, do *The Times*, escreveu muitos desses despachos iniciais. Ele descreveu em detalhes sangrentos as condições terríveis dos hospitais militares, e o terrível sofrimento das tropas feridas e doentes que lá enfraqueceram.

Em 14 de outubro de 1854, Florence pediu formalmente e recebeu permissão para deixar seu trabalho no hospital da Harley Street a fim de liderar uma expedição privada para a Crimeia. O Ministro da Guerra, Sidney Herbert, já havia escrito a Florence solicitando gentilmente que ela fosse à Crimeia em nome do governo e assumisse a responsabilidade pela introdução de enfermeiras nesses deploráveis hospitais.

Em 1854, Florence e outras 38 mulheres voluntárias foram destacadas para o Império Otomano. Elas viajaram para Marselha e embarcaram em um navio chamado *Vectis*, chegando ao hospital do quartel Scutari, em Constantinopla, Turquia, em 4 de novembro de 1854. Infelizmente, elas não foram recepcionadas com bandas de música e flâmulas, já que a maioria dos médicos do exército se opunha veementemente às mulheres trabalharem em suas instalações. Inicialmente, as enfermeiras foram alocadas em tarefas domésticas como costura, lavanderia e controle dos estoques. Esta atitude condescendente dos médicos mudou radicalmente após a devastadora batalha do Inkerman.

O tenente-general britânico Hamley descreveu a luta: "Esta extraordinária batalha foi encerrada sem nenhum ultimato, nem avanço vitorioso de um lado, nenhuma resistência desesperada, nem fuga tumultuada do outro. Os russos, quando sem esperança de sucesso, pareciam derreter do campo perdido".

Regimentos ingleses e franceses exaustos, observaram a carnificina de um campo repleto de vítimas sangrentas. A batalha culminou com uma vitória impressionante para o Exército Britânico, apesar de ter sido superado em número de cinco para um durante grande parte da luta. Foi aqui que a primeira menção da "fina linha vermelha" foi mencionada. A contagem para os britânicos foi bastante alta; eles sofreram 597 mortes e cerca de 1.860 feridos. Alexander Kinglake, um historiador popular e escritor de viagens da época, de alguma forma, obteve o retorno oficial das baixas para a batalha. Segundo ele, as baixas Aliadas foram de 2.573 britânicos, dos quais 635 foram mortos, e 1.800 franceses, dos quais 175 foram mortos. A

Florence Nightingale era uma força a ser reconhecida. Depois de um início particularmente acidentado, ela abriu o caminho para futuras enfermeiras.

Rússia perdeu 3.286 almas dentro de um total de 11.959 feridos (incluindo homens feitos prisioneiros).

Este foi o momento decisivo, quando os médicos foram relutantemente compelidos a perguntar a Florence Nightingale e suas enfermeiras se poderiam prestar mais assistência prática para lidar com a situação. Apreensiva com as condições do hospital, Florence escreveu um apelo urgente ao *The Times* solicitando que fosse feito o fornecimento de alimentos, que precisava desesperadamente de medicamentos e dos meios para melhorar as condições deploráveis do campo. Os suprimentos solicitados foram rapidamente despachados, e foram feitos esforços conjuntos para limpar o hospital. Florence começou a fazer melhorias na limpeza dos hospitais e começou a fornecer roupas e lençóis limpos aos soldados. Ela também trabalhou para melhorar as exigências higiênicas dos edifícios. Com a ajuda de uma chef chamada Alexis Soyer, ela também melhorou a dieta dos soldados, fornecendo-lhes alimentos mais saudáveis e nutritivos.

É justo dizer que ela, inicialmente, achou sua nova autoridade bastante desorientadora, porque ela adotou uma abordagem quase matriarcal aos pacientes sob seu cuidado, referindo-se a eles como "meus filhos". Na verdade, para aqueles homens longe de casa, Florence e suas enfermeiras eram um grande conforto.

Tudo isso foi de pouco proveito. Embora Florence compreendesse algumas das necessidades médicas e requisitos de higiene necessários, ela permaneceu estranhamente intransigente em relação à verdadeira causa da morte da maioria dos soldados, que se devia aos desastrosos arranjos sanitários nas instalações. Durante seu primeiro inverno em Scutari, 4.077 soldados morreram de doenças como tifo, febre tifoide, cólera e disenteria. Dez vezes mais soldados sucumbiram a essas doenças do que a ferimentos de batalha. As condições no hospital eram potencialmente fatais para os homens que Nightingale estava tentando ajudar. Ser embalado como sardinha em um prédio sem ventilação, que havia sido construído acima de esgotos defeituosos também não ajudou.

Os primeiros anos de Nightingale foram, sem dúvida, responsáveis por sua força. Ela era uma pessoa esbelta, graciosa, que administrava sua imagem com toda a perspicácia de um representante de relações públicas multinacional. Ela conseguia encantar e agitar as pálpebras quando necessário, mas isto era uma simulação. Florence possuía uma determinação quase maníaca. Em sua defesa, ela também possuía uma das grandes mentes administrativas do século XIV.

Nightingale continuou a atribuir a responsabilidade pelo alto número de mortes em Scutari a uma nutrição inadequada e a suprimentos insuficientes. Ironicamente, ela se recusou a reconhecer a principal razão de tantos mortos, preferindo confiar em suas próprias opiniões. Como resultado, a taxa de mortalidade no acampamento de Florence foi mais alta do que em qualquer outra instalação hospitalar.

Foi somente quando Florence voltou para a Grã-Bretanha que ela começou a mudar de ideia. Depois de recolher provas a serem apresentadas à Comissão Real de Saúde do Exército, Florence chegou à dolorosa conclusão de que a maioria dos soldados em seu hospital tinha, de fato, perecido devido à falta de saneamento, exacerbada por sua ignorância. Mesmo que ela tivesse proporcionado um ambiente mais limpo e com maior conforto, ela tinha, indiretamente, causado muitas, muitas mortes. É completamente verdade, no entanto, que Florence passeava pelas alas todas as noites segurando uma lanterna turca. Isto levou os soldados a dar a Florence o seu famoso apelido carinhoso. Mas é igualmente verdade que a lendária Dama da Lâmpada era, na verdade, mais uma Ceifadora na Crimeia.

A longo prazo, Florence teve um efeito incrivelmente positivo no cuidado de soldados feridos e doentes no Exército Britânico, mas tinha sido uma trágica curva de aprendizado. Sua conduta e sua genuína tentativa de melhorar as condições dos soldados serviram para destacar outros problemas de saúde igualmente debilitantes, que poderiam surgir devido a arranjos sanitários inadequados. No entanto, Florence Nightingale foi, de fato, uma inovadora, e continua sendo uma figura icônica, criticada e venerada de todos os ângulos. Ela tem sido acusada por alguns de presunção, arrogância e ignorância, mas permanece irrefutável que ela fez muito bem ao reduzir as mortes desnecessárias no Exército durante o tempo de paz, antes de voltar sua atenção para a enfermagem e introduzir conceitos sanitários nos hospitais. Assim, em muitos aspectos, ela foi realmente uma pioneira - mas ainda havia um longo e doloroso caminho pela frente.

CAPÍTULO SEIS

UMA ENFERMEIRA NEGRA NA CRIMEIA

Imagine, por um momento, feridos em um campo estrangeiro enquanto a terrível dissonância da batalha enche o ar. Em meio a todo o sangue, caos e desordem, você vê uma senhora negra, vestida com roupas berrantes, cavalgando em direção a você a um ritmo constante, acompanhada por duas mulas bem carregadas. Além disso, ela não parece estar indevidamente preocupada. De repente, ela solta uma explosiva bufada, desmonta sem cerimônia de sua mula sobrecarregada e se aproxima de você vestindo um grande e reconfortante sorriso. Esta senhora, adorável e pretensiosa, é a Sra. Mary Seacole e você está com sorte. Agora, você tem uma chance.

Florence Nightingale obteve uma séria vitória de relações públicas por seu trabalho na Crimeia e, ao brunir sua própria reputação, ela fez pouca referência a uma das enfermeiras que contribuiu muito para o bem-estar dessas mesmas tropas britânicas. A visão desta mulher gregária e alegre, chegando com seus remédios, era uma panaceia mental e física para qualquer soldado ferido em um campo de batalha estrangeiro. Em sua vida, Mary Seacole (1805-81) alcançou o status de celebridade entre o volátil público britânico vitoriano que, graças a artigos escritos por numerosos jornalistas, estavam bem cientes de sua compaixão, habilidade e coragem.

Muitos historiadores contemporâneos acreditam que a contribuição de Mary para a saúde e bem-estar dos soldados na Crimeia excedeu em muito à de Florence Nightingale. Mais uma vez, a imagem pode ter excedido a capacidade, e as atitudes em relação a Mary foram, por vezes, dolorosamente paternalistas, mas isso não podia diminuir o bem que esta mulher incrível fez durante sua vida.

Mary Seacole, ou "Madre Seacole", como ficou carinhosamente conhecida pelas tropas, nasceu em Kingston, Jamaica, em 1805, e foi batizada de Mary Jane Grant. Seu pai, James Grant, era um oficial escocês beberrão, postado ali como parte do contingente militar britânico. Sua mãe, extremamente influente, também chamada Mary, era uma crioula (uma pessoa de ascendência mista, europeia e negra), e um hábil expoente dos remédios tradicionais à base de ervas e remédios jamaicanos. Ela dirigia o Blundell Hall, um dos melhores hotéis de Kingston, onde cuidava de soldados inválidos e suas esposas. Este foi o mundo em que Mary Seacole nasceu. Sua educação em medicina veio principalmente de sua mãe, mas se beneficiou de outras influências. As autoridades a classificaram legalmente como uma mulata, uma pessoa nascida de parentesco birracial. Aqui as águas ficam um pouco turvas como, tecnicamente, ela era considerada uma *quadroon*, uma pessoa com um dos pais birracial e um dos pais brancos. Muitos anos depois, Seacole escreveu: "Meu pai era um soldado, de uma antiga família escocesa; e a ele, eu, frequentemente, traço meu afeto por uma vida no campo, e minha simpatia com o que ouvi meus amigos chamarem de 'a pompa, o orgulho e as circunstâncias da guerra gloriosa'".

Como soldado, o dever de James Grant era proteger esta lucrativa ilha britânica contra a invasão estrangeira. A ilha pertencia à Grã-Bretanha desde 10 de maio de 1655, quando o almirante William Penn e o general Robert Venables forçaram a Espanha a renunciar à posse. Na época do nascimento de Seacole, a Jamaica estava emergindo como uma das muitas joias proverbiais da coroa imperial britânica, como o principal exportador mundial de açúcar. A população negra da Jamaica era conhecida como "Maroons" e era originalmente importada como mão-de-obra escrava da África pelos britânicos para trabalhar nas plantações de açúcar. Em 1800, apenas cinco anos antes do nascimento de Seacole, os 300.000 escravos da ilha superaram a população branca em dez para um, e as autoridades britânicas haviam sido forçadas a enfrentar algumas revoltas.

Alguns soldados britânicos consideravam um destacamento para o Caribe no início do século XIX como uma sentença de morte. Isto se devia, principalmente, a suas várias epidemias de febre amarela, cólera, malária e febre tifoide. Isto reduziu a eficácia e o número de soldados britânicos ali

A corpulenta e imperturbável Mary Seacole sempre foi uma visão bem-vinda em qualquer lugar do campo de batalha. Ela, provavelmente, salvou mais vidas do que sua contraparte branca, a Sra. Nightingale.

estacionados a tal ponto que eles foram obrigados a recrutar ex-escravos como tropas. Em 1807, foi introduzida a Lei Mutiny, que concedeu liberdade a todos os homens negros que serviam nas forças armadas britânicas. Esses homens receberam o mesmo salário e rações que os soldados brancos. Eles também deveriam estar sujeitos às mesmas punições, mas a lei introduziu sorrateiramente uma nova forma de desigualdade. Os soldados negros que se juntaram aos regimentos britânicos da Índia Ocidental tiveram que se alistar pelo resto da vida, ao contrário de seus homólogos brancos, que se alistaram por períodos de sete anos. Parecia bem no papel, mas, na realidade ainda havia um extenso racismo entre as fileiras.

Mary Grant casou-se com um inglês, Edwin Horatio Hamilton Seacole, em 10 de novembro de 1836, em Kingston, Jamaica. Edwin era oficial da marinha e tinha fama de ser o filho ilegítimo de Horatio Nelson e sua amante, Lady Hamilton. A última vontade e testamento de Mary Seacole contradisse esta afirmação, dizendo que Edwin não era o filho ilegítimo, mas o "afilhado" de Nelson. Ele era o filho adotivo de Edwin Thomas Seacole, um "cirurgião--boticário" local e parteiro masculino, que criou o menino como se fosse seu.

Edwin nunca teve uma vida particularmente saudável e morreu em 1844, coincidentemente, o mesmo ano em que a mãe de Mary também faleceu. Mary nunca mais se casou, preferindo dedicar-se a administrar o hotel de sua mãe e, eventualmente, à enfermagem de linha de frente. Ela tratou as vítimas da epidemia de cólera de 1850, que ceifou a vida de mais de 32.000 jamaicanos. Seu tratamento eficaz durante esta crise se mostrou benéfico em anos posteriores. Ela escreveu: "Eu tinha ganho reputação como uma hábil enfermeira e docente, e minha casa estava sempre cheia de oficiais inválidos e suas esposas de Newcastle, ou do adjacente Acampamento Up-Park. Às vezes, eu tinha um cirurgião naval ou militar sob meu teto, dos quais nunca deixei de receber instruções, dadas, quando entenderam meu amor por sua profissão, com uma prontidão e gentileza que jamais esquecerei".

Durante sua vida, Seacole viajou muito e, em uma ocasião, em 1852, ela estava viajando entre o Panamá e os Estados Unidos, passando o tempo na empresa de comerciantes americanos. Ao deixar a mesa de jantar, ela ouviu um americano dizer: "Deus abençoe a melhor mulher *yaller* (¼ de negro) que ele já fez. Se pudéssemos branqueá-la por qualquer meio, nós a tornaríamos aceitável em qualquer empresa como ela merece ser". Seacole, enfurecida, escreveu em sua autobiografia, "devo dizer que não aprecio seus amáveis desejos com respeito à minha tez. Se tivesse sido tão escura quanto a de um negro, eu deveria ter sido tão feliz e útil, e tão respeitada por aqueles cujo respeito eu valorizo: e quanto à sua oferta de me branquear, eu deveria, mesmo que fosse praticável, recusá-la sem nenhum agradecimento".

Ela tinha a reputação de ter sido uma patriota ferozmente leal e, em sua vida, fez uma série de viagens ao Reino Unido. Infelizmente, sua lealdade e amor ao país nem sempre foram retribuídos. Foi durante uma destas visitas que Seacole ouviu falar sobre a Guerra da Crimeia. Ela ficou tão emocionada com os artigos angustiantes dos jornais que fez pedidos ao Escritório de Guerra, às autoridades médicas britânicas, ao departamento médico do exército e ao Secretário de Guerra para que lhe permitissem ir à Crimeia cuidar dos homens desesperadamente doentes e feridos. Ela foi prontamente recusada em todos os pedidos. Alguns afirmam que ela até tentou se juntar ao grupo de enfermeiras de Florence Nightingale. Ela não conhecia Nightingale na época, mas é alegado que uma de suas assistentes se recusou a permitir que Mary se juntasse à equipe. Profundamente desapontada com as recusas, Mary observou: "Era possível que os preconceitos americanos contra a cor tivessem se enraizado aqui? Estas senhoras recusaram minha ajuda porque meu sangue corria sob uma pele um pouco mais escura do que a delas?"

Não se encolhendo, Mary protestou, ressaltando que tinha uma vasta experiência, excelentes referências, e até conhecia alguns dos soldados e regimentos, tendo cuidado deles enquanto estavam estacionados na Jamaica. Seu eventual valor para os soldados da Crimeia poderia, até certo ponto, ser atribuído a seu amplo conhecimento da patologia da cólera, que ela havia contraído e da qual havia se recuperado. Destemida, Mary fez uma nova tentativa de chegar à Crimeia quando se candidatou pelo altruísmo, e foi terminantemente recusada pelo Fundo da Crimeia, uma instituição de caridade fundada por assinatura pública para apoiar os feridos na Crimeia. Apesar de toda a adversidade, ela continuou a explorar formas de chegar à zona de guerra onde, apesar de seus detratores, ela estava convencida de que seria capaz de fazer algum bem. Era bastante fortuito, portanto, que Thomas Day, um parente de seu falecido marido, planejasse ir à Crimeia a negócios. Após alguma discussão, ela concordou em estabelecer com ele uma empresa limitada que se tornaria conhecida como Seacole and Day.

Finalmente, em 27 de janeiro de 1855, Seacole conseguiu uma passagem para Constantinopla a bordo do navio holandês *Hollander*. Armada com uma carta de recomendação, ela se encontrou e teve uma breve conversa com Florence Nightingale no famoso hospital do Exército Scutari, na Turquia, à qual se refere em sua autobiografia:

> "Em meia hora fui admitida na presença da Srta. Nightingale. Uma pequena figura, no vestido das enfermeiras; com um rosto pálido, suave e firme, descansando levemente na palma de uma mão branca, enquanto a outra apoiava o cotovelo, posição que lhe dava ao rosto uma expressão aguçada e inquiridora, que era bastante marcada. De pé, assim em repouso, e ainda observando com atenção o maior sinal de impaciência em qualquer momento tranquilo, talvez involuntário movimento do pé direito firmemente plantado, era Florence Nightingale, aquela inglesa cujo nome nunca morrerá, mas soará como música nos lábios dos homens britânicos até a hora da desgraça. Ela leu a carta do Dr. F., que estava na mesa ao seu lado, e perguntou, em seu jeito gentil, mas eminentemente prático e direto, 'O que você quer, Sra. Seacole - alguma coisa que possamos fazer por você? Se estiver em meu poder, ficarei muito feliz em lhe ajudar".
>
> "Então, lhe falo de meu pavor da viagem noturna pelo barquinho, e da improbabilidade de encontrar o *Hollander* no escuro; e, com alguma timidez, atirei-me sobre a hospitalidade de Scutari, oferecendo-me para cuidar dos doentes durante à noite. Agora, infelizmente, por muitas razões, o quarto, até mesmo para um no Hospital Scutari, não está fácil de encontrar; mas finalmente descobri que uma cama estava desocupada nos aposentos das lavadeiras do hospital".

Seacole passou apenas uma noite em Scutari antes de tomar outro navio no dia seguinte, atravessando o Mar Negro para a zona de batalha da Crimeia. Quando chegou à Crimeia, ela prontamente se instalou em um hotel, Spring Hill. Outros se referiam a ele como "a cabana da Sra. Seacole". O primeiro andar serviu como restaurante, enquanto o segundo andar foi requisitado como uma área de tratamento semelhante a um hospital de campo. Ela

A escolha da localização de seu hospital em Scutari durante a Guerra da Crimeia pode ter feito muito mais mal do que bem, mas forneceu uma valiosa lição.

financiou sua operação vendendo suprimentos enquanto servia refeições e copiosas quantidades de álcool. Ela, então, usou seus lucros para o cuidado dos doentes e feridos. Tenha em mente que esta mulher tinha 50 anos de idade na época e bastante portentosa, mas apesar de sua idade e constituição física, ela manteve um dinamismo irreprimível e uma natureza cativante que agiu como um ímã virtual para os soldados longe de casa. Não demorou muito para que o nome da Madre Seacole se espalhasse por todo o exército britânico. Oficiais superiores se referiam a ela condescendentemente como uma "vivandeira", alguém que segue o exército e vende provisões para as tropas, mas ela fez mais, muito mais do que isso.

Pelo fato de não estar oficialmente ligada a nenhuma organização durante a Guerra da Crimeia, Mary tinha total liberdade de movimento, que teria sido negada a Florence Nightingale e seu pessoal. Na Crimeia, Seacole adotava uma rotina rigorosa, tratando aqueles com condições médicas todas as manhãs e, depois, acompanhada por duas mulas, uma carregando medicamentos e outra comida e vinho, viajava para as linhas de frente para tratar as vítimas no local. Em várias ocasiões, ela cuidava de homens feridos de ambos os lados enquanto a batalha ainda estava em fúria.

William Howard Russell, correspondente especial do *The Times*, escreveu em 1856: "Na hora de sua doença, estes homens encontravam um tipo de médica gentil e bem-sucedida, que medica e cura todos os tipos de homens com extraordinário sucesso. Ela está sempre presente perto do campo de batalha para ajudar os feridos, e ganhou a bênção de muitos pobres companheiros". Sempre que ela se aproximava das linhas de frente, a presença de Mary Seacole era imediatamente reconhecida - até porque ela insistia em usar roupas altamente visíveis e coloridas, mesmo quando as balas e bolas de canhão voavam ao redor dela.

Financeiramente, a sua aventura na Crimeia levou mais do que o planejado. Em 1857, ela retornou a Londres, sofrendo de problemas de saúde e falência. Seu pé esquerdo estava inflamado, possivelmente devido à gota, então, não teria sido totalmente errado descrevê-la como a "Senhora que manca". Graças a seu extraordinário serviço durante a Guerra da Crimeia, a imprensa britânica se mobilizou e divulgou sua deplorável situação. Muitas pessoas doaram para um fundo para ela e, embora Florence Nightingale tenha criticado o trabalho de Seacole, foi alegado que ela contribuiu secretamente para o fundo. Mais tarde naquele ano, e por insistência dos que lhe eram próximos, ela escreveu sua autobiografia, intitulada um pouco ostensivamente como *Wonderful Adventures of Mrs Seacole in Many Lands*. Ao contrário da maioria dos autores em início de carreira, sua fama era tal que ela não teve problemas em encontrar uma editora. O livro que se seguiu vendeu notavelmente bem e ela viveu seus anos restantes com relativo conforto. Mary Seacole morreu após uma hemorragia cerebral, em Londres, em 14 de maio de 1881 e, infelizmente, logo foi esquecida.

Desde 1981, no aniversário de sua morte, uma cerimônia de colocação da coroa de flores é realizada em seu túmulo e, em 2005, a Penguin Classics reimprimiu seu livro. O bicentenário do nascimento de Seacole foi celebrado com a revelação de uma pintura perdida dela na National Portrait Gallery, em Londres. Uma campanha de arrecadação de fundos em seu nome levantou mais de meio milhão de libras e levou à revelação de uma bela estátua de Mary Seacole nos terrenos do Hospital St. Thomas, em

Londres. Acredita-se que esta estátua memorial seja a primeira do Reino Unido em homenagem a uma mulher negra.

Seus métodos de tratamento podem ter sido considerados pouco ortodoxos pelo *establishment* médico vitoriano, e muitos afirmaram que ela lucrou com o Exército Britânico, mas ela mereceu legitimamente seu lugar como uma das enfermeiras mais famosas da história. A memória de Mary continua viva. Deus a abençoe.

CAPÍTULO SETE

ENFERMEIRAS AMERICANAS DA GUERRA CIVIL

As melhorias nos cuidados que os soldados britânicos receberam durante a última parte da Guerra da Crimeia, e as famosas façanhas de Florence Nightingale e da Comissão Sanitária Britânica eram bem conhecidas das autoridades americanas. Mas isso não significaria que eles estavam bem-preparados para o que teriam que enfrentar na deflagração da Guerra Civil Americana.

O conflito começou em 1861, a manifestação violenta de um desacordo de longa data entre os estados sulistas detentores de escravos e seus opositores abolicionistas do Norte. Havia muito mais na Guerra Civil Americana, é claro, com uma grande conspiração, como o poder que os estados individuais reivindicavam de autodeterminação contra a autoridade suprema do governo federal em Washington DC.

O catalisador foi a eleição de Abraham Lincoln como Presidente dos Estados Unidos da América, em novembro de 1860. Ele tinha se mantido em uma política de oposição à expansão da escravidão nos Estados Unidos. Após tomar posse, ele também rejeitou a ideia de que qualquer estado individual poderia se separar unilateralmente da União - como alguns estados possuidores de escravos haviam proposto, acreditando que Lincoln queria abolir completamente a escravidão.

Quando as baterias dos Confederados tomaram como alvo e dispararam sobre Fort Sumter, em 12 de abril de 1861, forçando sua rendição, a guerra tornou-se inevitável. Encorajado pela astúcia de políticos e manchetes jingoístas impressas por proprietários de jornais moralmente opacos, ambos os lados logo agravaram o conflito. O Presidente Lincoln, que só estava no cargo desde 6 de novembro de 1860, não perdeu tempo em chamar os estados para fornecer 75.000 voluntários ao Exército da União. À medida que mais estados aderiram à Confederação adversária, seus exércitos incharam. Todos eles logo experimentariam um medo terrível, perda e sofrimento em uma escala sem precedentes. A maioria deles marcharia para o redemoinho fulminante de chumbo e estilhaços, em grande parte, alheios às aspirações políticas que cada lado representava e ignorantes da dura realidade da Guerra em meados do século XIX, assegurados pelo conhecimento de que Deus estava ao seu lado.

O resultado foi uma luta pela própria sobrevivência dos Estados Unidos da América, pelo controle da ideia do que deveria ser uma nação. Ela colocou irmão contra irmão, comunidade contra comunidade, e tirou a vida de mais de 600.000 pessoas. Ainda hoje, seu legado é como uma cicatriz em toda a política corporal da América.

Em nível prático e médico, a Guerra Civil apresentou aos exércitos de ambos os lados problemas consideráveis a serem superados. Temos várias fontes do lado da União que mostram em detalhes vívidos como esses desafios foram enfrentados - não menos importante por algumas mulheres notáveis impulsionadas pelo destino a fazer sua parte no campo de batalha e mais além por seus compatriotas caídos.

A primeira coisa com que a Comissão Sanitária dos EUA teve que lidar, uma vez que a Guerra começou, foi organizar como prover o Exército da União com suprimentos e equipamentos médicos. Muitos deles haviam sido adquiridos por meio de doações, e a Comissão não tinha autoridade oficial para orientar como esses suprimentos e equipamentos deveriam ser utilizados. Além disso, o Departamento Médico dos EUA conseguiu iniciar o conflito com o pé errado. A primeira grande batalha da Guerra, travada em Bull Run, em Manassas, Virgínia, em 21 de julho de 1861, destacou como o Exército da União estava terrivelmente despreparado do ponto de vista médico. Não houve um procedimento de triagem devidamente organizado, enquanto a prestação de assistência médica para as baixas no campo de batalha foi, na melhor das hipóteses, aleatória. Felizmente, em Bull Run os números de baixas foram relativamente pequenos em comparação com batalhas futuras, com 481 soldados do Norte mortos (e 1.011 feridos) e 387 mortos do Sul (com 1.582 feridos).

A natureza da maioria dos feridos nesta batalha, além dos inevitáveis estilhaços, foi o resultado de soldados que foram baleados com a bola "Minié". Esta era uma bala de calibre 0,58, feita de chumbo macio, inventada pelo oficial francês Claude-Etienne Minié em 1849. Ela se achatava no impacto para criar uma ferida que se expandia à medida que a bala se enterrava mais profundamente no tecido. Ela estilhaçava o osso acima e abaixo do impacto e, raramente, saía. Sua forma e movimento lento fizeram com que pedaços de roupas, pele e bactérias se infiltrassem na ferida, aumentando significativamente o risco de infecção. A maioria das feridas de bala ocorreu nas extremidades superiores e inferiores, o que, frequentemente, resultou em amputações, mas a taxa de fatalidade dessas feridas foi relativamente baixa. Três em cada quatro procedimentos cirúrgicos realizados durante a Guerra foram amputações. Apenas 18% das feridas eram no abdômen, embora estas fossem mais prováveis de serem fatais devido à perfuração intestinal na era pré-antibiótica.

Muitos problemas médicos foram encontrados em Bull Run. Para começar, não havia um corpo oficial de ambulâncias militares, embora houvesse ambulâncias particulares presentes. Muitos civis que haviam se reunido para testemunhar a batalha fugiram quando os primeiros tiros foram disparados. Infelizmente, alguns deles dirigiam essas ambulâncias. As ambulâncias que foram deixadas para trás por civis em fuga apressada, por sua vez, foram requisitadas por tropas saudáveis com pressa para fazer uma retirada estratégica do campo de batalha. Consequentemente, nenhum soldado ferido foi levado de volta para a segurança de Washington DC em uma ambulância. Tragicamente, os soldados feridos foram deixados no campo de batalha encharcado pela chuva durante dias. Além disso, o cirurgião-geral Clement Finley não encomendou suprimentos médicos até que a batalha terminasse. Em 1862, William Hammond, 33 anos, substituiu Finley e iniciou algumas reformas que melhoraram as coisas. Por exemplo, ele começou a militarizar os cuidados médicos que um soldado ferido poderia receber. Os feridos foram transferidos de estações de campo para hospitais de campo, para hospitais de divisão ou de corpo, depois, para hospitais em grandes centros do exército em cidades próximas.

Estação Savage, Hospital Union Field, 27 de junho de 1862.

Se uma batalha produzia mais feridos do que as instalações do regimento podiam suportar, era estabelecido um hospital de campo temporário com cirurgiões regimentais. Hospitais de brigada e de divisão foram, às vezes, criados para consolidar hospitais de regimento. O Departamento Médico reinstituiu o hospital geral nas principais cidades do Norte para lidar com a entrada de doentes e feridos. Não faltavam voluntários para trabalhar nesses hospitais, o primeiro dos quais foi estabelecido em Washington DC. Uma melhor gestão das instalações médicas foi conquistada com cirurgiões, enfermeiras e cozinheiras.

Durante a Guerra Civil Americana, Louisa May Alcott, que escreveria *Little Women*, trabalhou por um curto período como enfermeira em uma dessas instalações. Alcott não tinha nenhum treinamento formal e não era nenhuma Florence Nightingale por qualquer extensão da imaginação, mas, em 11 de dezembro de 1862, ela foi para o hospital da União em Georgetown, fora de Washington DC, para oferecer seus serviços como voluntária. Mais tarde, ela relataria suas experiências em seu livro *Hospital Sketches* (1863), que conta a história de uma enfermeira de cabeceira do exército.

Em retrospectiva, Alcott não foi uma contribuição particularmente substancial, porque ela só durou cerca de seis semanas, mas foi o tempo suficiente para fornecer-lhe inspiração e informações vitais para algumas de suas futuras obras literárias. O verdadeiro crédito por qualquer envolvimento na Guerra deve ser atribuído mais à sua família do que à própria autora. A família Alcott manteve uma postura fortemente humanitária durante todo este período turbulento da história americana, fornecendo uma casa segura para a venerada Underground Railroad, que ajudou ex-escravos a escapar para a segurança no Norte.

Apesar de sua evidente falta de experiência prática, Dorothea Dix, Superintendente de Enfermeiras do Exército para o Exército da União, aceitou Alcott para o serviço. Paradoxalmente, Dorothea Dix também não teve nenhum treinamento formal como enfermeira. Foram suas tenacidade e excepcionais habilidades organizacionais que impressionaram o Secretário de Guerra, Simon Cameron, e o cirurgião-geral interino, D. C. Wood, a nomeá-la. Isto deu a Dix a autoridade para selecionar e designar enfermeiras para hospitais militares gerais ou permanentes. Nenhuma enfermeira poderia ser empregada em tais hospitais sem sua sanção e aprovação, exceto em casos de necessidade urgente. Entretanto, os critérios considerados aceitáveis para este trabalho pela Sra. Dix não eram realmente acadêmicos ou rigorosos. Seus principais requisitos eram que suas enfermeiras tivessem uma mente sóbria e, de preferência, mais de 30 anos. Candidatas que ela considerou "avoadas", ou mulheres atraentes, ou aquelas que usavam roupas e joias elegantes foram consideradas altamente inadequadas. Elas poderiam distrair os feridos, ela pensou.

A experiência pessoal de Alcott cuidando de familiares doentes antes de ir para DC provou ser, de fato, útil quando ela estava cuidando de soldados feridos. Suas primeiras impressões do Hospital Georgetown devem ter sido um choque para o sistema. Era um lugar intrinsecamente insalubre para um paciente. Os avanços na tecnologia de guerra tinham criado armas devastadoras, capazes de infligir ferimentos horríveis. Infelizmente, os avanços da ciência médica não tinham acompanhado o ritmo.

Cirurgiões e enfermeiros, naquela época, tinham poucos conhecimentos sobre infecções bacterianas, por isso, muitos procedimentos cirúrgicos eram realizados sem mesmo as preparações mais rudimentares, como o uso de sabão e água ou desinfetante. O Hospital Georgetown era um casebre úmido e cheirando a ranço, inadequadamente sem materiais, superlotado, caótico e completamente insalubre. Doenças evitáveis, como a febre tifoide e a disenteria, eram galopantes, devido ao fraco conhecimento da epidemiologia. A enfermagem do exército na Guerra Civil não era para os que tinham o coração fraco ou reticentes; portanto, a enfermeira Alcott teria sido obrigada a auxiliar em procedimentos cirúrgicos tortuosos, além de ter que cuidar de

Se não fosse por Dorothea Dix, a América teria perdido uma futura heroína literária.

feridas inestéticas, e aliviar o sofrimento daqueles que passavam por mortes dolorosas e prolongadas.

Apenas alguns dias após a chegada da enfermeira Alcott a Georgetown, houve uma enorme vinda de soldados da União feridos. Estas foram as baixas sofridas quando o General Robert E. Lee conduziu o Exército Confederado à vitória na Batalha de Fredericksburg, que tinha envolvido quase 200.000 soldados. À medida que os feridos se derramavam, Alcott recuou na magnitude total do sofrimento humano, o qual se esperava que o pessoal subprovisionado enfrentasse. Ela ficou tão chocada que, a princípio, se escondeu atrás de uma pilha de roupas, emergindo apenas depois de ter se recomposto. Depois, ela começou a trabalhar lavando o sangue e a sujeira.

Naquela época, as enfermeiras eram consideradas uma pequena novidade entre as fileiras e isto, frequentemente, causava alterações na troca de curativos ou banhos. Alcott parece ter se adaptado bem e aplicado seu senso de humor contagiante para aliviar situações potencialmente embaraçosas. Este dom para a comunicação culminaria em sua obra literária e inspiraria o romance semiautobiográfico de sucesso retumbante *Little Women*.

Alcott contraiu pneumonia tifoide em janeiro de 1863. Os médicos tentaram tratar os sintomas usando analgésicos e quinino. Entretanto, alguns médicos receitaram calomel para a febre tifoide, que tinha o potencial de causar envenenamento por mercúrio em muitos dos pacientes. O estado de Alcott era considerado tão grave que Dorothea Dix mandou chamar seu pai, que a levou de volta para casa, para New England. Enquanto se recuperava, ela parecia apresentar sintomas claros do que hoje chamaríamos de transtorno de estresse pós-traumático (TEPT). Embora ela tenha sobrevivido à doença, os efeitos duradouros de ser tratada com calomel arruinaram a saúde de Alcott. Os anos restantes de sua vida foram arruinados por dores recorrentes, fraquezas e problemas neurológicos. Apesar disso, ela tinha sido estimulada por suas experiências e possuía tanto a habilidade, como a perspicácia literária para contá-las aos outros.

A chefe de Louisa May Alcott nas instalações em Georgetown, Dorothea Lynde Dix, já havia sido amplamente reconhecida pela comunidade médica da época como uma reformadora. Apesar de sua falta de experiência e qualificação médica, sua dedicação ao dever era irrepreensível. Ela e os serviços médicos do Norte e Sul estavam enfrentando um número sem precedentes de tropas para lidar. Antes do início da guerra civil, os Estados Unidos tinham mantido um exército de 20.000 a 25.000 homens. Exceto no caso da Guerra Mexicana de 1846-8, nenhuma autoridade no país jamais havia enfrentado o problema de lidar com o atendimento médico de forças maiores do que apenas alguns regimentos. Além disso, a enfermagem do exército era considerada como um domínio totalmente masculino.

Após o início das hostilidades, Dix efetivamente convenceu oficiais militares cínicos de que as mulheres eram perfeitamente capazes de cuidar de enfermagem e, com base nisso, ela recrutou pessoalmente 2.000 mulheres e formou o primeiro Corpo de Enfermagem do Exército. As mulheres ofereceram seus serviços voluntariamente em ambos os lados da linha Mason-Dixon, mas eram, em sua grande maioria, não qualificadas e totalmente inexperientes para as tarefas que estavam prestes a enfrentar. Dix estava frequentemente em conflito com oficiais militares, e quando lhe convinha, ela ignorava descaradamente as ordens militares. É um fato indiscutível que os cuidados de enfermagem do exército melhoraram substancialmente sob sua supervisão. Ela podia ser um pouco tirânica, ganhando o apelido de Dragão Dix, mas cuidava bem das enfermeiras que trabalhavam nas mais terríveis condições. Ela tomou até mesmo medidas para obter suprimentos vitais de saúde de agências privadas quando o governo não estava disposto a fornecê-los.

Dix tinha quase 60 anos na época de sua nomeação e não estava na melhor das condições de saúde. Sua constituição tinha sofrido malária, longas e punitivas horas de trabalho e fraqueza pulmonar. Durante as décadas anteriores, ela havia operado sozinha, planejando seus próprios projetos, seguindo seus próprios conselhos e se pressionando, sem obstáculos, pelas opiniões de outros, enquanto se esforçava para melhorar as condições nas prisões e nos asilos mentais. Aqui estava uma mulher reforçada por seu próprio idealismo, por sua sede de perfeição organizacional e disciplina – precisamente, as qualidades necessárias para o trabalho em questão.

Tantos soldados feridos e doentes entraram em Washington após a Batalha de Bull Run que os hospitais de Dix não puderam acomodar todos. Ela rapidamente requisitou mais edifícios e os converteu em hospitais para atender à alta demanda. Quando descobriu que as tropas da União não tinham ambulâncias suficientes, ela comprou uma com seu próprio dinheiro, e a enviou para

Manassas. Ela também tomou medidas para corrigir o desequilíbrio salarial entre homens e mulheres. Na época, aos enfermeiros eram pagos $20,50 por mês e recebiam rações, roupas e moradia; todos as enfermeiras da Dix eram voluntárias não remuneradas. Quando descobriram que seus colegas masculinos estavam recebendo tantas concessões financeiras e materiais do governo, houve algum mal-estar. Dix percebeu que, a menos que algo fosse feito, ela perderia muitas de suas enfermeiras. Ela solicitou ao governo e conseguiu uma vitória quando eles concordaram em fornecer comida, transporte e moradia às enfermeiras. Eles também concordaram em pagar às enfermeiras 40 centavos por dia. Graças a isto, o número de enfermeiras aumentou. Foi aqui que Dix brilhou. Ela foi uma militante persuasiva e exigente, com inteligência e experiência para alcançar efetivamente seus objetivos.

Dix também possuía a empatia necessária com o sofrimento humano que tinha sido a espinha dorsal de sua longa e maravilhosa carreira filantrópica até a eclosão da guerra. Uma vez confrontada com a enorme tarefa de cuidar de centenas de homens feridos, ela se envolveu em altercações bruscas, com proeminentes oficiais médicos e cirurgiões regimentais. Ela queria ser tanto o anjo vingador quanto o anjo da guarda dos feridos aos seus cuidados. Alguns de seus amigos afirmaram que ela elevou a régua muito alto para que alguém pudesse atender a seus padrões, e não levou em consideração a natureza humana. Embora as qualificações exigidas para trabalhar para Dix fossem frouxas, a aptidão e habilidade mental, que ela exigia de seu pessoal, eram grandes. Durante esses quatro longos anos de Guerra, ela nunca tirou um dia de licença. Ela trabalhou incessantemente, organizando grupos de enfermeiras, inspecionando hospitais e relatando meticulosamente quaisquer casos de negligência ou abuso.

Uma de suas características mais debilitantes foi sua incapacidade de compreender plenamente a intrincada logística em plena guerra. Sua incapacidade inicial de lidar com o fluxo constante de centenas de toneladas de suprimentos hospitalares chegando em Washington DC foi um prejuízo para o exército. Ela não tinha nem a provisão adequada de armazéns, nem os meios de distribuição necessários para alterar a situação. As autoridades acabaram intervindo para ajudar, mas demorou um pouco até que o maquinário de organização efetivamente entrasse em ação. A dedicação de Dix foi irrefutável.

No final da Guerra, o Secretário de Guerra, Edwin M. Stanton, perguntou pessoalmente a Dix que tipo de título ou presente ela gostaria de receber de uma nação agradecida. Ela tinha apenas um pedido, receber as bandeiras de seu país – embora, na verdade, ela nunca esperasse recebê-las. Mas, logo após sua conversa com Stanton, ela recebeu a seguinte carta:

"DEPARTAMENTO DE GUERRA, WASHINGTON,

3 de dezembro de 1866. Ordem em relação aos serviços da Srta. Dix. Em sinal e reconhecimento dos inestimáveis serviços prestados pela Srta. Dorothea L. Dix, pelo Sucesso e Alívio dos Soldados Enfermos e Feridos dos Estados Unidos no Campo de Batalha, em Acampamentos e Hospitais durante a recente Guerra, e de seu trabalho benevolente e diligente, e esforços dedicados a tudo que possa contribuir para seu conforto e bem-estar, é ordenado que seja presenteada com uma Estande de Armas das Cores Nacionais dos Estados Unidos à Srta. Dix.

EDWIN M. STANTON, Secretário de Guerra".

Dix reconheceu a honra em uma carta sincera:

"Para GENERAL E. D. TOWNSEND. ALBANY, N. Y., 25 de janeiro de 1867.

Caro Senhor, acabo de receber sua carta em 14 de janeiro e reconheço, com a profunda emoção de um coração patriótico, meu senso da honra conferida pelo presente, através de você, do Secretário de Guerra, de uma Estande das Cores dos Estados Unidos. Nenhuma distinção maior poderia ter sido conferida a mim, e o valor deste presente é grandemente realçado pela maneira tranquila com que ele é conferido.

Com todo o respeito, D. L. Dix".

Dorothea Lynde Dix foi uma pioneira, uma reformadora que se aplicou de coração e alma ao seu trabalho de campanha. A sua contribuição para a guerra civil é insignificante em comparação com as reformas que ela alcançou em relação à melhoria dos cuidados com os doentes mentais na América. Graças a seus incansáveis esforços, e à profundidade de sua compaixão por sua causa, foram criados os primeiros hospícios. Ela nunca parou de fazer campanha, só parou quando a saúde a pegou. Dorothea Dix morreu em Nova Jersey, em 17 de julho de 1887.

Outra mulher que fez uma incrível contribuição ao cuidado da saúde na Guerra Civil Americana e além dela foi Clara Barton.

É difícil resumir o trabalho e as realizações de uma das mulheres mais distintas e memoráveis de sua época. Ela foi educadora, escriturária de patentes, enfermeira e fundadora da Cruz Vermelha americana. A mais nova de seis crianças, Clarissa Harlowe Barton, nasceu no dia de Natal, em 1821, em North Oxford, Massachusetts. Ela era filha de um fazendeiro, um maçom livre que apoiava o movimento abolicionista, e era um defensor ferrenho da importância da educação. Sua mãe era uma ativa defensora dos direitos da mulher. Em sua vida, Clara tornou-se conhecida como o "Anjo do Campo de Batalha". Ela, de forma independente, organizou as instalações e garantiu medicamentos e suprimentos para as baixas durante algumas das mais ferozes batalhas daquela terrível Guerra. Seus esforços salvaram a vida de muitos homens feridos no Exército da União nas batalhas de Cedar Mountain, Bull Run, Chantilly, Antietam, Fredericksburg, Hilton Head, Wilderness e Petersburg.

Ela começou sua carreira como professora e, depois de 12 anos de sucesso na profissão, foi contratada para abrir a primeira escola gratuita da América em Bordentown, Nova Jersey, em 1852. Após apenas um ano como professora-chefe, as autoridades foram persuadidas a financiar um novo prédio escolar no valor de 4.000 dólares, mas havia um senão. Não se pensava que a posição de diretora da escola fosse um emprego adequado para uma mulher. Para o desânimo de Clara, foi contratado um homem para substituí-la. Se isto não era ruim o suficiente, ele recebia o dobro do salário dela. Depois de sofrer o que só pode ser descrito como um colapso nervoso, Clara entregou seu aviso de demissão e partiu.

Em fevereiro de 1854, ela se candidatou e conseguiu um cargo de escriturária no Escritório de Patentes em Washington DC, que era administrado pelo Superintendente de Patentes, Charles Mason. É inteiramente possível que ela tenha sido a primeira funcionária pública feminina regularmente nomeada neste domínio inteiramente masculino. Seu salário anual de US$ 1.400 era igual ao dos funcionários do sexo masculino. Isto despertou ciúmes, suspeitas e muitos abusos verbais desconfortáveis de seus colegas machos chauvinistas, que zombavam de Clara por suas opiniões abolicionistas, entre outras coisas. O crescente descontentamento dos funcionários do governo forçou Clara a aceitar uma posição menor como copista. Ela permaneceu nessa posição até que o presidente Buchanan foi eleito, em 1857. Em seu discurso inaugural, Buchanan se referiu à controversa questão territorial da escravidão como "felizmente, uma questão de pouca importância prática". Ele apoiou ativamente a teoria de que os estados e territórios tinham o direito à autodeterminação em relação à questão da escravidão, cada vez mais dividida. Quando a administração Buchanan começou a erradicar os simpatizantes da abolição da função pública em 1857, Clara foi demitida, mas apenas dois anos depois, ela foi chamada para aplicar seus conhecimentos e experiência. Nessa época, o país estava começando a sentir o aperto de uma recessão econômica iminente. A tentativa do Presidente Buchanan de apaziguar tudo acabou não agradando a ninguém, de modo que havia pouco medo de que ele fosse reeleito.

Os sentimentos patrióticos de Clara foram refletidos em uma frase retirada de uma carta privada que ela enviou a sua sobrinha, a Sra. Vassall. Seu conteúdo deveria ser ominosamente correto: "Acho que a cidade será atacada dentro dos próximos 60 dias. Se acontecer, que venha, e quando não houver mais um braço de soldado para levantar as Estrelas e Listras acima de nosso Capitólio, que Deus dê força ao meu".

Clara Barton estava bem ali no início da Guerra. Em 15 de abril, o estado de Massachusetts despachou quatro regimentos para Washington, na causa da União. Um deles, o 6º Regimento, estava passando por Baltimore quando se tornou alvo de uma multidão de 10.000 pessoas em fúria. Quatro soldados acabaram mortos, enquanto outros 30 sofreram ferimentos mais leves. Apesar da oposição, eles conseguiram embarcar no trem para Washington DC. Quando chegaram, Lincoln lhes disse que se não tivessem vindo em seu auxílio naquela noite, Washington DC teria estado nas mãos dos rebeldes antes da manhã. Quando as tropas desembarcaram, Clara estava lá com outras enfermeiras voluntárias para recebê-las e cuidar de suas feridas. Assim que o fornecimento de lenços foi esgotado, ela correu para casa e rasgou seus lençóis para usar como curativos. Este foi seu primeiro encontro com feridos de guerra, mas não seria seu último.

Sabendo o que estava por vir, Clara tomou a iniciativa de colocar anúncios no jornal *The Worcester Spy* solicitando às lojas, suprimentos e dinheiro para os feridos e necessitados do 6º Regimento, declarando que ela receberia e distribuiria pessoalmente todos os carregamentos. A cidade de Worcester foi a primeira a enviar assistência e, logo após, as cidades vizinhas em Massachusetts seguiram seu exemplo.

A resposta do público foi fenomenal. O número de pacotes enviados foi tão grande que o quarto de Clara ficou lotado e ela foi obrigada a garantir espaço em um armazém próximo. Nas semanas seguintes, à medida que mais regimentos chegavam a Washington, ela fez seu dever pessoal de fornecer-lhes comida, provisões médicas e roupas. Devido à falta de qualquer organização militar coordenada, os regimentos precisavam desesperadamente desses suprimentos. Clara e seus associados compensaram este vácuo organizacional e trabalharam incrivelmente para estabelecer a expedição e distribuição de suprimentos. Ela parece ter descoberto um propósito sério para sua vida, um significado que transcendeu os escritórios e as salas de aula desconexos aos quais ela havia sido anteriormente associada.

Durante as semanas e meses seguintes, ela começou a encontrar soldados feridos que desembarcavam nas docas após retornarem dos pântanos do Chickahominy, na Campanha Peninsular. Ela viu pessoalmente sangue congelado e argila do pântano incrustada em feridas terríveis e homens delirando de dor. Clara fez o que pôde para aliviar o sofrimento deles, aplicando água morna, loções e curativos limpos. Ela trabalhou duro, cuidando dos homens em meio às moscas e à sujeira, rodeada de feridas e odores pútridos, sob o sol escaldante de Maryland. Quando um grupo era transportado para o hospital, outro chegava em uma linha de produção aparentemente interminável de miséria humana. A maioria das mulheres da época, provavelmente, teria desmaiado diante dessas visões e cheiros abomináveis. Clara, ao invés disso, descobriu sua razão de ser e aplicou grande paixão e profissionalismo em sua tarefa.

Refletindo sobre seu serviço durante a Guerra Civil em anos posteriores, ela escreveu: "Eu era forte e pensei que poderia ir em socorro dos homens que caíram. O primeiro regimento de tropas, o antigo 6º Mass., que lutou em Baltimore, trouxe meus companheiros e vizinhos, os participantes de minha infância, as brigadas de Nova Jersey trouxeram dezenas de meus valentes rapazes, a mesma sólida falange; e as legiões mais fortes do velho Herkimer trouxeram os associados de meus dias de seminário. Eles se formaram e se aglomeraram ao meu redor. O que eu poderia fazer senão ir com eles, ou trabalhar para eles e meu país? O sangue patriota de meu pai estava quente em minhas veias. Mas, eu lutei longa e duramente com meu senso de propriedade, com o fato terrível de ser apenas uma mulher sussurrando em um ouvido, e trovejando no outro os gemidos de sofrer, vendo homens morrendo como cães, desabrigados e indefesos, pela vida de todas as instituições que me protegeram e educaram! Eu disse que lutava com meu senso de decência, e o digo com humilhação e vergonha. Tenho vergonha de ter pensado em tal coisa".

Sua próxima intenção era ir fisicamente para os campos de batalha, uma aspiração definitivamente inexistente nas senhoras da sociedade da época. Quando ela pediu permissão para fazer isso, os generais da União foram desencorajadores. Não era lugar para uma mulher, eles, paternalmente, asseguraram a ela, mas Clara não seria dissuadida. Os temores dos generais eram fundamentados porque numerosas atrocidades eram infligidas a civis que viviam nas proximidades do teatro de guerra por ambos os lados. A propriedade era frequentemente requisitada, confiscada sem promessa de remuneração e, ocasionalmente, alguns civis foram executados, espancados ou estuprados por suas lealdades, comprovadas ou não. No entanto, Clara foi para Manassas em julho de 1861, onde ajudou a cuidar dos feridos após Bull Run, a primeira batalha da Guerra Civil. A experiência parece tê-la tornado ainda mais determinada a sair para outros campos de batalha e foi exatamente isso que ela fez.

Determinada a romper com as convenções e a superar a burocracia militar, no final da primavera de 1862, após a morte de seu pai, ela retornou a Washington DC e logo pegou as rédeas em seus dispensários e armazéns. Ela também ofereceu alívio aos transportes superlotados de homens feridos e doentes do Exército de Potomac. Ela escreveu: "Quando nossos exércitos lutaram na montanha Cedar, eu quebrei os grilhões e fui para o campo. Cinco dias e noites com três horas de sono, uma fuga por pouco da captura e alguns dias levando os feridos para hospitais em Washington, no sábado, 30 de agosto. E se você puder sentir que as posições que ocupava eram ásperas e indecorosas para uma mulher, só posso responder que eram ásperas e indecorosas para os homens. Mas, sob todos os pontos de vista, para a vida da nação. Eu havia herdado a rica bênção da saúde e a força da constituição como raramente são dadas à mulher, e senti que algum retorno era devido de mim e que eu deveria estar lá".

O ano de 1862 foi seminal na vida de Clara Barton. Em agosto ela estava prestando assistência direta no campo de batalha. Os generais relutantes haviam lhe dado passe depois que ela lhes deu sua garantia pessoal de que não iria correr, nem reclamar se estivesse na linha de fogo. Esta solteirona de 41 anos deve ter tido consciência de que estava embarcando em um curso que implicava em grandes riscos tanto para ela mesma, quanto para suas associadas.

O Exército da União estava mal preparado para lidar com as feridas que o armamento contemporâneo infligia aos combatentes, e o Corpo Médico desorganizado estava mal preparado para lidar com o problema. Os procedimentos médicos da Guerra Civil, como amputações nas proximidades do campo de batalha, eram comuns e incorreram numa taxa de mortalidade de 27% entre as tropas da União. Embora os cirurgiões geralmente usassem

Antietam foi o dia mais sangrento da história militar americana. O "Anjo no Campo de Batalha", nesta ocasião, era a Sra. Clara Barton.

éter ou clorofórmio como anestésico, a cirurgia antisséptica ainda estava engatinhando e muitos soldados pereceram devido à infecção. O clorofórmio foi usado pela primeira vez como anestésico em 1847. Por permitir que os cirurgiões realizassem operações dolorosas mais lentamente, eles podiam preparar melhor os cotos de amputação para próteses. Ao controlar a dor, a anestesia reduziu as mortes causadas anteriormente pelo choque. Infelizmente, os cirurgiões não foram capazes de controlar o sangramento e as infecções até muito mais tarde. Quando a Guerra Civil Americana eclodiu, em 1861, tanto o éter quanto o clorofórmio já estavam em uso há vários anos como métodos de anestesia cirúrgica. O clorofórmio acabou surgindo como a anestesia mais ubíqua aplicada, porque funcionava mais rápido do que o éter e não era inflamável. Durante a Guerra Civil, o éter e, particularmente, o clorofórmio, se tornaram ferramentas indispensáveis para médicos militares que realizavam dezenas de milhares de amputações e outros tipos de procedimentos em soldados feridos da União e dos Confederados.

Em 1862, Clara esteve presente em um dos mais sangrentos e devastadores encontros de toda a Guerra Civil Americana. A Batalha de Antietam foi a primeira invasão do Norte pelo General Confederado Robert E. Lee e o Exército da Virgínia do Norte. Após a espetacular vitória de Lee na Segunda Batalha de Bull Run, durante os dois últimos dias de agosto, ele optou por manter a ofensiva, na esperança de alcançar a independência do Sul por meio de uma vitória em solo do Norte. Pouco depois de abandonar o rio Potomac e chegar em Frederick, Lee tomou a decisão de dividir seu exército com o objetivo de capturar a guarnição da União estacionada em Harpers Ferry, enquanto o resto dos Confederados se deslocou para Norte e Oeste em direção a South Mountain e Hagerstown, Maryland. No dia 16 de setembro, os dois exércitos se enfrentaram em canteiros opostos perto de Sharpsburg. Entre eles ficava o vale agourento de Antietam.

Mais tarde, Clara lembrou um incidente que teria enervado até mesmo a alma mais firme:

> "A fumaça se tornou tão densa a ponto de obscurecer nossa visão, e o bafo de batalha quente e sulfuroso secou nossas línguas e ressequiu nossos lábios até sangrar. Estávamos em um pequeno buraco e todos os projéteis, que não encontravam nossas armas na frente,

> vieram diretamente entre nós ou sobre nós, estourando sobre nossas cabeças ou enterrando-se nas colinas além. Um homem deitado no chão pediu uma bebida, eu parei para dar, e tendo-o levantado com minha mão direita, estava segurando-o. Neste exato momento, uma bala abriu seu caminho livre e fácil entre nós, fazendo um buraco na minha manga e encontrou seu caminho para dentro de seu corpo. Ele caiu de volta morto. Não havia mais nada a fazer por ele e o deixei para descansar. Eu nunca remendei aquele buraco na minha manga".

Ao final da batalha, Clara havia contraído uma febre de tal gravidade que não conseguia andar sem ajuda. No entanto, isto não a impediu de reclamar amargamente ao contramestre, General Rucker, que ela poderia ter feito mais se seus suprimentos não tivessem sido esgotados. Rucker deu sua garantia pessoal de que isso nunca mais aconteceria. O General da União, Benjamin Butler, ficou tão impressionado com a tenacidade e coragem de Clara que ele a nomeou oficialmente como "Senhora no Comando" dos hospitais.

Tanto os exércitos da União quanto os dos Confederados passaram por um sofrimento indescritível em Antietam. Após três dias de combate violento, ocorreu o dia mais sangrento da história americana, culminando com a morte de 12.410 soldados da União e 10.700 Confederados. Embora militarmente tenha terminado sem uma vitória decisiva para ambos os lados, o fato de Lee ter recuado sobre o rio foi suficiente para que a União proclamasse seu sucesso. Mais importante ainda foi uma vitória de propaganda para a União, porque a guerra agora obtinha um duplo propósito. Além de preservar a União, cinco dias após a Batalha de Antietam, o Presidente Lincoln usou-a como catalisador para emitir sua Proclamação de Emancipação, afirmando que todos os escravos mantidos em estados rebeldes seriam libertados em 1º de janeiro de 1863.

Durante o último ano da Guerra, Clara foi informada do grande número de soldados desaparecidos em ação (MIA - *missing in action*) que haviam se acumulado ao longo dos quatro anos anteriores. Ela recebeu cartas de várias partes do país, afirmando que um número significativo de soldados havia desaparecido sem deixar rastro. Parentes preocupados não tinham ideia do que havia sido feito de seus entes queridos, se eles haviam caído em batalha, se estavam sofrendo em campos de prisioneiros de guerra Confederados, ou se haviam perecido de alguma outra forma. Com base nisso, na primavera de 1865, Clara tomou para si a tarefa de ajudar pessoalmente a descobrir o destino de alguns desses homens. Ela começou distribuindo listas impressas de MIAs para serem exibidas em locais conspícuos, solicitando informações de qualquer pessoa capaz de ajudar. Usando sua habilidade como administradora, ela iniciou e organizou um departamento apoiado pelo governo que tratava de até 100 cartas por dia. Com base nisso, ela fez um apelo nacional por informações que produziram resultados significativos. Clara e seus assistentes receberam e responderam mais de 63.000 cartas e identificaram mais de 22.000 homens desaparecidos.

Um soldado da União chamado Dorrence Atwater tinha sido prisioneiro de guerra na famosa prisão Confederada de Andersonville. Ele fez, secretamente, uma lista oficial dos mortos e seu enterro, escondendo uma lista de mais de 13.000 nomes no forro de seu casaco. Até 45.000 soldados da União sofreram horrores inimagináveis enquanto estavam detidos em Andersonville. Durante os piores meses, 100 homens morriam todos os dias de desnutrição, exposição e doenças transmissíveis. Após a Guerra, o comandante de Andersonville, capitão Henry Wirz, foi preso e considerado culpado por um tribunal militar. Ele foi enforcado em Washington DC em 10 de novembro de 1865. Ele foi a única pessoa executada por crimes de guerra durante a Guerra Civil Americana.

CAPÍTULO OITO

A GAROTA QUE VIU DEMAIS

Todos, exceto os que não foram esclarecidos, sabem que a Batalha de Gettysburg, na Guerra Civil Americana, foi um choque cataclísmico de gigantes, de contestação de ideologias que trataram da morte em uma luta gigantesca de três dias para reivindicar o campo. Foi uma batalha que acabou ajudando a decidir o futuro incerto de uma jovem nação.

Alguns dizem que Gettysburg foi o Waterloo da América, e que existem, de fato, semelhanças. Mas, este capítulo não se concentrará nas táticas e na estratégia de batalha, nem na mentalidade dos principais participantes. Em vez disso, relatará as experiências devastadoras de uma jovem anjo que foi inadvertidamente varrida na sequência dos eventos, e foi confrontada com a realidade sombria da Batalha e suas baixas.

Seu nome era Matilda Jane Pierce, mas todas a chamavam de Tillie. Ela nasceu em 11 de março de 1848, em uma casa que ainda hoje pode ser vista na esquina das ruas Baltimore e Breckenridge, em Gettysburg. Seu pai e sua mãe eram James e Margaret, e ela tinha um irmão mais novo, Franklin, e dois irmãos mais velhos, James Shaw e William H., ambos estavam treinando para se tornarem açougueiros como seu pai. Eles teriam sido uma família relativamente rica, graças aos prósperos negócios de seu pai.

Tillie era uma jovem recatada e modesta, típica da América de meados do século XIX. Muito antes de atingir a maturidade, sua mãe lhe teria ensinado as habilidades domésticas necessárias para cozinhar, costurar, limpar e como receber os convidados. Antes dos ventos da guerra chegarem a Gettysburg, em 1863, e terem destruído tudo, Tillie e sua família teriam levado uma vida pacífica e sem problemas.

Três semanas antes do início da batalha épica, circularam em Gettysburg rumores de que as tropas confederadas estavam indo em sua direção. A cidade estava em uma posição estrategicamente importante, no cruzamento de várias rotas entre Shippensburg e Baltimore, e Filadélfia e Pitsburgo. Então, os rumores se tornaram realidade em meados de junho, quando o Exército Confederado do General Robert E. Lee cruzou para a Pensilvânia. Em 29 de junho, eles tinham chegado ao rio Susquehanna, em frente a Harrisburg, em Wrightsville, a apenas alguns quilômetros de Gettysburg.

Numa sexta-feira à tarde, enquanto Tillie assistia a uma aula de exercícios literários na respeitável Eyster School for Young Ladies, ela ouviu alguém gritar: "os rebeldes estão chegando". A ansiedade que esta notícia indesejada provocou entre as jovens era quase palpável. Em poucos momentos, a professora da classe, a Sra. Eyster, uma verdadeira ilha de calma, estava dando instruções a suas alunas para correr para casa, para suas famílias, o mais rápido possível.

Tillie e algumas outras meninas tinham olhado brevemente para o prédio do Seminário Teológico nas proximidades e viram o que parecia ser uma massa densa de aspecto sinistro no horizonte, movendo-se em sua direção.

Tillie Pierce, de 15 anos, cuidava de dezenas de soldados feridos.

Tillie apenas conseguiu chegar a sua própria porta da frente antes de ver vários soldados Confederados montados, entrando na rua onde ela morava. Os cavaleiros foram seguidos pela infantaria, que começou a vasculhar e saquear casas em busca de qualquer comida ou objetos em que pudessem colocar suas mãos. Alguns outros cidadãos devem ter sido mais bem informados do que a jovem Tillie sobre a chegada iminente desses Johnny Rebs, porque a maioria dos comerciantes e banqueiros já haviam transferido seus valores para locais seguros, e a maioria dos cidadãos de Gettysburg haviam enviado seus cavalos o mais longe possível. Tillie descreveu, mais tarde, o choque que sentiu ao ver soldados devastarem as lojas de alimentos de sua família como homens possuídos. Estes "piratas" Confederados também requisitaram um cavalo da família Pierce antes de partirem.

Para o alívio do povo de Gettysburg, ao meio-dia de terça-feira, 30 de junho, a cavalaria da União começou a chegar na periferia da cidade. Eles entraram do Norte pela Washington Street, viraram para o Oeste na Chamberlain Street e passaram em grande número pelo prédio do Seminário Teológico. O Seminário proporcionaria um bom ponto de vista para estabelecer um posto de vigia para o comandante da 1ª Divisão do Corpo de Cavalaria, General-de-Brigada John Buford. Quando a cavalaria de Buford reconheceu a brigada de infantaria do General James Pettigrew avançando ao longo do Pike Chambersburg em direção a Gettysburg, o objetivo do primeiro dia de batalha, a começar na tarde seguinte, havia sido alcançado. O Exército da União havia encontrado a força inimiga, ou pelo menos uma parte dela.

Obviamente, entre as maquinações dos generais e oficiais, a família Pierce levantou-se cedo no dia seguinte. A família se reuniu lá fora, na rua, para acenar, torcer e observar um trem de cavalaria, infantaria e vagões de abastecimento carregados, aparentemente intermináveis, passando pela cidade. Era quase meio-dia antes que o último vagão tivesse passado, quando Tillie foi ver sua vizinha do lado, Sra. Shriver, cujo marido estava servindo no Exército da União. A Sra. Shriver disse que não se sentia segura permanecendo em sua casa e que iria deixar a cidade e visitar seu pai, Jacob Weikert, que era dono de uma pequena fazenda ao sul da cidade, na estrada de Taneytown, na encosta leste de um promontório chamado Little Round Top. A Sra. Shriver tinha dois filhos pequenos para cuidar, e pediu a Tillie para se juntar a eles, com a garantia de que ela também estaria mais segura longe dos combates. Os pais de Tillie deram seu consentimento de bom grado. O som do canhão e do fuzil teria sido claramente audível na casa Pierce, pois Tillie empacotou uma pequena mala com alguns poucos pertences e partiu com a Sra. Shriver e seus filhos.

É um fato bem documentado que nem o general Lee, comandante dos Confederados, nem o general George Gordon Meade, comandante do Exército da União de Potomac, esperavam se engajar em Gettysburg. A coincidência havia reunido essas duas forças, e aquele primeiro dia de batalha resultou em uma vitória definitiva, mas indecisa para os Confederados. Eles chegaram com superioridade numérica vinda do Oeste e do Norte, e conduziram as forças da União de volta pela cidade em desordem.

Prosseguir para a fazenda Weikert por meio da estrada de Taneytown foi uma decisão potencialmente precária, pois esta rodovia era vulnerável a um ataque dos Confederados. Em um determinado momento durante a Batalha, o Major General Daniel Sickles tomou a decisão de abandonar sua posição no trecho sul do cemitério Ridge, expondo completamente a estrada de Taneytown, que era, na época, uma linha de comunicação essencial para as forças da União do General Meade. Um impulso determinado do Exército Confederado teria sido capaz de cortar o que fazia parte da linha essencial de abastecimento da União logo atrás da cordilheira. Mais importante ainda, Tillie, a Sra. Shriver e as crianças poderiam ter sido feitas em pedaços. Tillie escreveu, mais tarde:

> "Por volta da 1 hora, nós começamos nossa caminhada; a batalha ainda continuava... Quando estávamos passando pelo cemitério, nossos homens já estavam carregando os canhões. Eles nos disseram para irmos o mais rápido possível, que estávamos em grande perigo de sermos baleados por rebeldes, que eles esperavam nos atingir a qualquer momento. Corremos justamente para sair deste novo perigo. Ao olhar para o cume do Seminário Rigde, pude ver e ouvir a confusão da batalha. Tropas se movendo para cá e para lá; a fumaça do conflito surgindo dos campos; projéteis explodindo no ar junto com o barulho, subindo e descendo, em ondulações poderosas. Estas coisas, observadas pela primeira vez, encheram minha alma com as maiores apreensões. Logo chegamos à estrada de Taneytown e, enquanto viajávamos, fomos ultrapassados por uma carroça de ambulância na qual estava o corpo de um soldado morto. Alguns deles nos disseram que era o corpo do General Reynolds, e que ele havia sido morto durante a manhã da batalha".

No caminho, eles passaram pela fazenda Leister, que também ainda está lá no cruzamento com a Hunt Avenue. É uma modesta casa de dois andares, com uma cerca de estacas caiadas que estava destinada a se tornar o quartel-

-general do comandante da União durante toda a Batalha. À medida que o pequeno grupo se aproximava da casa, eles foram abordados por um soldado amigável da União que disse que iria pedir a alguém que os acompanhasse até seu destino, com a premissa de que era muito perigoso permanecer em seu local atual. Eles entraram na fazenda Leister e, em pouco tempo, o soldado voltou e lhes disse que havia uma carroça se aproximando, e que ele tentaria assegurar uma carona para eles. Agradecidos por esta demonstração de gentileza, Tillie, Sra. Shriver e seus filhos foram colocados a bordo de uma carroça já cheia. Foi uma viagem árdua, porque a estrada agora estava tão bem gasta que a lama quase alcançava os eixos.

O pequeno grupo foi recebido de braços abertos quando chegaram à fazenda em segurança, mas eles não estavam, de forma alguma, fora de perigo. Enquanto se instalavam, escutaram o som da artilharia da União passando e sendo impelidos, com grande urgência. Enquanto Tillie observava, ela estremeceu quando um dos caixotões carregados explodiu, catapultando um soldado para o ar. Outros soldados rapidamente carregaram o corpo mole do pobre homem para dentro da casa da fazenda. Ao ter sua primeira visão de alguém gravemente ferido, Tillie notou que seus olhos haviam sido arrancados e que ele estava queimado da cabeça aos pés. Apesar da severidade de sua condição, o soldado ainda conseguiu dizer de forma fraca: "Oh querida, esqueci de ler minha Bíblia hoje, o que dirão minha pobre esposa e meus filhos?"

Depois que os artilheiros passaram, as colunas de infantaria se aproximaram. A primeira tarefa de Tillie foi fornecer água de um poço próximo para estas tropas que pareciam aos seus jovens olhos estar muito cansadas e sedentas. Ela teria pouca ou nenhuma ideia da complexidade, ou da dura realidade da guerra do século XIX, mas logo aprenderia o que isso implicava quando via os efeitos de bolas de mosquete e balas cônicas disparadas de rifles de calibre .58 que rasgavam carne e ossos pulverizados, enquanto balas de canhão de ferro desmembravam a infantaria e rasgavam os membros.

Quando a tarde chegou ao fim, homens feridos começaram a chegar à fazenda Weikert. Muitos transmitiram histórias de horror sobre como haviam testemunhado cenas terríveis de morte e destruição durante os combates daquele primeiro dia. À medida que o conflito se intensificava, a gota inicial de homens feridos logo se elevava a um dilúvio. Alguns estavam caminhando feridos, enquanto outros eram transportados em ambulâncias improvisadas.

Antes do anoitecer, a casa Weikert e o celeiro adjacente estavam repletos de macas. Tillie escreveu:

> "Naquela noite, Beckie Weikert, a filha em casa, e eu, fomos até o celeiro para ver o que estava acontecendo lá. Nada antes, em minha experiência, havia sido igualada à visão que nós tínhamos, então, observado. Havia os gemidos e os choros, os resistentes e os moribundos, deitados lado a lado, enquanto os atendentes procuravam ajudá-los e aliviá-los o melhor que podiam. Ficamos tão dominadas pelo triste e horrível espetáculo que nos apressamos a voltar para a casa chorando amargamente".

Mas, as coisas não melhoraram lá. Ela continuou:

> "Quando entramos no porão ou na adega da casa, encontramos muitas enfermeiras fazendo lanche de carne para os feridos. Vendo que estávamos chorando, elas perguntaram a razão. Dissemos a elas onde estávamos e o que tínhamos visto. Sem dúvida, elas apreciaram nossos sentimentos por eles, ao mesmo tempo em que tentavam nos alegrar contando histórias engraçadas, e ridicularizando nossas lágrimas... Lembro-me que, neste momento, um capelão, que estava presente na cozinha, se aproximou de mim enquanto eu estava atendendo a algum dever e disse: 'Menina, faça tudo o que puder pelos pobres soldados e o Senhor a recompensará.' Olhei em seu rosto e ri, mas, imediatamente, senti vergonha de minha conduta e implorei seu perdão. Depois de contar a ele o que Beckie e eu tínhamos visto, como as enfermeiras tinham zombado de nós por chorar e que eu agora ria quando não devia, sendo incapaz de me ajudar, ele comentou: 'Bem, é muito melhor para você e para os soldados estar de bom humor'. O primeiro dia tinha passado, e com o resto da família, fui me deitar, cercada de acontecimentos estranhos e terríveis, e muitas visões novas passando rapidamente pela minha mente".

Tentar compreender as visões, cheiros e sons que Tillie enfrentou durante seu primeiro encontro com os feridos e os moribundos é quase inconcebível.

O ataque aos seus sentidos a teria chocado e ultrajado, mas onde outras jovens senhoras teriam se tornado catatônicas com medo, ela pareceu estar à altura do desafio. Talvez isto pudesse ser atribuído a ter sido criada na casa de um açougueiro. Ela não teria estranhado o sangue e as entranhas, e isto, provavelmente, a manteve em boa posição para lidar com os resultados que ela testemunhou naquela fazenda em Gettysburg.

No dia seguinte, quando os reforços de ambos os lados chegaram, os combates aumentaram e se intensificaram. O General Robert E. Lee havia formulado um plano para que seus Confederados atacassem ambos os flancos da linha da União em Cemitério Ridge. Ele lançou um ataque cruel contra as posições da União nas alturas e, também, em Little Round Top mais ao Sul, mas apesar das repetidas tentativas, ele falhou em retirar os defensores. Ele havia emitido suas ordens com base na inteligência errante, que afirmava que Little Round Top e o extremo sul do Cemitério Ridge estavam desocupados pelas tropas da União. O resultado foram três horas de carnificina total, que não acrescentaram nada de valor tático para seu exército de Northern Virginia, além de aumentar as baixas de ambos os lados.

O dia 2 de julho amanheceu com céu azul claro de cobalto e um pouco de neblina matinal baixa nos vales, em uma paisagem que logo irromperia em gritos rebeldes e chumbo voador. No meio da manhã, havia uma atividade frenética fora da fazenda Weikert, na estrada de Taneytown, enquanto esta artéria vital de abastecimento das forças da União ressoava até o clamor de munições e trens de artilharia que corriam pela estrada lamacenta a caminho do campo de batalha. Fora, as caixas da fazenda contendo cadáveres começaram a se acumular, enquanto dentro, os feridos sofriam um desconforto agonizante devido à dor de suas feridas e ao calor crescente. O cheiro pútrido de efluentes humanos e membros amputados que se decompunham no calor úmido da Pensilvânia, por si só, teria sido perceptível a pelo menos 50 metros.

Enquanto isso, a Sra. Weikert e suas filhas trabalhavam incrivelmente duro, cozinhando pão para os homens feridos e transformando a cozinha da fazenda em uma linha de produção de alimentos. Pouco antes do meio-dia, a fundação da fazenda sacudiu para o estrondoso rugido de canhões que emanava da direção de Round Tops. No quintal, corpos de soldados que haviam sido apanhados por franco-atiradores Confederados, deitados em poses grotescas de balé, fumegando e sangrando no calor incessante do sol do meio-dia. Conforme os canhões ensurdecedores aumentavam sua ferocidade, um soldado da União sugeriu à família Weikert que eles deveriam se retirar para um local mais seguro. A família aceitou prontamente - apenas para ser informada, quando chegassem a seu novo local seguro, para retornar à fazenda Weikert, pois era considerada mais segura. Eles não ficaram muito satisfeitos.

De volta à fazenda Weikert e um pouco desconcertados, todos eles voltaram às suas tarefas. Em algum momento durante o final da tarde, os soldados causaram considerável consternação quando começaram a gritar que os rebeldes estavam se aproximando rapidamente da fazenda. Após registrar este momento, Tillie mostrou a curiosidade característica de uma jovem de 15 anos, e foi ver com os seus próprios olhos. Pegando um binóculo de um oficial inconsciente, ela espreitou tenuamente pelos campos no lado sul da fazenda, onde, de fato, viu soldados Confederados se aproximando pelos campos. Naquela época, ela tinha um irmão no 1º Regimento da Pennsylvania Reserves, que havia sido despachado apressadamente para neutralizar esta potencial ameaça às linhas de abastecimento da União. Em poucos momentos, as duas forças opostas tinham se posicionado uma contra a outra, e estavam soltando seus primeiros lançamentos de chumbo. A troca foi breve, mas intensa, culminando com a retirada apressada das tropas Confederadas em direção a Round Tops.

A situação se acalmou por um momento, mas mais feridos estavam chegando à fazenda Weikert. Tillie sentou-se com um deles e escreveu sobre a conversa que compartilharam: "Então, peguei a vela e sentei-me ao lado do ferido. Conversei com ele e perguntei se ele estava gravemente ferido. Ele respondeu: 'Sim, bastante ferido'. Perguntei-lhe então se ele sofreu muito, ao que ele respondeu 'Sim, agora eu sofro, mas espero estar melhor de manhã'. Disse-lhe que se houvesse algo que eu pudesse fazer por ele, eu ficaria tão feliz em fazê-lo se ele me dissesse apenas o quê. O pobre homem me olhou com tanta seriedade na cara, dizendo: 'Você vai me prometer voltar pela manhã para me ver?' Eu respondi: 'Sim, de fato'. E ele pareceu tão satisfeito, e sorriu levemente."

O soldado era o General Stephen H. Weed. Ele morreu durante à noite devido a ferimentos sofridos durante o auge dos combates em Little Round

Top. Sua vanguarda repeliu, com sucesso, um ataque Confederado, mas Weed foi mortalmente ferido no peito, provavelmente, por um tiro de um franco-atirador Confederado da direção da Devil´s Den. De acordo com uma testemunha, suas últimas palavras foram: "Eu preferiria morrer aqui a permitir que os rebeldes ganhassem um centímetro deste terreno". Mas, de acordo com Tillie, essas palavras não foram, definitivamente, suas últimas.

O dia seguinte amanheceu com as mesmas marcas sinistras do dia anterior: mais feridos chegando, mais bolas de canhão rugindo por cima e ainda mais miséria e morte para enfrentar. Alguns dos projéteis estavam agora pousando perigosamente perto da pequena fazenda. A situação se deteriorou a tal ponto que foi tomada a decisão de evacuar a família Weikert, a família da Sra. Shriver e Tillie, pela segunda vez, para um local mais seguro perto do Baltimore Pike. Quando estavam saindo, viram chegar o comando de reserva da 6ª Corporação da União. Logo, Tillie e os outros chegaram à Taneytown Road e Baltimore Pike, onde ela viu alguns prisioneiros rebeldes. Lá, elas encontraram algumas outras famílias em uma fazenda que também estavam se abrigando dos combates, mas, à noite, os sons da batalha tinham começado a se dissipar. Tillie e os demais retornaram à fazenda Weikert antes que o sol se dissolvesse sob um céu vermelho sangue. Quando chegaram à fazenda, foram confrontados com um quadro infernal.

Mais tarde, ela escreveu: "Bancos de amputação haviam sido colocados pela casa. Devo ter me acostumado a ver os terrores da batalha, senão, dificilmente poderia ter contemplado as cenas agora apresentadas. Eu estava olhando para fora de uma das janelas voltadas para o pátio da frente. Perto da porta do porão, e diretamente embaixo da janela em que eu estava, havia uma dessas bancadas. Eu os vi levantando os pobres homens sobre ela, depois os cirurgiões serrando e cortando braços e pernas, depois, novamente sondando e colhendo balas da carne... Ao sul da casa e fora do pátio, notei uma pilha de membros mais alta que a cerca".

Cada caminho de aproximação estava congestionado com homens feridos e moribundos, e dentro da fazenda era ainda pior. Tillie descreveu ver cada quarto cheio de feridos em todos os estágios de sofrimento. O chão teria sido mergulhado em centímetros de profundidade com sangue congelado, e o ar teria ficado sujo com odores pútridos. Tudo isso acompanhado por um coro mortal e ressoante de gemidos atormentados, choros e gritos de dor.

Tillie acabaria se reunindo com sua família, que milagrosamente sobreviveu à provação incólume. Tillie não tinha dormido muito nos últimos dias, o que a deixou compreensivelmente rabugenta. Ela havia caminhado no campo de batalha, visto a carnificina e testemunhado algumas coisas terríveis. Ela carregaria a memória dessa Batalha em seu coração para o resto de sua vida. Seu diário é uma prova de coragem, tenacidade e sofrimento que ecoa até os dias de hoje.

CAPÍTULO NOVE

HENRY E A CRUZ VERMELHA

Nenhum livro sobre enfermeiras e médicos do campo de batalha estaria completo sem espaço dedicado a Henry Dunant - o maravilhoso e, muitas vezes, conflituoso fundador da Cruz Vermelha. Em sua vida, Dunant seria, ao mesmo tempo, venerado e demonizado pela sociedade. Ele era aquela rara combinação de homem de negócios e filantropo que exaltava ideias utópicas para um mundo que nem sempre era receptivo.

A Cruz Vermelha foi criada como uma resposta direta às experiências de Dunant imediatamente após a sangrenta Batalha de Solferino, em 24 de junho de 1859. A Batalha foi o encontro final na Segunda Guerra da Independência Italiana. A França e o Reino de Piemonte-Sardenha lutaram contra o Império Austríaco que, na época, controlava uma parte significativa do norte da Itália. Foi a última grande batalha da história mundial, onde todos os exércitos foram pessoalmente comandados por seus respectivos monarcas. Talvez seja por isso que o conflito degenerou em um desastroso vale-tudo. Graças ao fraco reconhecimento e à perspicácia militar questionável, os exércitos adversários se envolveram em um horrendo confronto de 15 horas num campo logo ao sul do lago Garda, na Itália. Embora o Exército Franco-italiano tenha saído vitorioso, o custo foi terrível, com um número assustador de baixas em ambos os lados.

Henry Dunant nasceu em Genebra, em 8 de maio de 1828, e foi saudado por uma família bastante abastada e devotamente calvinista. Seu pai, Jean-Jacques

Dunant, era o superintendente de um orfanato e supervisor de prisões. Sua mãe, Antoinette Dunant-Colladon, era uma ativista social. Assim, Henry Dunant foi exposto a ideologias filantrópicas desde muito cedo.

Aos 21 anos, não tendo demonstrado nenhuma proeza acadêmica séria, Dunant abandonou a faculdade e aceitou um estágio na Lullin et Sautter, uma empresa bancária. Em 30 de novembro de 1852, ele fundou a filial de Genebra da YMCA, trocando cartas com organizações semelhantes na Inglaterra, França, Alemanha, Holanda e Estados Unidos. Em 1855, enquanto participava de uma reunião com alguns amigos, em Paris, ele fez novas conexões com a YMCA, que havia sido fundada em Londres em 1844 por George Williams. Dunant sugeriu que todos esses grupos de base cristã deveriam cooperar internacionalmente, o que resultou na formação da Aliança Mundial de YMCAs.

Determinado a encontrar seu lugar no mundo, em 1853, Dunant se juntou a uma comissão para viajar à Argélia para assumir o comando da colônia suíça de Sétif. Três anos depois, após receber terras na Argélia ocupada pela França, ele fundou ali uma empresa de cultivo e comércio de milho, a Companhia Financeira e Industrial de Mons-Djémila Mills. Querendo desenvolver uma atitude saudável e altruísta em relação àqueles que empregava, Dunant insistiu que seus trabalhadores argelinos fossem bem pagos e bem provisionados. Além disso, para compreender melhor o povo nativo, ele estudou o Islã, teve aulas de árabe e praticou a caligrafia árabe. No processo, ele desenvolveu uma afeição vitalícia pelos norte-africanos.

O único problema sério que ele encontrou foi ao lidar com as autoridades francesas. Ele precisava da cooperação delas para adquirir legalmente terras para seus negócios, a fim de poder cultivar trigo e colocar em prática seus planos. O local havia sido escolhido judiciosamente, ele tinha capital suficiente e o próprio moinho estava preparado com os equipamentos mais modernos. As peças estavam no lugar para um negócio potencialmente bem-sucedido, mas ele havia subestimado a mente sangrenta dos burocratas franceses, que se esforçaram ao máximo para frustrar e desconsiderar os pedidos de Dunant. Em desespero, ele foi a Paris e passou muitas horas infrutíferas, esperando pacientemente fora dos escritórios de vários ministros. Ele recebeu muitas promessas, mas, não surpreendentemente, pouco apoio. Era hora de arrancar todas as barreiras.

O fundador da Cruz Vermelha, Sr. Henry Dunant, ficou arrasado com as maquinações dúbias de seus colegas suíços. Ele nunca os perdoou.

Ele escreveu uma biografia bastante lisonjeira sobre o Imperador Napoleão III e propôs apresentá-la ao próprio homem. Isso também lhe daria a oportunidade de passar por cima dos ministros recalcitrantes do imperador e pedir a Napoleão III que lhe concedesse os direitos de terra de que ele precisava. Depois de percorrer os canais necessários, descobriu que o imperador estava indisponível, lutando uma guerra na Lombardia.

Incansável, Dunant seguiu para a Itália. Entretanto, ele não estava preparado para as terríveis visões que o receberam quando chegou à sede de Napoleão III, na pequena cidade de Solferino. Toda a região havia sido devastada por uma luta que produziu a carnificina mais sangrenta que a Europa viveu desde a épica Batalha de Waterloo.

Dunant havia visto, em primeira mão, o trágico rescaldo da Batalha de Solferino de 1859, quando percorreu o campo de batalha no dia seguinte à luta. Solferino foi um encontro particularmente sangrento, onde 40.000 homens foram mortos ou feridos em apenas 15 horas intensas e ferozes de luta. Os leitores ficaram chocados com o livro de Dunant, publicado em 1862, especialmente suas descrições vívidas e gráficas da violência e da brutalidade do conflito armado. Eles ficaram igualmente comovidos com seu relato da situação dos feridos e dos esforços nobres, mas lamentavelmente inadequados, que ele e seu pequeno bando de ajudantes haviam feito para aliviar seu sofrimento. Suas propostas para melhorar a condição dos feridos em guerras futuras impressionaram tanto o público europeu e muitos apoiadores bem colocados, e ele não teve problemas em levantar voluntários e ganhar apoio para sua organização, que se tornou a Cruz Vermelha.

Em 9 de julho de 1859, ele escreveu uma matéria comovente que apareceu no *Journal de Geneve*. Dizia:

> "Durante 3 dias, estive tratando os feridos de Solferino em Castiglione e cuidei de mais de mil homens na miséria. Tivemos 40.000 feridos, tanto os Aliados como os austríacos, envolvidos neste terrível caso. Não há médicos suficientes e tive que substituí-los o melhor possível, com a ajuda de algumas mulheres locais e alguns prisioneiros que se encontravam em condições de saúde. No momento do encontro dos exércitos, eu imediatamente prossegui de Brescia para o campo de Batalha; nada pode descrever a dolorosa consequência

A terrível Batalha de Solferino forneceu todo o ímpeto que Dunant precisava para estabelecer a Cruz Vermelha.

desta batalha; para encontrar qualquer coisa que esteja de acordo com ela, é preciso voltar às batalhas mais famosas do Primeiro Império. A guerra da Crimeia não foi nada em comparação.

Perdoem-me por escrever-lhes no meio de um campo de batalha, onde não há sentido de medida nas expressões de cada um. Mas, o campo de batalha em si não é nada mesmo com seus montões de cadáveres e homens moribundos, em comparação com a igreja onde 500 feridos estão amontoados. Durante três dias, a cada quarto de hora, vejo a alma de um homem saindo deste mundo em meio a um sofrimento inesquecível".

Dunant nunca conseguiu sua audiência com Napoleão III. Ele estava muito ocupado ajudando as vítimas no campo de batalha. Alguns anos mais tarde, ele escreveu sobre suas experiências no livro *A Memory of Solferino*. Seu único objetivo era aumentar a consciência pública sobre os horrores da guerra.

Ele promoveu o livro em toda a Europa, reunindo apoio para seus planos de estabelecer uma organização de ajuda independente. Ele iniciou um grupo conhecido como o Comitê dos Cinco que, mais tarde, se tornou o Comitê Internacional da Cruz Vermelha, formado em Genebra, em 1863. Isso satisfez o desejo de Dunant de criar um corpo de ajuda civil para responder ao sofrimento humano durante o conflito, e de estabelecer regras relativas à condução da guerra. Alguns meses depois, diplomatas de 16 nações, assistidos por este comitê, juntamente com representantes dos serviços militares, humanitários e médicos, negociaram e assinaram um tratado que compreendia dez artigos. O tratado foi assinado em 22 de agosto de 1864, e ficou conhecido como a Convenção de Genebra. Mais tarde, ele alegou que os trabalhos de três escritoras o influenciaram muito. Elas eram Harriet Beecher Stowe, Florence Nightingale e Elizabeth Fry.

Foi acordado pela Convenção que em tempos de conflito, a Cruz Vermelha teria a neutralidade garantida para suas ambulâncias, hospitais e trabalhadores médicos e seus equipamentos. O mesmo se aplicava aos habitantes locais que estavam ajudando os feridos. Também, previa ajuda aos soldados inimigos feridos, e estipulava que seus captores tinham a obrigação de tratar suas feridas ou de providenciar para que isso fosse feito. Estipulava a obrigação dos exércitos de procurar e recolher os feridos. A bandeira invertida da Suíça foi identificada como o símbolo internacional da organização. No final de 1867, 21 nações haviam assinado a Convenção de Genebra.

Entretanto, 1867 acabou sendo um ano desastroso para Dunant. Enquanto se concentrava na Cruz Vermelha e na Convenção de Genebra, ele havia negligenciado seriamente seus interesses comerciais. O banco Credit Genevois, em cujo conselho de administração ele estava sentado, foi à falência. Junto com seus colegas diretores, Dunant foi condenado por fraude. Isto o deixou sobrecarregado, com dívidas de quase 5 milhões de francos. Com apenas 39 anos de idade, e apenas oito anos após a Batalha de Solferino, Dunant tinha perdido tudo - até mesmo sua posição no crescente movimento da Cruz Vermelha.

Reduzido a viver na pobreza abjeta, Dunant perambulou pela Europa até 1887, quando, prejudicado pela doença, voltou à Suíça e se estabeleceu na aldeia montanhosa de Heiden, uma sombra de seu antigo eu. Ele teria permanecido vivendo em total obscuridade se não fosse Georg Baumberger, o editor-chefe do jornal *Die Ostschweiz* de St. Gall. Ele havia caminhado pelas montanhas perto de Heiden quando ouviu falar de um velho hospitalizado que se dizia ser o fundador da Cruz Vermelha. Intrigado, o jornalista marcou um encontro para entrevistar Dunant. O resultado foi o artigo "Henry Dunant, o fundador da Cruz Vermelha", que apareceu na revista ilustrada alemã *Über Land und Meer*, que era amplamente reimpressa em toda a Europa. Seguiu-se um livro de 1897 sobre as origens da Cruz Vermelha, que escreveu o nome de Dunant de volta à história. Henry Dunant começou a receber honrarias e elogios de todos os setores, uma delas, nada menos que o primeiro Prêmio Nobel da Paz, em 1901, que ele compartilhou com o ativista francês Frederic Passy.

O Prêmio Nobel da Paz ajudou a aliviar os sentimentos de rejeição e humilhação de Dunant, mas ele não gastou nenhum dos consideráveis prêmios em dinheiro consigo mesmo. Ele deixou o dinheiro para as pessoas que cuidaram dele em Heiden, e financiou um quarto de hospital gratuito para os pobres de lá. Ele também fez doações substanciais para várias instituições de caridade na Noruega e na Suíça. Henry Dunant morreu pacificamente em 30 de outubro de 1910.

Enquanto Dunant estava ocupado formando a Cruz Vermelha na Europa, Clara Barton estava lançando as bases para a instituição nos Estados Unidos. Ela tinha tido uma carreira médica bem-sucedida durante a Guerra Civil Americana (ver páginas 106-13). No outono de 1869, Clara Barton seguiu o conselho de seu médico e viajou para a Europa para três anos de descanso. Ao visitar Genebra, ela ouviu falar do livro de Henry Dunant, *A Memory of Solferino*, que tinha inspirado o estabelecimento da Convenção de Genebra e da Cruz Vermelha.

Em 19 de julho de 1870, quatro dias após o início da Guerra Franco-Prussiana, funcionários da Cruz Vermelha Internacional da Europa se aproximaram de Barton que, naquela época, ainda estava se recuperando na Suíça. O comitê disse à Clara que havia ouvido falar dela e ficado profundamente impressionado com seu trabalho durante a Guerra Civil Americana. No início, ela recusou o convite para visitar as linhas de frente, citando razões de saúde. Mas, finalmente, sua curiosidade levou a melhor sobre ela. Com base no que viu, Clara decidiu estabelecer a Cruz Vermelha na América. Ela escreveu: "Enquanto eu viajava e via o trabalho destas sociedades da Cruz Vermelha no campo, realizando em quatro meses, sob sua organização sistemática,

Clara Barton serviu seu país com grande distinção durante a Guerra Civil e continuou a estabelecer a Cruz Vermelha na América.

o que não conseguimos realizar em quatro anos sem ela. Sem erros, sem sofrimento desnecessário, sem fome, sem falta de cuidado, sem desperdício, sem confusão, mas ordem, abundância, limpeza e conforto onde quer que aquela bandeirinha fizesse seu caminho, um continente inteiro marchou sob a bandeira da Cruz Vermelha, quando vi tudo isso, e me juntei e trabalhei nele, eu disse para mim mesma; 'se eu viver para voltar ao meu país, tentarei fazer meu povo entender a Cruz Vermelha e aquele Tratado'. Mas, eu fiz mais do que resolver, prometi a outras nações que o faria, e outras razões me pressionaram a lembrar minha promessa".

Em 1877, Clara fez lobby junto ao Presidente Rutherford B. Hayes na tentativa de obter seu endosso à Convenção de Genebra. Hayes expressou interesse no início, mas tinha sérias reservas em relação às conotações do Tratado, que ele considerava como uma "possível aliança envolvente" com nações europeias. Isto o levou a rejeitar sua petição. Impermeável a esta rejeição, Clara estabeleceu a Cruz Vermelha americana e realizou a primeira reunião em seu apartamento em Washington, em 21 de maio de 1881. Mais tarde naquele ano, ela se aproximou do presidente James Garfield para ratificar o Tratado de Genebra. Ele parecia apoiar, mas sua morte por uma bala assassina, em setembro de 1881, postergou isso. Seu sucessor, Chester A. Arthur, concordou em assinar o Tratado e, em 16 de maio de 1882, o Senado norte-americano o ratificou. O Congresso dos EUA concedeu à Cruz Vermelha americana sua primeira carta federal em 1900 e, novamente, em 1905, um ano após Clara, de 83 anos, renunciar à presidência da organização.

Como Florence Nightingale, Clara Barton poderia ser perturbadora e raramente ouvia conselhos ou sugestões de outros membros de seu grupo. Mas é indiscutível que ela encarna a quintessencial enfermeira da linha de frente, alguém que se esforçou ativamente para ser aceita em um campo que, até aquele momento, tinha sido um domínio exclusivamente masculino. A Guerra Civil Americana lhe deu um sentido de propósito e, apesar de sofrer uma série de colapsos nervosos, ela exaltou uma confiança duradoura e aparentemente irreprimível, e uma firme crença em suas convicções. Ela desprezou a crítica pessoal, teve a capacidade de exagerar suas realizações e acreditou estoicamente em sua imagem autoprojetada.

Houve momentos em que ela vacilou entre a autorretidão e a intransigência gritante, mas sua contribuição para o bem-estar e cuidado dos soldados feridos é completamente inatacável. Clara Barton foi uma pioneira e demonstrou incrível coragem e fortaleza. É por estas e muitas outras qualidades que este anjo do campo de batalha merece ser lembrado. Ela morreu em sua casa, em Glen Echo, Maryland, em 1912, na grande velhice de 91 anos.

Após o estabelecimento da Cruz Vermelha por esses pioneiros, a instituição passou a desempenhar um papel importante na medicina de combate, tanto nas guerras mundiais quanto ao longo do século XX. Em 21 de agosto de 1914, o Comitê Internacional da Cruz Vermelha (CICV) criou a Agência Internacional dos Prisioneiros de Guerra em Genebra. Todas as nações apanhadas na Primeira Guerra Mundial assinaram o acordo e apresentaram listas de prisioneiros. A Agência recebeu 400.000 páginas de documentos: listas de nomes de prisioneiros e registros de captura, transferências entre campos e mortes em detenção. O CICV organizou linhas vitais de comunicação em um esforço para restabelecer o contato entre parentes separados pela guerra, e este fator ainda continua sendo uma parte vital do trabalho que a organização realiza ainda hoje.

Na Segunda Guerra Mundial, a Cruz Vermelha enviou delegados oficiais em missões para inspecionar 524 prisioneiros de guerra e campos de internação na Europa, nas colônias francesas no norte da África, na Índia e no Japão. Eles entrevistaram tanto prisioneiros quanto autoridades dos campos, inspecionaram as condições nos campos, verificaram higiene, alimentação e condições de trabalho, às vezes, em vão. Eles também verificaram se os prisioneiros estavam sendo tratados humanamente e puderam escrever a suas famílias de acordo com a Convenção de Genebra. Eles também forneceram pacotes da Cruz Vermelha (que nem sempre chegavam a seus destinatários, pois os guardas alemães eram conhecidos por roubá-los). Em dezembro de 1944, a Cruz Vermelha americana forneceu pacotes de Natal para prisioneiros de guerra na Alemanha. Mais de 75.000 unidades foram enviadas da Filadélfia para Gothenburg, antes de serem transportadas por navios suecos neutros para o norte da Alemanha.

Após a Segunda Guerra Mundial, a Cruz Vermelha foi legitimamente criticada por não prestar assistência aos judeus transportados para os campos de concentração. Em sua defesa, eles disseram que os judeus não eram oficialmente considerados prisioneiros de guerra e, sem uma base legal específica, a organização estava vinculada a seus procedimentos tradicionais, e impedida de agir por seus laços com o estabelecimento suíço. Em resumo, a Cruz Vermelha não tinha autoridade para intervir. Sua falta de ação em favor das vítimas do Holocausto e outros grupos perseguidos é uma mancha em uma reputação até então imaculada.

Desde sua criação, o trabalho de um delegado do CICV sempre foi uma reserva masculina. Em janeiro de 1949, uma emenda no regulamento sobre o status dos delegados do CICV estipulava que "somente cidadãos suíços, de ambos os sexos e boa reputação, poderiam ser levados em consideração como membros de delegações". Jeanne Egger tornou-se a primeira delegada do CICV em 1962, embora só nos anos 70 as mulheres tenham alcançado mais comumente esta posição.

PARTE DOIS

CURANDO CORAÇÕES E MENTES

CAPÍTULO DEZ

A VERDADEIRA EDITH CAVELL

De acordo com os registros históricos, Edith Cavell foi uma enfermeira e humanitária britânica. Tanta coisa foi escrita sobre ela ao longo das décadas que se tornou difícil separar a mulher da lenda. O valor intrínseco da propaganda de sua morte às autoridades britânicas durante a Primeira Guerra Mundial foi incalculável. Desde 1915, disseminada por livros, artigos e filmes, a lenda desta corajosa enfermeira continuou a crescer. Poucos heróis de guerra receberam tantas homenagens póstumas como a enfermeira Edith Cavell, e houve poucos incidentes durante a Primeira Guerra Mundial que provocaram tanta indignação e ultraje quanto à execução desta enfermeira aparentemente inócua. Ela tem sido descrita como uma mártir, uma santa e uma figura lendária que foi cruelmente executada pelos alemães. É tudo muito preto e branco, talvez com um corte muito limpo. Ela era graça e bondade encarnadas e os alemães eram maus e perversos, fim da história. Mas, foi tudo tão simples assim?

Nas primeiras horas do dia 12 de outubro de 1915, muito antes da primeira luz do amanhecer permear o céu nublado, dois carros percorreram ruas de paralelepípedos irregulares em direção ao subúrbio de Schaerbeek, em Bruxelas. Um deles estava transportando uma britânica para seu local de execução. Em 4 de agosto de 1915, um ano após a Grã-Bretanha ter declarado guerra à Alemanha, Edith Cavell foi presa em Bruxelas, acusada e considerada culpada por um tribunal militar alemão de ter desempenhado um papel ativo na ajuda aos soldados Aliados para escapar da Bélgica ocupada. Sendo uma pessoa dolorosamente honesta, ela nunca negou as acusações e foi mantida na solitária na prisão de St. Gilles, em Bruxelas, até assistir a um julgamento que durou apenas dois dias, cujo resultado foi uma sentença de morte por fuzilamento.

O governo britânico sempre refutou vigorosamente as alegações alemãs de que Cavell era uma espiã. Entretanto, de acordo com um ex-diretor-geral do MI5, além de ajudar os soldados Aliados a escapar da Bélgica ocupada, a enfermeira britânica realmente ajudou a contrabandear inteligência. Descobertas recentes nos arquivos belgas revelaram fortes evidências que incriminam Cavell como parte de uma rede clandestina. Um jovem engenheiro de mineração belga, que encaminhou soldados britânicos para a organização de Cavell em 1914, foi condenado a 15 anos de trabalhos forçados por suas atividades. Em suas cartas, ele descreveu graficamente como ele forneceu à organização informações sobre operações militares alemãs, informações sobre sistemas de trincheiras alemãs, depósitos de munição e o paradeiro de aeronaves inimigas.

Edith Cavell estava supostamente ciente dessas informações, e as transmitiu através de canais secretos aos serviços de inteligência britânicos. Portanto, é inteiramente possível que ela não fosse tão inocente quanto a imprensa britânica alegava. Por outro lado, é difícil determinar com precisão o quanto ela era proativa dentro da organização clandestina. Ela sabia como transmitir mensagens secretas e foi conclusivamente provado que membros-chave de sua rede estavam em contato com o Bureau de Serviços Secretos, o precursor do MI6, e outras agências de inteligência aliadas. O General Moritz Von Bissing, governador militar alemão da Bélgica, que assinou o mandado de execução de Cavell, manteve que, longe de ser a vítima inocente das circunstâncias, ela deu seu total cumprimento à operação de espionagem.

Durante a Primeira Guerra Mundial, as autoridades alemãs da ocupação na Bélgica prenderam centenas de mulheres por participarem da espionagem. Estas atividades foram descritas como traição e, dependendo da gravidade da acusação, foram punidas com trabalhos forçados ou execução. Das dez mulheres que foram presas na Bélgica e no norte da França, entre 1914 e 1918, seis eram belgas, três eram francesas e uma era britânica.

Apesar da intervenção diplomática americana, os alemães executaram Edith Cavell durante a Primeira Guerra Mundial. Ela conhecia os riscos e foi considerada culpada das acusações.

CAPÍTULO DEZ

Edith Louisa Cavell nasceu em uma família devotamente religiosa em Swardeston, Norfolk, em 4 de dezembro de 1865. Seus pais eram o reverendo Frederick Cavell, um vigário anglicano, e Louisa Sophia Cavell. A fé desempenhou um papel importante na vida de Edith, e ela e sua família eram ativos em instituições de caridade locais. Edith até doou dinheiro a um hospital na Baviera para a compra de equipamentos médicos e, por sua generosidade, ficou conhecida como o "Anjo Inglês".

Tendo aprendido a falar francês fluentemente no internato, ela assumiu um cargo como governanta da família François em Bruxelas. Este foi o início do duradouro caso de amor de Edith Cavell com a Bélgica e o povo belga. Um exemplo precoce da honestidade incontestável de Edith foi revelado quando Madame François lhe pediu para dizer a alguns visitantes inesperados que ela não estava em casa, e Edith recusou.

Em abril de 1895, ela decidiu tornar-se enfermeira e foi aceita em um programa de treinamento para o Hospital Fever Fountains Fever em Lower Tooting, Londres. Ela se formou em setembro do ano seguinte e permaneceu no hospital, onde acabou sendo promovida a enfermeira da equipe.

Em 1907, o Dr. Antoine Depage, médico belga e diretor do hospital, convenceu Cavell a aceitar um cargo de enfermeira numa escola de enfermagem recentemente aberta, a *L'École Belge d'Infirmières Diplômées*, em Bruxelas. Em uma época em que a maioria dos hospitais belgas era composta por freiras, as enfermeiras que não faziam parte do estabelecimento religioso eram injustamente vilipendiadas como mulheres de reputação duvidosa. O Dr. Depage quis afastar o instituto dos cuidados tradicionais baseados na religião e torná-lo uma organização mais secular, orientada para a ciência. Durante sua breve carreira na Bélgica, Edith conseguiu modernizar o padrão da enfermagem belga e ganhou amplo reconhecimento por seu trabalho. Ela ajudou a treinar muitas enfermeiras que foram para outros hospitais, casas de repouso e escolas em todo o país, incluindo a clínica na proibitiva prisão de St. Gilles, um lugar que ela conheceria melhor mais tarde. Edith Cavell havia encontrado seu lugar no mundo e estava encantada com a oportunidade de ensinar sua profissão a jovens enfermeiras estudantes belgas. Ela escreveu: "Uma de nossas primeiras tarefas foi recrutar as enfermeiras. A velha ideia de que é uma vergonha para as mulheres trabalhar ainda é mantida na Bélgica, e as mulheres de bom nascimento e educação ainda pensam que perdem a casta por ganharem sua própria vida ... Estas estagiárias belgas têm boa vontade, coragem e perseverança, e daqui a três anos elas olharão para trás com admiração. A propagação da luz e do conhecimento será inevitável nos próximos anos. As enfermeiras não apenas ensinarão as leis da saúde, e a prevenção e cura de doenças, como nenhuma outra teve a oportunidade de fazer, elas mostrarão às mulheres de seus países que a educação e a posição não constituem um obstáculo para uma vida independente, ao contrário, são uma boa e sólida base sobre a qual construir uma carreira que exige as melhores e mais altas qualidades que a mulher pode oferecer".

Em 1909 ela visitou a Inglaterra como delegada do Conselho Internacional de Enfermeiras realizado em Londres. Sua descrição do trabalho que ela estava tentando realizar em Bruxelas causou uma impressão profunda e duradoura nos outros delegados.

Quando a Guerra eclodiu, em 1914, Cavell estava na Inglaterra visitando sua família e, apesar de seus veementes protestos, eles não conseguiram dissuadi-la de voltar à Bélgica. "Meu dever é com minhas enfermeiras", escreveu ela a um amigo.

Em 4 de agosto de 1914, o Exército Alemão ignorou a neutralidade da Bélgica e invadiu o país, poucos dias após o retorno de Cavell a Bruxelas. Foi o auge do efeito dominó que começou com o assassinato do Arquiduque Franz Ferdinand em Sarajevo. A Grã-Bretanha tinha garantido a neutralidade da Bélgica e, consequentemente, foi obrigada a declarar guerra à Alemanha por esta infração. Edith Cavell juntou-se à Cruz Vermelha e o Instituto Berkendael, onde ela trabalhava, foi convertido em um hospital da Cruz Vermelha para soldados feridos de todas as nações. Embora Cavell fosse cidadã de uma nação inimiga, as autoridades militares alemãs demonstraram uma tolerância notável ao permitir que ela continuasse seu trabalho como enfermeira da Cruz Vermelha.

Por volta dessa época, ela escreveu extensivamente para alguns jornais britânicos e expressou seu horror pelo sofrimento que estava testemunhando em Bruxelas. Como enfermeira da Cruz Vermelha, embora fosse crítica a algumas das ações dos invasores alemães, ela conseguiu manter uma postura externamente neutra e teve o cuidado de não usar linguagem inflamada em suas descrições. Escrevendo no *The Nursing Mirror and Midwives Journal* em abril de 1915, Cavell descreveu a situação na Bélgica sob ocupação alemã:

> "Desde o dia da ocupação até agora, temos estado isolados do mundo exterior. Os jornais foram primeiramente censurados, depois suprimidos e, agora, são impressos sob os auspícios alemães; todas as vindas do exterior foram proibidas por um tempo, e agora, ninguém da Inglaterra é permitido. O serviço telefônico foi tomado pelo inimigo, e fomos logo privados de seu uso. O correio também foi parado e, embora agora retomado para certas cidades e países, todas as cartas devem ser deixadas abertas e não devem conter notícias da Guerra ou de qualquer coisa de importância. Os poucos trens que correm para os passageiros estão em mãos alemãs e, aonde quer que você vá, deve ter e pagar por um passaporte... Ninguém fala com o seu vizinho no vagão, pois ele pode ser um espião".

A Bélgica tinha pouco a agradecer aos invasores alemães. Embora a maioria dos historiadores se concentrem legitimamente nas numerosas atrocidades cometidas pelas forças alemãs na Segunda Guerra Mundial, não se presta muita atenção aos terríveis atos de violência e destruição que perpetraram contra o povo belga na Primeira Guerra Mundial, o que pode ser considerado como um precursor sombrio. Muitos fora do país consideravam estes atos como propaganda pura e não diluída dos Aliados, mas a verdade era muito mais sinistra. Quando o rolo compressor alemão marchou pela Bélgica neutra, em 1914, ele reduziu cidades outrora belas, como Leuven, a escombros. Eles destruíram completamente a biblioteca mundialmente famosa que abrigava manuscritos inestimáveis, com séculos de existência. Em seguida, conduziram represálias contra a população civil, executando sumariamente centenas. Dentro de dois meses após a ocupação, estima-se que os alemães assassinaram cerca de 5.500 cidadãos belgas.

Em 15 de agosto de 1914, dois batalhões alemães entraram na cidade de Dinant. Soldados franceses repeliram, com sucesso, o primeiro ataque em poucas horas. Durante este encontro, um jovem tenente francês de nome Charles de Gaulle foi ferido. Indignados com a demonstração de rebeldia do exército francês, os alemães fizeram uma segunda tentativa bem-sucedida de subjugar a cidade. Em retaliação contra os cidadãos de Dinant, eles executaram 674 civis, cerca de 10% da população. Entre eles estavam 26 idosos, 76 mulheres e 37 crianças. Félix Fivet, um bebê de três semanas, foi empalado em uma baioneta alemã. Mais de 1.100 casas foram completamente destruídas, incluindo a prefeitura e um museu. Oitenta por cento da cidade foi destruída e foi o maior massacre que os alemães infligiram à população civil durante aquele reinado de terror em 1914. Os primeiros cartazes de recrutamento britânicos que retratavam soldados alemães demoníacos, assassinando bebês e devastando mulheres inocentes, foram classificados como propaganda excessivamente apelativa mas, na verdade, não estavam tão longe da realidade.

Enquanto atendia no hospital, Cavell foi apresentada a dois membros de uma antiga família aristocrática, o príncipe Reginald de Croÿ e sua esposa, a princesa Marie, e eles tiveram uma profunda influência em sua vida. No outono de 1914, duas senhoras belgas, Henriette Moriame e Louise Thuliez, tinham cuidado secretamente de soldados ingleses feridos desde a fatídica batalha de Mons, em agosto. Elas se aproximaram do príncipe e da princesa e lhes perguntaram se poderiam ajudar a encontrar uma maneira de ajudar a repatriar os infelizes soldados. Foi tomada a decisão de escondê-los na casa dos de Croÿ, Chateau Bellignies, perto de Mons, onde lhes seriam fornecidos passaportes falsos e um guia belga para ajudá-los a se protegerem. A senha secreta para a organização era "Yorc", o nome Croÿ ao contrário.

O castelo logo se tornou um porto seguro para os soldados ingleses e franceses, que procuravam fugir através da fronteira para a Holanda e, eventualmente, voltar para a Inglaterra. O Instituto Médico de Edith Cavell tornou-se parte integrante desta rota de fuga clandestina. No outono de 1914, dois soldados britânicos abandonados encontraram seu caminho para o Instituto onde, independentemente do perigo iminente, ela os escondeu por duas semanas. Outros logo os seguiram, e todos eles foram clandestinamente contrabandeados para território neutro na Holanda. O tenente Arthur Wood, um dos soldados do 1° Batalhão, Regimento de Norfolk, que havia lutado na Batalha de Mons, reconheceu uma pintura da Catedral de Norwich na parede do escritório de Cavell. Ela ainda nutria grande afeição pelo seu condado de origem. Ela pediu ao soldado que levasse para casa sua Bíblia e uma carta para sua mãe.

Entre novembro de 1914 e julho de 1915, Cavell foi fundamental para ajudar a organizar a repatriação e a fuga de cerca de 200 pessoas. A fim de fazer isto eficientemente, ela fez contato com vários serviços secretos e associações. Foi um trabalho incrivelmente precário que exigiu nervos de aço e total dedicação de todos os participantes. Ela sabia do incrível risco que estava correndo e estava plenamente consciente das terríveis consequências se fosse descoberta, mas isso não a impediu nem um pouco. Ela considerava a ocultação e repatriação destes homens como atos humanitários, tão dignos quanto cuidar dos doentes e feridos. Em última análise, os homens que a procuravam eram convidados a assinar papéis dando seu consentimento para uma operação cirúrgica. A eles foram atribuídas doenças fictícias, e seus nomes, idades, datas de chegada e partida, e fotos foram registradas em um livro-razão secreto. Quando os soldados se afastavam, ela escrevia para sua mãe, descrevendo os homens que se alojavam com ela e os guias que os conduziam à segurança. Nessas cartas, ela pedia obliquamente notícias de sua chegada em segurança à Inglaterra, com a premissa de que alguns dos homens eram parentes de enfermeiros da escola.

A rede dependia de todos fazerem sua parte, mas esta era a Bélgica, uma terra com lealdades divididas. Em algum momento, alguém iria ceder. Dois colegas de Cavell notaram que ela havia se tornado mais retraída e menos comunicativa, mas não tinham ideia do motivo. Ao lado da organização e das dificuldades crescentes em fornecer guias confiáveis e dinheiro suficiente para as fugas, seu mentor, Dr. Depage, estava ocupado trabalhando no lado Aliado da Guerra, e sua esposa, Marie, havia partido para a América para angariar dinheiro para o esforço de guerra. Marie afogou-se no *Lusitânia*, quando um submarino alemão torpedeou o navio em sua viagem para a América. Por volta do mesmo momento da morte de Marie Depage, a polícia secreta alemã começou a fechar as operações de fuga. Seu objetivo, nessa ocasião, era coletar informações, mas não fez nenhuma prisão até que pudesse verificar a extensão total da organização e descobrir quem estava envolvido. Cavell era a principal suspeita, mas ainda não havia provas suficientes para que a polícia entrasse em ação. Ela estava ficando cada vez mais sobrecarregada com a administração da escola de treinamento e com a supervisão da construção da nova escola. Ela trabalhava em uma atmosfera de medo e suspeita. O cerco estava se fechando.

A conexão de Cavell com Philippe Baucq, nativo de Bruxelas, era amplamente conhecida dentro da organização. Baucq era um membro ativo da resistência que desempenhou um papel importante na divulgação do jornal clandestino *La Libre Belgique*, e ajudou na organização *Mot du Soldat*, um serviço que proporcionou um elo de comunicação entre os soldados da frente e seus parentes na Bélgica ocupada. Muitas vezes, ele trabalhou como guia, acompanhando os fugitivos até a fronteira holandesa.

Trabalhar em um hospital da Cruz Vermelha exigia que os feridos de todas as nações pudessem ser tratados ali, indiscriminadamente, e Edith Cavell aderiu estritamente a esta decisão. Ela havia sido avisada por contatos de que era possível as autoridades alemãs estarem cientes de suas atividades, mas isso não a dissuadiu de continuar seu trabalho. No início do verão de 1915, ela estava em perigo iminente de ser presa. A maioria dos biógrafos acredita que o verdadeiro vilão da história de Cavell foi o francês Gaston Quien, mais tarde condenado como colaborador. Ela não teria notado que Quien, fazendo-se passar por um soldado francês ferido trazido para tratamento, na verdade, era um infiltrado, colocado ali pelas autoridades alemãs. Quien havia desertado para o lado alemão em troca de sua libertação. Disfarçado de soldado Aliado que precisava de uma passagem segura para fora do país, ele se infiltrou, com sucesso, na rede e passou informações secretas suficientes para implicar Edith Cavell. Consciente de que a rede estava se fechando, ela tomou precauções e destruiu secretamente quaisquer documentos incriminatórios que tinha em sua posse. O quanto ela sabia sobre as informações transportadas pelos homens que ela salvou, escritas em tecido e costuradas em roupas, ou escondidas em sapatos, continua sendo um assunto controverso até hoje.

Quando Philippe Baucq foi preso em Bruxelas, uma lista contendo o nome de Edith Cavell foi encontrada em sua posse. A sorte estava lançada. Ela foi presa imediatamente e levada para a prisão de St. Gilles, onde permaneceu durante as dez semanas seguintes, as duas últimas em solitária. Sua pequena cela estava pouco mobiliada, contendo uma cama, que se dobrava para fazer uma mesa, um pequeno armário e um lavatório. Suas enfermeiras enviavam flores, e ela passou seu tempo bordando e lendo sua cópia da *Imitation of Christ*, que lhe havia sido enviada por sua amiga, a Irmã Wilkins.

Inicialmente, foram negadas as visitas ou representações legais. Em 10 de setembro, Sadi Kirschen foi designado como seu advogado de defesa, mas não lhe foi permitido visitá-la ou rever as acusações, e lhe foi recusada permissão para ver os documentos do julgamento. A acusação específica contra Cavell, sob o parágrafo 68 do código penal militar alemão, era "Conduzir soldados ao inimigo". Esta era uma acusação menor do que a espionagem, que implicava em uma sentença de morte. Quando questionada, ela respondeu: “Minha preocupação não foi ajudar o inimigo, mas ajudar os homens que me solicitaram para chegar à fronteira. Uma vez que atravessassem a fronteira, eles estavam livres.” Tecnicamente, ela só ajudou esses homens a saírem de Bruxelas, e isso deveria ter sido o que ela pensou em seu julgamento. Ajudar e incentivar a fuga deles teria sido uma acusação menos severa do que a que ela estava enfrentando. Ela nunca negou a acusação, mas é amplamente conhecido que ela era uma correspondente prolífica, e que os alemães estavam em posse de uma carta que havia sido entregue a ela recentemente através da Legação Americana. Mesmo estando claramente na posse de correspondência ilegal, ela nunca foi acusada de enviar ou receber correspondência ilegalmente. Também é alegado que ela admitiu abertamente a acusação contra ela para evitar ser acusada de ter conduzido outras atividades sediciosas, que podem ter incriminado outros conspiradores. Seria um julgamento fechado, e observadores neutros não foram autorizados a comparecer. Cinco juízes alemães foram nomeados para julgar o caso, mas apenas o nome do promotor central, o juiz militar Eduard Stoebar, um homem de reputação duvidosa, tornou-se público.

Em 7 de outubro de 1915, Edith Cavell e outros cúmplices que trabalhavam para a rede de fuga compareceram perante o tribunal militar, na Câmara do Senado belga. Determinada a não desprestigiar sua profissão, Edith Cavell enfrentou seus acusadores vestindo roupas civis. O julgamento de todos os 35 acusados levou apenas dois dias. A nenhum deles foi permitida uma representação legal decente. Não se tratava de Edith ser considerada inocente. Em sua forma dolorosamente honesta, ela admitiu a culpa. A única questão era a severidade da sentença. A decisão estava nas mãos do Governador Militar de Bruxelas, General von Sauberzweig, um indivíduo amargo e vingativo que guardava um rancor pessoal contra os britânicos porque seu filho tinha ficado cego enquanto lutava contra eles.

O governo britânico parece ter permanecido passivo durante todo este processo. Os memorandos do Ministério das Relações Exteriores registram um funcionário assegurando aos colegas que o Sr. Brand Whitlock, o “ministro dos EUA [em Bruxelas] verá se ela terá um julgamento justo”. Sir Horace Rowland, o alto funcionário do Ministério, concordou. “Receio que sejamos impotentes.” O sentimento foi ecoado por Lorde Robert Cecil, que entrou para o governo de coalizão em 1915, como subsecretário de Relações Exteriores, depois de trabalhar para a Cruz Vermelha. "Qualquer representação nossa", aconselhou ele, "lhe fará mais mal do que bem". Eles parecem ter abandonado Edith Cavell à própria sorte. Ou, talvez, havia uma razão mais sinistra para sua abordagem sem brilho?

Nenhum dos acusados estava presente quando, em 11 de outubro de 1915, o juiz alemão condenou Edith Cavell, Philippe Baucq, Louise Thulliez, uma professora francesa de Lille, a condessa Jeanne de Belleville e Louis Séverin, um farmacêutico belga. Todos eles foram condenados à morte. Outros foram presos ao mesmo tempo e receberam penas de prisão variadas. Às 20h30min da noite, em 11 de outubro, Edith Cavell foi informada pelo capelão do exército alemão, Padre Le Seur, de seu destino iminente e que só lhe restavam algumas horas de vida. Le Seur pôde marcar uma visita do capelão anglicano, o reverendo Stirling Gahan. O reverendo Gahan chegou à prisão de St. Gilles às 22h00. Edith Cavell tinha arrumado sua cama e estava em seu roupão. Eles conversaram, e Edith Cavell disse que após tantos anos de atividade agitada, ela considerava sua solidão como catártica. Stirling Gahan tinha trazido seu Conjunto de Comunhão, então, juntos, pegaram o pão e o vinho, e disseram a bênção antes de falar as palavras do hino *Abide With Me*. Gahan disse a ela antes de partir: "Sempre nos lembraremos de você como uma heroína e mártir", ao que ela respondeu: "Não pense em mim assim. Pense em mim como uma enfermeira que tentou cumprir seu dever."

Stirling Gahan lembrou:

> "Na segunda-feira à noite, 11 de outubro, fui admitido com um passaporte especial das autoridades alemãs na prisão de St. Gilles, onde a senhorita Edith Cavell estava confinada há dez semanas. A sentença final havia sido no começo daquela tarde.
>
> Para meu espanto e alívio, encontrei minha amiga perfeitamente calma e resignada. Mas isto não podia diminuir a ternura e a intensidade dos sentimentos de ambas as partes durante aquele último encontro de quase uma hora. Suas primeiras palavras para mim foram sobre um assunto que lhe dizia respeito pessoalmente, mas a asseveração solene que as acompanhou foi feita expressamente à luz de Deus e da eternidade.

Ela, então, acrescentou que desejava que todos os seus amigos soubessem que ela deu, voluntariamente, sua vida por seu país, e disse: 'Não tenho medo, nem recuo; vi a morte tantas vezes que não é estranha, nem temerosa para mim.'"

Apelos frenéticos de clemência foram orquestrados enquanto Hugh Gibson, da Embaixada Americana, solicitou a ajuda do embaixador espanhol, o Marquês de Villalobar, e do embaixador holandês, Maurits Van Vollenhoven. O General von Sauberzweig não tinha intenção de modificar a sentença e informou a Gibson que as execuções estavam programadas para acontecer na manhã seguinte.

O Ministro americano para a Bélgica, Brand Whitlock, escreveu uma carta pessoal ao Governador Militar alemão, Barão von Bissing:

"Vossa Excelência,

Acabo de saber que a Srta. Cavell, uma súbdita britânica e, consequentemente, sob a proteção de minha Legação, foi condenada esta manhã à morte por corte marcial. Se minhas informações estiverem corretas, a sentença no presente caso é mais severa do que todas as outras que foram proferidas em casos semelhantes julgados pelo mesmo tribunal e, sem entrar nas razões de uma sentença tão drástica, sinto que tenho o direito de apelar a Vossa Excelência o sentimento de humanidade e generosidade do Governador Geral em favor da Srta. Cavell, e de pedir que a pena de morte decretada contra Srta. Cavell possa ser comutada, e que esta infeliz mulher não seja executada.

A Srta. Cavell é a chefe do Instituto Cirúrgico de Bruxelas. Ela passou sua vida aliviando o sofrimento de outros, e sua escola tem transformado muitas enfermeiras que têm assistido ao lado dos doentes em todo o mundo, tanto na Alemanha como na Bélgica.

No início da Guerra, a Srta. Cavell concedeu seus cuidados tão livremente aos soldados alemães quanto aos outros. Mesmo na falta de todas as outras razões, sua carreira como serva da humanidade é tal que inspira a maior simpatia e pede perdão.

Se as informações em meu poder estiverem corretas, a Srta. Cavell, longe de se proteger, admitiu, com louvável simplicidade, a verdade

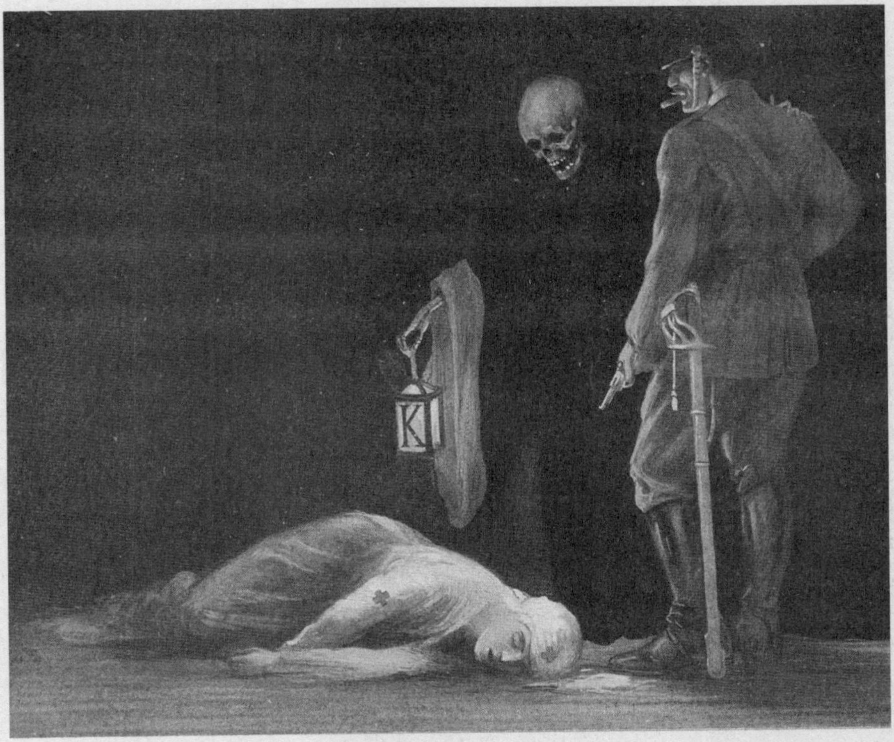

Os Aliados usaram a execução de Cavell como propaganda para fins de recrutamento. A verdade é que ela morreu com grande dignidade, demonstrando incrível coragem e fortaleza até o fim.

de todas as acusações contra ela, e são as próprias informações que ela mesma forneceu, e que só ela estava em condições de fornecer, que agravaram a severidade da sentença proferida contra ela. É, então, com confiança, e na esperança de sua recepção favorável, que peço a Vossa Excelência que submeta ao Governador Geral meu pedido de perdão em nome da Srta. Cavell".

Edith Cavell foi executada por fuzilamento em 12 de outubro de 1915. Ela é, frequentemente, retratada erroneamente usando um uniforme de enfermagem quando foi executada, mas isto foi pura propaganda.

Edith Cavell tinha 49 anos de idade. Ela permaneceu magnânima mesmo diante da morte iminente, perdoando seus executores, mesmo disposta a admitir a justiça de sua sentença. Suas últimas palavras, segundo o Padre Le

Seur, foram: “Minha consciência está limpa. Eu morro por Deus e por meu país”. Circularam histórias de que o esquadrão de execução disparou e que ela desmaiou e foi finalmente morta por um oficial alemão. Isto é pura conjectura, porque relatos confiáveis de testemunhas não fazem qualquer referência a isto. Através do Império Britânico, sua morte foi usada para galvanizar a opinião pública contra os alemães. É, talvez, cínico, mas provavelmente verdadeiro, sugerir que Edith Cavell valia mais para os britânicos morta do que viva, em termos de seu valor propagandístico. Na Grã-Bretanha, os números de recrutamento subiram de 5.000 para 10.000 por semana após sua execução. O frenesi de indignação que ela provocou em todo o mundo foi sem precedentes.

Provas recentemente descobertas sugerem que ela pode ter realmente trabalhado como espiã, enquanto outros documentos britânicos indicam que as autoridades alemãs agiram de acordo com a lei quando a sentenciaram à morte. Edith Cavell merece ser lembrada como uma heroína, mesmo que ela tenha sido uma espiã.

CAPÍTULO ONZE

A INSPIRAÇÃO DE HEMINGWAY

Seria preciso muita imaginação para descrever Ernest Hemingway como angelical, mesmo que ele tenha trabalhado para a Cruz Vermelha. Em 1917, um jovem de Illinois, com hormônios desafiadores, chamado Ernest Miller Hemingway, deixou seu emprego no jornal *Kansas City Star* e assinou como motorista de ambulância na Cruz Vermelha americana. Ele tinha 18 anos, estava ansioso por aventura e respondendo a uma campanha de recrutamento. Na verdade, havia mais do que isso. Ele havia tentado se alistar no exército, mas havia sido rejeitado devido à sua fraca visão. Sem desistir, ele decidiu que chegaria à frente de batalha. O filho de Rudyard Kipling, Jack, era quase cego, mas isso não impediu seu pai de conseguir uma comissão na Guarda Irlandesa. A diferença era que Ernest não tinha nenhuma ligação maçônica, mas o que ele tinha era uma determinação pura de se juntar à briga. No que diz respeito a Ernest, a localização da frente era supérflua, a luta estava em andamento e ele queria, de alguma forma, fazer parte dela. Ele tinha até escrito para sua irmã explicando que tinha planos de entrar para o Exército Canadense. Em desespero, ele havia se alistado em uma unidade da Guarda Nacional, que parece ter acalmado seus pais até certo ponto, mas não ele próprio. O critério de admissão na Guarda Nacional era consideravelmente menos rigoroso que o do exército, o único problema era que eles não estavam destinados a tarefas no exterior. No entanto, o 2º Regimento de Guardas Domésticos do Missouri seria capaz de proporcionar ao jovem Ernest alguma experiência militar rudimentar.

Durante aqueles primeiros anos turbulentos da Primeira Guerra Mundial, o Presidente Wilson tinha lutado para preservar a neutralidade americana. Isto havia sido enfatizado em 1916 em seu slogan de campanha de reeleição que proclamava: "Ele nos manteve fora da Guerra". No início de 1917, o bloqueio naval britânico do continente e a guerra submarina alemã comprometeram cada vez mais a postura antiguerra do presidente e, finalmente, em 6 de abril, os Estados Unidos declararam guerra à Alemanha. Naquele dia, a Cruz Vermelha Americana (ARC) evitou sua neutralidade e assumiu seu outro papel militar fretado pelo governo federal para fornecer assistência médica às forças armadas do país em tempo de guerra. Parecia bem no papel, mas, na realidade, assim como as forças armadas americanas, a organização estava drasticamente mal preparada para o papel que estava assumindo. É inteiramente possível que Ernest visse a ARC como um veículo possível para chegar à frente mais rápido do que o exército. Seis hospitais de base já haviam sido despachados para apoiar a Força Expedicionária Britânica em maio de 1917. A maioria, se não todos esses hospitais da Cruz Vermelha, já estavam operando como instituições independentes patrocinadas pelos americanos, mesmo antes da entrada dos Estados Unidos na Guerra. O primeiro destes a ser apropriado pelo exército e pela ARC foi o Hospital Americano de Ambulância em Paris. A ordem veio diretamente do Major General "Black Jack" John J. Pershing, comandante da Força Expedicionária Americana.

De acordo com uma versão dos relatos de Ernest Hemingway, um dia, uma história chegou à mesa do telégrafo que tratava da necessidade de voluntários da Cruz Vermelha para trabalhar com o Exército Italiano. Sendo o jovem impetuoso que era, Ernest telegrafou seu pedido antes mesmo que o jornal tivesse a chance de publicar a mensagem. Este foi um barômetro de como ele estava ansioso por aventura. Ele não era diferente de inúmeros outros jovens que haviam se inscrito, disparado com zelo patriótico, testosterona, insanidade temporária e uma determinação de "fazer sua parte".

Em 1917, o Exército Italiano havia sofrido uma derrota esmagadora infligida pelas forças austro-húngaras e alemãs em um lugar chamado Caporetto. As baixas do Exército Italiano foram sem precedentes, estimadas entre 700.000 e 750.000. Durante os três últimos meses de 1917, o inimigo havia feito 335.000 prisioneiros, incluindo aqueles pertencentes a batalhões de trabalho e aqueles soldados hospitalizados que partiram para seu destino enquanto o Exército

Italiano se retirava. As tropas austro-húngaras ocuparam 5.200 km^2 de solo italiano e tinham confiscado milhões de quilos de suprimentos. As aspirações das Potências Centrais de tirar a Itália da Guerra quase haviam sido bem-sucedidas. Elas haviam conquistado uma grande vitória e haviam causado muita inquietação, não apenas na Itália, mas entre os Aliados como um todo. A situação estava próxima do desespero, e os Aliados tinham sérias reservas quanto à possibilidade de recuperação do Exército Italiano.

Enquanto as forças italianas estavam se reagrupando e substituindo homens e equipamentos perdidos em Caporetto, o capitão americano George Utassy, que havia sido recentemente nomeado oficial administrativo na sede de campo italiana responsável por todas as unidades de ambulância na Itália, emitiu um forte apelo. "Cem americanos são necessários de uma só vez pela Cruz Vermelha americana para o serviço de ambulância atrás das linhas italianas". A redação do artigo foi inequívoca: "É uma esplêndida oportunidade para homens de meios independentes, acima da idade militar, fortes, saudáveis e capazes de dirigir automóveis. Serão considerados os homens com 25 anos ou mais, que estão isentos para defeitos menores. Todos os custos de equipamentos e despesas de moradia no exterior serão cobertos pela Cruz Vermelha americana, e as despesas de transporte serão pagas, se necessário".

A eventual resposta foi esmagadora, e resultou em uma enchente de candidatos. Ernest viu isso como sua oportunidade e não ia deixar escapar. Ele tinha ouvido, e possivelmente lido, os sermões inflamados do Dr. William Barton, da Primeira Igreja Congregacional, encorajando os jovens americanos a ir para a Guerra, mas estes não necessariamente inspiraram o crescente senso de aventura de Ernest. A irmã deste ministro era Clara Barton, a mulher que havia fundado originalmente a Cruz Vermelha na América.

Uma vez aprovada a candidatura de Ernest, ele deixou o Kansas para se juntar à Cruz Vermelha em Nova York, em 12 de maio de 1918. Quando o trem chegou à Grand Central Station, ele teve cerca de dez dias para se aclimatar ao seu novo papel de voluntário da Cruz Vermelha antes de embarcar no navio a vapor que o levaria para o exterior. Sua iniciação na Cruz Vermelha em Nova York coincidiu com um pico de apoio para os italianos sitiados, pois eles anteciparam mais ofensivas inimigas naquele verão. Enquanto Ernest estava em Nova York, o prefeito, John F. Hylan, anunciou a abertura da Semana da Cruz Vermelha, programada para começar em 20 de maio.

CAPÍTULO ONZE

Dois dias antes do início de várias atividades de captação de recursos e de relações públicas da Cruz Vermelha, milhares de trabalhadores de guerra haviam desfilado por Manhattan em meio a uma multidão de espectadores. Ernest, que ainda não havia disparado um tiro com raiva ou tocado o pé em solo estrangeiro, não teve nenhum problema em participar do desfile. Desonrado por não ter feito nada de útil para a Cruz Vermelha, ele até escreveu uma carta para casa sobre a atenção que ele e sua organização receberam durante o desfile: "Desfilamos 85 quarteirões abaixo da 5ª Avenida hoje e fomos revistos pelo Presidente Wilson. Cerca de 75.000 estavam na fila e nós éramos a atração principal". Alguns dias depois, em 23 de maio, após alguns pequenos atrasos, ele estava a bordo do navio a vapor *Chicago* em direção a Bordeaux. Ele não foi muito elogioso com o navio, descrevendo-o como "a banheira mais podre do mundo". Era uma travessia do Atlântico relativamente sem incidentes porque, naquela época, em 1918, o perigo de ser atacado por submarinos alemães era altamente improvável. Este fato parece ter decepcionado um pouco Ernest porque, em sua antecipação de participar de alguma ação, ele havia percorrido os decks todos os dias na esperança de avistar um submarino. Quando o navio atracou em Bordeaux, no dia 1 de junho, ele sentiu que tinha sido enganado.

A única coisa que ele conseguiu durante a viagem foi fazer novos amigos. Parecia que jogos de pôquer e dados movidos a álcool o ajudavam a interagir com seus companheiros de navio. Isto estava mais em sintonia com o caráter em desenvolvimento do Ernest Hemingway que o mundo viria a conhecer. O *esprit de corps* que ele estabeleceu com dois desses homens suportou através de seu serviço até bem depois do fim da Grande Guerra.

Então, lá estava ele na França e pronto para a aventura. Poucos dias após sua chegada ao continente francês, ele estava em um trem em direção à cidade do amor, Paris. Ele parece ter sido cativado e encantado pela cultura europeia, e aquela primeira visita a Paris iniciaria um caso de amor com a cidade que perduraria por décadas. Ele, rapidamente, se registrou no "Número Quatro", a sede da Cruz Vermelha na Place de la Concord. Era um luxuoso ex-palácio, completo com lustres de cristal ornamentados, tapetes vermelhos e tetos altos que devem ter impressionado seriamente o jovem do Kansas, não acostumado a tal luxo e conforto. Ele não recebeu nenhuma tarefa imediata, então, aqueles primeiros dias foram doados a puras atividades hedonísticas, como conhecer a cidade e conferir todas as principais atrações.

Enquanto ele estava lá, os alemães lançaram alguns projéteis de alta velocidade de sua temida "'Big Bertha" Howitzer, a 114 km de distância. O primeiro ataque ocorreu na Sexta-feira Santa, 1918, e continuou depois. A arma era capaz de disparar um projétil de 106 kg a uma distância de cerca de 130 km. Um total de cerca de 320 a 367 projéteis foram disparados, a uma taxa máxima de cerca de 20 por dia. Os projéteis mataram 250 pessoas, feriram 620, e causaram danos consideráveis às propriedades. O nome Big Bertha foi aplicado por membros das forças Aliadas e estes canhões de longo alcance extremos ficaram mais conhecidos localmente simplesmente como as "Armas de Paris". Os parisienses Blasé eram, geralmente, inabalados por esses bombardeios regulares e levavam suas vidas normalmente. Isto parece ter inspirado o entusiasmado de Ernest que, na verdade, contratou táxis para que ele pudesse inspecionar as crateras de projéteis feitas por estes grandes canhões.

Ele finalmente deixou Paris em um trem noturno que chegou em Milão na sexta-feira, 7 de junho. Assim que chegou lá, foi exposto à brutal realidade da Guerra quando ocorreu uma explosão em uma área de armazenamento em uma fábrica de munições próxima. Ernest e seus colegas foram transportados para o local para ajudar na coleta de cadáveres e outros restos mortais que estavam espalhados pelo campo. Esta não era a linha de frente, e a maioria das vítimas eram mulheres, mas teria sido uma introdução horrível, no entanto. Dois dias depois, ele estava finalmente onde queria estar, nas proximidades das linhas de frente. O posto da Cruz Vermelha em Schio tinha 36 motoristas de ambulância e estava localizado na base de Little Dolomites, a poucos quilômetros das posições austríacas. Não estava nem perto do rio Piave, onde algumas das ações mais intensas se desenvolveram durante junho e julho daquele ano.

Ernest e autoridade não eram uma combinação particularmente grande, e ele reclamou vociferantemente de seu capitão desde o primeiro dia. O capitão Bates era um veterano de muitas grandes batalhas da Primeira Guerra Mundial. Ele era um rigoroso disciplinador que valorizava seu papel supervisionando os motoristas e gerenciando os veículos. Ele conduzia o reconhecimento pessoal da frente de batalha em preparação para grandes ofensivas e fazia visitas frequentes para verificar a conduta de seus voluntários. Sua insistência no comportamento exemplar de seu pessoal em todos os momentos não o endeusava. Da mesma forma, Ernest também não era muito popular entre alguns de seus colegas voluntários, que criticaram sua impaciência em experimentar a ação da linha de frente. Despojado de qualquer atividade séria e com um grupo de 18 pares de motoristas operando em turnos de dois ou três dias, é improvável que ele tivesse sido chamado para sentar-se atrás do volante de uma ambulância, a não ser para posar para uma fotografia. Consequentemente, ele estabeleceu os parâmetros para sua futura imagem, passando seu tempo bebendo copiosas quantidades de álcool, jogando, brigando e tentando impressionar algumas das senhoras locais.

Os austríacos lançaram uma grande ofensiva em 15 de junho, com um bombardeio massivo, porém, previsto, e os combates não envolveram os serviços da unidade da Seção 4 de Ernest, em Schio. Ele complementou parte de seu tempo escrevendo artigos superficiais para a revista mensal autoimpressa da Seção 4 chamada *Ciao*, mas as coisas estavam prestes a mudar. Em 24 de junho, ele finalmente teve a oportunidade de participar de alguma ação, mas isso não teria muito a ver com a condução de uma ambulância. Os voluntários foram solicitados para os refeitórios dos funcionários nas proximidades das linhas de frente, e Ernest deu imediatamente um passo à diante. Ele se juntou a uma unidade que chegou às áreas do front utilizando refeitórios montados sobre rodas que ficaram conhecidos como "cozinhas rolantes". Parecia uma boa ideia na época, mas não demorou muito para Ernest começar a reclamar que ele deveria estar dirigindo uma ambulância, em vez de distribuir cigarros e chocolate.

Pelo menos agora ele tinha a chance de ver de perto as condições de batalha. Quando chegou à zona de combate mais ativa, os austríacos já haviam sido derrotados na Batalha do Piave e os italianos estavam no meio do lançamento de seu contra-ataque. Quando os austríacos recuaram, ele viajou por algumas das mesmas estradas e, finalmente, conseguiu saciar sua sede ao testemunhar cenas de terrível carnificina e devastação. Pouco depois disso, ele experimentaria um pouco mais do que havia barganhado, quando foi gravemente ferido. Ele havia conseguido se aproximar da ação e estava usando incongruentemente uma bicicleta para distribuir seus suprimentos de tabaco e confeitos para as tropas italianas da linha de frente em um lugar chamado Fossalta. De repente, um projétil de morteiro inimigo explodiu nas proximidades, acertando estilhaços em Ernest e em três soldados italianos. Um foi morto e outro gravemente ferido, enquanto Ernest absorveu centenas de pedaços de metal em suas pernas, escroto e abdômen inferior. Apesar de suas feridas horríveis, ele demonstrou notável resistência e coragem, carregando o soldado ferido 50 metros antes de ser atingido na perna por um tiro de metralhadora. Mesmo isto não o derrubou e, de alguma forma, ele conseguiu avançar mais 100 metros antes de desmaiar. Foi uma tremenda demonstração de resiliência em condições aterrorizantes. Além das feridas físicas,

A enfermeira Kurowsky forneceu a inspiração ao autor combativo Ernest Hemingway para seu romance From Here to Eternity.

o evento deixou uma mancha indelével em sua mente, que permaneceria com ele pelo resto de sua vida. No entanto, isso não o impediria de buscar outras guerras, outras batalhas e outros conflitos.

Durante seus seis meses subsequentes de convalescença, Ernest apaixonou-se por uma enfermeira da Cruz Vermelha americana, Agnes von Kurowsky. Ele recontava o incidente e transpunha as versões de suas experiências através de clássicos literários como *A Farewell to Arms*. Agnes von Kurowsky tinha 26 e Ernest 18 anos quando se conheceram, e a diferença de idade influenciou claramente seu breve relacionamento. Ela foi a inspiração para a personagem Catherine Barkley, a trágica heroína de *A Farewell to Arms*. Agnes não retribuiu a paixão de Ernest, e cinco meses após seu primeiro encontro, ela rejeitou categoricamente sua proposta de casamento. O caso de amor deles terminou abruptamente quando Ernest voltou aos EUA e ela o trocou, sem cerimônias, por um oficial italiano.

Muitos anos depois, ele contou algumas de suas experiências em *Men at War*, uma compilação de 82 histórias de guerra. Ele escreveu:

> "Quando você vai para a guerra quando menino, você tem uma grande ilusão de imortalidade. Outras pessoas são mortas, não você. Então, quando você é gravemente ferido na primeira vez, você perde essa ilusão, e sabe que isso pode acontecer com você. Depois de ter sido gravemente ferido duas semanas antes do meu décimo nono aniversário, passei um mau bocado até descobrir que tudo o que tinha acontecido aos outros homens, também poderia acontecer comigo. O que quer que eu tivesse que fazer, os homens sempre tinham feito. Se eles o tivessem feito, eu também poderia fazê-lo e o melhor era não me preocupar com isso".

É inteiramente possível que, devido ao seu serviço com a Guarda Nacional, ele pudesse ter sido selecionado para o exército regular apesar de sua visão problemática, mas a Cruz Vermelha foi uma solução mais imediata para uma pessoa tão impaciente. Ernest Hemingway foi, entretanto, um dos primeiros americanos a receber uma condecoração na Primeira Guerra Mundial, quando o governo italiano lhe entregou a Medalha de Prata de Valentia. Ele a havia conquistado e a mereceu. Ele passou a escrever várias obras-primas literárias e tirou sua própria vida em 2 de julho de 1961, em Ketchum, Idaho. Ele era Ernest Hemingway.

CAPÍTULO DOZE

NOSSA NELLIE E OUTRAS ENFERMEIRAS DA PRIMEIRA GUERRA MUNDIAL

Nellie foi a primogênita de George e Elizabeth Spindler. Nascida em Wakefield, West Yorkshire, em 1891, seu pai era sargento da Força Policial da Cidade de Wakefield. Em 1911, George, que tinha uma reputação de excelente habilidade em primeiros socorros, havia subido à categoria de inspetor e Nellie havia treinado como enfermeira na Township Infirmary em Leeds. Ela completou seu treinamento em 1915, e é possível que sua fé católica romana e o exemplo de serviço público dado por seu pai possam ter influenciado sua vida futura e suas escolhas profissionais. Enquanto isso, ela trabalhava em um hospital local e vivia longe de casa, mas não muito longe que ela não pudesse aparecer para participar do assado de domingo quando não estava trabalhando. A família Spindler viveu em relativo conforto durante o reinado ostensivo do rei Eduardo VII. A vida era boa.

Em 1º de agosto de 1914, os alemães declararam guerra à França, e tinham toda a intenção de tomar Paris rapidamente para remover a França como uma ameaça aos seus objetivos de guerra no Ocidente. No mesmo dia, o governo alemão exigiu a passagem pela Bélgica para permitir-lhe varrer as fortificações da fronteira francesa protegendo o norte de Paris. Albert I, rei da Bélgica, respondeu a esta ameaça pedindo aos britânicos que honrassem seu tratado para apoiar seu país em caso de invasão. A Grã-Bretanha não renegaria sua obrigação para com a pequena e pobre Bélgica. Parecia que a paz, tão apreciada pelos elegantes eduardianos, corria o risco de chegar a um fim abrupto quando, alguns dias depois, a Grã-Bretanha cumpriu sua obrigação e declarou guerra à Alemanha.

O anúncio foi recebido com uma explosão de fervor patriótico sem precedentes, enquanto milhares de jovens ingênuos e entusiastas respondiam ao icônico cartaz de Lord Kitchener, "Seu País Precisa de Você". Em apenas oito semanas, mais de 750.000 homens responderam ao chamado e se juntaram a um enorme exército de cidadãos voluntários. A fim de aumentar os números, o governo britânico organizou o Comitê Parlamentar de Recrutamento (PRC), que circulou panfletos e cartazes, e organizou comícios em massa além de numerosos outros eventos públicos. Uma pressão social considerável foi aplicada àqueles homens que não se voluntariaram, e eles arriscaram ser chamados de covardes. Era uma época de bandas de música coloridas e barulhentas marchando pelas ruas principais à frente dos desfiles, amparadas pelo apoio da população da cidade. Enquanto isso, estrelas da música apareciam nos teatros com um único propósito: atrair os jovens a lutar e morrer por seu país.

No Norte, onde vivia a jovem Nellie, a resposta foi inicialmente mais moderada. Este era o coração industrial dourado do Império Britânico, lar das minas

A terrível batalha de Passchendaele foi o pano de fundo da morte prematura da enfermeira Nellie Spindler.

de carvão, siderúrgicas, docas e "moinhos satânicos escuros". Seria um pouco mais difícil convencer seus jovens trabalhadores de que esta seria a "guerra para acabar com todas as guerras", ou que "tudo estaria terminado no Natal". Muitos dos trabalhos nestas áreas pertenciam à categoria de Ocupação Reservada atribuída pelo governo, o que significa que os trabalhadores que os faziam não precisavam ir para o front.

Mas, isso não impediu que algumas pessoas pensassem sobre isso. Eram cidades de pedra enegrecida pela fuligem, cercadas por intermináveis fileiras de casas geminadas, sem rosto, envoltas em fumaça sufocante que saía beligerantemente das chaminés das minas e fábricas locais. A vida era dura e curta. Talvez, alguns homens pensaram que ir para a Guerra fosse uma fuga em potencial, uma alternativa razoável ao trabalho enfadonho de suas vidas.

Os confrontos e as batalhas daqueles primeiros meses da Primeira Guerra Mundial foram tão prejudiciais ao Exército Britânico que a substituição foi extremamente necessária. Eventualmente, os recrutas iriam substituir os voluntários. Durante este período, a polícia e os bombeiros foram avisados de que poderiam ser chamados, e alguns tiveram que comparecer aos exames médicos em prontidão. Houve também um chamado para jovens mulheres necessárias como enfermeiras. Nellie era uma dessas mulheres, uma enfermeira treinada que respondeu ao chamado da nação e se juntou ao Serviço de Enfermagem Militar Imperial da Rainha Alexandra (QAIMNS - *Queen Alexandra's Imperial Military Nursing Service*). Nas primeiras semanas da guerra, o QAIMNS foi mobilizado para o serviço com a Força Expedicionária Britânica (BEF - *British Expeditionary Force*). Havia apenas 3.000 enfermeiras em 1914; em 1918, este número havia aumentado para 23.000.

Aquelas enfermeiras indomáveis que serviram na Frente Ocidental improvisaram rapidamente quando as primeiras nuvens de gás mortífero flutuaram em direção às posições Aliadas em 10 de março de 1915, em Ypres, na Bélgica. Os alemães descarregaram de forma flagrante 168 toneladas de gás cloro estrategicamente colocados. A nuvem mortífera se deslocou em direção às trincheiras Aliadas, infligindo mais de 5.000 vítimas. Na ausência de respiradores, as enfermeiras encharcaram suas toalhas higiênicas em água de colônia e as seguraram sobre os próprios rostos e dos soldados feridos.

Enquanto os horrores da Primeira Guerra Mundial se desenrolavam, Nellie começou a trabalhar como enfermeira de pessoal no Hospital Militar Whittington em Lichfield, Staffordshire, antes de ser colocada no Exército Britânico, juntando-se ao Serviço de Enfermagem Militar Imperial da Rainha Alexandra em Le Havre, França, em maio de 1917.

Estas mulheres incrivelmente corajosas eram voluntárias, iam para onde quer que fossem enviadas, estavam presentes em todos os teatros de guerra e, em muitos casos, enfrentavam perigos semelhantes aos dos soldados nas linhas de frente ou perto delas. Nellie, junto com outras enfermeiras, trabalhava em um dos Postos de Remoção de Vítimas (CCS - *Casualty Clearing Stations*). Estes Postos de Remoção, geralmente, estavam a uma distância segura do front e, normalmente, compreendiam grandes barracas, algumas contendo até 800 camas. Um CCS típico poderia conter até 1.000 vítimas a qualquer momento, e normalmente admitiria 15-30 casos em rodízio. Em momentos de pico de batalha, mesmo os CCSs ficavam inundados de vítimas. Operações sérias, tais como amputações de membros, eram realizadas ali. Alguns CCSs eram unidades especializadas designadas para distúrbios nervosos, doenças de pele, doenças infecciosas e alguns outros tipos de ferimentos. Eles não se deslocavam com muita frequência, e a infraestrutura das ferrovias, geralmente, ditava sua localização. A maioria dos feridos evacuados saía do CCS por via ferroviária, embora ambulâncias motorizadas e barcaças de canal também transportassem feridos para os Hospitais de Base, ou diretamente para um porto de embarque se o homem tivesse sido identificado como um caso "Blighty", ou seja, se tivesse uma ferida que garantisse um bilhete de volta para casa. O termo trauma pós-guerra é mais facilmente associado à Primeira Guerra Mundial, mas pouca atenção foi dada àqueles que apresentavam sintomas desta condição na época. A suposição original era que estar muito próximo de um projétil explosivo tinha o potencial de causar comportamentos disfuncionais. Entretanto, um soldado que exibisse sintomas neuropsiquiátricos, mas que não mostrasse nenhum dano físico, poderia ser acusado de covardia e condenado à morte como um aviso para outros "malfeitores". Durante a Guerra, 17 soldados britânicos foram executados por covardia.

O 44º CCS, situado na pequena vila belga de Brandhoek, no Flandres, é onde Nellie foi alocada no verão de 1917, posicionado ao lado de uma ferrovia e precariamente perto de um depósito de munições. O 44º CCS era especializado em feridas abdominais que precisavam ser tratadas com a máxima urgência devido à perda de sangue. O pessoal trabalhava sob condições terríveis, removendo uniformes sujos e incrustados de sangue, monitorando sinais vitais, detritos, sutura e curativos de feridas horrendas enquanto cuidava dos moribundos. Não era um trabalho para covardes.

Em 31 de julho de 1917 teve início a terrível Batalha de Passchendaele. O assalto dos Aliados foi lançado na madrugada. No 44º CCS, quando as primeiras ensurdecedoras barragens de artilharia foram lançadas, instrumentos de aço estrondearam em bandejas de esmalte, e gotejamentos salinos pendentes balançaram erraticamente enquanto a própria terra estremecia e se mexia sob os pés do pessoal. A mais resistente das constituições teria sido sacudida até o núcleo, mas Nellie era uma moça de Yorkshire, feita de material mais estéril. Duas enfermeiras recém-chegadas se acovardavam e recuavam cada vez que os projéteis aterrissavam nas proximidades, mas Nellie apenas se dedicou aos seus trabalhos, passou um dedo dentro de seu colarinho engomado e ajustou os óculos com estrutura metálica que estavam escorregando perpetuamente pelo

Uma estação de remoção de vítimas na Primeira Guerra Mundial estava localizada atrás das linhas de frente, logo atrás da artilharia inimiga e, muitas vezes, nas proximidades das instalações de transporte.

nariz pela transpiração. Em poucas horas após os primeiros ataques, o CCS ficou sobrecarregado de vítimas.

Em questão de dias, o constante bombardeamento combinado com as chuvas mais pesadas dos últimos 30 anos, aniquilou os delicados sistemas de drenagem flamengos centenários e transformou o solo argiloso em um pungente pântano de lama amarela espessa, que entupia espingardas e imobilizava tanques. Homens e cavalos afogavam-se em crateras de bombas, peças de artilharia e veículos afundavam lentamente enquanto os soldados olhavam impotentes. Isso era o inferno de Passchendale.

A última carta de Nellie para casa, lindamente escrita com sua caligrafia meticulosa, chegou a Stanley Road, Eastmoor, em Wakefield, no início de agosto de 1917, e continha um pequeno pingente de prata gravado com a figura de um anjo chorando, destinado a um presente para sua irmã, Lily. Foi datada de 28 de julho de 1917. Este era o tipo de coisa que Nellie enviava para casa. Afinal, ela era uma jovem profundamente religiosa, que passava o pouco tempo livre que tinha visitando as igrejas locais.

A manhã de 21 de agosto de 1917 foi um dia como qualquer outro na Frente Ocidental. A troca de artilharia começou por volta das 10h00 e dois projéteis haviam acabado de errar os aposentos das enfermeiras do CCS. A percussão das explosões fez com que as paredes das vastas proteções de lona ondulassem e inchassem como as velas de um navio de guerra de três mastros. Ao longe, o pessoal de enfermagem podia ouvir os cuspidos, explosões de metralhadoras colhendo a morte em terra de ninguém e, por fim, aumentando a já sobrecarregada carga de trabalho. Do lado de fora, as enfermeiras e os maqueiros vacilavam ao descarregarem sua última carga de sangue, dor e miséria. Rostos jovens com olhos selvagens, alguns caminhando e outros deitados, foram escoltados até a ala de triagem, pois ainda choviam mais projéteis indiscriminadamente ao redor do hospital.

Nellie deixou a ala exausta naquela noite, e se preparou para uma noite de sono reparadora. Ela não tinha estado muito tempo em sua pequena cama de acampamento quando, de repente, houve um clarão ofuscante assim que uma bomba impactou os aposentos da enfermeira. Quando a poeira assentou, revelou uma cena de carnificina total. Membros sangrentos e torsos estavam ao redor e no canto distante da tenda, uma jovem enfermeira tentou, mas não conseguiu se levantar do chão. Seus óculos haviam sido soprados de seu rosto e uma mancha vermelha escura estava se espalhando por todo o seu peito. Nellie havia sido atingida por um estilhaço que havia entrado pelas costas e por pouco não atingiu seu coração. Outras enfermeiras rapidamente correram em seu auxílio, mas apesar das tentativas frenéticas de salvar sua vida, tudo foi em vão. Em poucos minutos ela havia perdido a consciência e menos de 20 minutos depois, foi declarada morta. No mesmo dia, o CSS foi transferido para um lugar chamado Lijssenthoek, perto de Poperinge. A enfermeira Kate Luard, que era a Irmã encarregada do 32° CCS adjacente, descreveu, mais tarde, os eventos catastróficos:

> "O ataque começou por volta das 10 da manhã. Dois chegaram bem perto e ambos acabaram de nos liberar e ao número 44. O terceiro caiu entre a ala da Irmã E em nossas linhas e os aposentos das Irmãs do 44. Pedaços vieram por toda parte, caindo aos pés de alguém enquanto corríamos para a cena da ação, e um deles acabou acertando uma das minhas Irmãs da Noite, indo para a cama em nosso Complexo. Eu sabia, pelo barulho, onde ele deveria ter caído e encontrei a Irmã E. tão branca quanto papel, mas sorrindo alegremente e confortando os pacientes aterrorizados. Pedaços caíram em sua enfermaria, mas não machucaram ninguém. Ter que ser alegre para os pacientes, nestas ocasiões, nos ajuda consideravelmente.
>
> Então, eu cheguei ao buraco da bomba e às barracas destruídas nos aposentos da Irmã do 44. Um grupo de soldados acidentados estava de pé e, em uma tenda, a Irmã estava morrendo. O estilhaço a atravessou de trás para frente, perto de seu coração. Ela só estava consciente por alguns minutos e viveu apenas 20 minutos. Ela estava na cama adormecida. A Irmã que compartilhava sua tenda havia sido enviada para baixo no dia anterior, porque ela não suportava o barulho e as condições do dia e da noite. A Irmã que deveria ter estado na tenda, que era a mais próxima, estava fora para um passeio, ou ela teria sido explodida em pedaços. Tudo isso fez a gente se sentir mal."

A Irmã Nellie Spindler foi enterrada com honras militares completas no cemitério de Lijssenthoek, a única mulher entre os túmulos de 10.800 homens. Não esqueçamos.

Alice Ross King era enfermeira na 2ª Estação Australiana de Remoção de Vítimas, situada perto da frente de batalha, perto de Trois Arbres, na França, durante a Primeira Guerra Mundial. Uma noite, ela ouviu a sirene aterrorizante das bombas que chegavam. Momentos depois, um dos mísseis explodiu diretamente na sua frente, derrubando-a diretamente. Alice olhou em volta pelo auxiliar, mas não conseguia vê-lo. Percebendo a enormidade da situação, ela correu imediatamente de volta para seus pacientes. Quando os projéteis mortais começaram a explodir entre os edifícios e tendas, ela correu para as alas, onde descobriu o que restava da tenda da pneumonia. Um extrato de seu diário diz: "Embora eu tenha gritado, ninguém me

A incansável Alice Ross King era uma enfermeira civil e militar australiana que participou das duas Guerras Mundiais. A mulher mais condecorada da Austrália, ela sempre foi uma grande fonte de inspiração para seus colegas.

respondeu, ou não consegui ouvir nada devido ao rugido dos aviões e da artilharia. Eu parecia ser a única coisa viva. Continuei chamando o auxiliar para me ajudar e pensei que ele estava brincando, mas o pobre menino tinha sido desfeito em pedaços".

Lutando debaixo da lona caída da tenda e na escuridão parcial, ela tentou levantar um paciente delirante do chão: "Eu tinha meu braço direito debaixo de uma perna que eu pensava ser dele, mas quando eu a levantei, descobri, para meu horror, que era uma perna solta com uma bota e uma greva sobre ela. Uma das pernas do enfermeiro tinha sido arrancada e tinha pousado na cama do paciente. No dia seguinte, encontraram o tronco em uma árvore a uns vinte metros de distância".

Nas horas seguintes, Alice demonstrou uma coragem incrível e prestou pouca atenção à sua própria segurança. Algum tempo depois, após ser promovida a Irmã-chefe, Alice mudou-se para um posto avançado de curativos logo atrás das linhas de frente. O fluxo de feridos que chegavam parecia interminável, e os dias eram longos e árduos. Após um turno punitivo, quando o pessoal parecia estar finalmente ganhando vantagem, o médico encarregado disse a Alice para descansar um pouco. Enquanto ela voltava para sua tenda, ouviu os gemidos fracos e angustiados dos homens feridos. Ela procurou e encontrou a fonte: 53 prisioneiros alemães gravemente feridos que não tinham sido atendidos por três dias. Apesar de serem inimigos, Alice chamou imediatamente o médico. Sua entrada no diário diz: "Nunca esquecerei os gritos que me cumprimentaram. Eles tinham ficado sem comida ou água. Todo o nosso pessoal estava exausto, mas consegui que o médico viesse e os atendesse. Fizemos quarenta pacientes em 45 minutos (os outros 13 haviam morrido). Sem esperar por clorofórmio, amputações e tudo, os colocamos no trem uma hora e meia depois de tê-los encontrado".

Por sua bravura e devoção ao dever, ela recebeu a Medalha Militar e da Cruz Vermelha Real AIF, 2ª Classe.

Além de Alice, havia inúmeros outros heróis, muitos deles não destacados, que enfrentavam balas e bombas para desempenhar suas funções.

Durante a cataclísmica Operação Champagne-Marne, que começou em 15 de julho de 1918, havia uma unidade hospitalar móvel precariamente perto da linha de frente. O Capitão Fordyce St. John, Comandante do Hospital Móvel número 2, escreveu:

"Durante as duas primeiras horas do fogo de barragem, os projéteis aterrissaram a aproximadamente 125 metros de distância, e não causaram problemas, mas por volta das 6h00 da manhã, o inimigo mudou seu alcance, e os projéteis começaram a cair perto e longe, o típico método de busca de alcance, e agora era impossível que os feridos chegassem até nós. Esta situação continuou até às 7h00, quando altos explosivos começaram a cair entre os finos galpões de madeira do próprio hospital, de modo que se tornou necessário emitir uma ordem para evacuar as enfermarias e remover todos os pacientes para a escavação subterrânea. Antes que isto pudesse ser realizado, a ala de choque foi bastante demolida por dois impactos diretos. Várias baixas já haviam ocorrido e, antes que as barracas pudessem ser evacuadas, mais dois homens foram mortos, um dos quais foi decapitado. Uma enfermeira do Hospital Presbiteriano responsável por esta ala foi arrastada do seu posto quarenta segundos antes que o projétil atingisse o frágil edifício. Os pacientes estavam sendo mortos ao serem descarregados das ambulâncias".

Um jovem oficial presente na Batalha de Loos, em 1915, escreveu: "Eu vi figuras vagas e espectrais através da névoa respondendo aos lamentáveis gritos dos soldados feridos. Enquanto se agachavam, às vezes, rastejando sobre os restos desmembrados dos que foram levados recentemente, corriam das balas e bombas para desempenhar suas funções. Como não ficar impressionado?" Eram salva-vidas e anjos de misericórdia que pagaram o preço final em muitas ocasiões. Na maioria das vezes, seus atos eram esquecidos, postos de lado, enquanto outros ganhavam o crédito por uma batalha ganha ou por um ataque bem-sucedido às posições inimigas.

Não há muitas informações sobre enfermeiras alemãs que serviram na Primeira Guerra Mundial, mas uma enfermeira em particular registrou algumas de suas experiências. Paula Jung nasceu em setembro de 1893, em Wuppertal-Barmen, a segunda de quatro crianças. Estimulada por discursos patrióticos, cartazes e um senso de aventura irreprimível, ela decidiu se inscrever como enfermeira e ir para o front. Na Alemanha de Kaiser Wilhelm II, tais ambições não eram encorajadas. Nesta sociedade polarizada, as mulheres ficavam em casa e faziam tarefas domésticas; elas não iam para zonas de batalha, nem arriscavam suas vidas porque a guerra era um domínio estritamente masculino. Com o passar dos anos e as baixas alemãs, esta visão misógina dos papéis das mulheres na guerra teve que se adaptar para atender à demanda por enfermeiras qualificadas. Paula era apenas uma das milhares de jovens mulheres que aproveitaram a oportunidade para escapar das restrições sociais claustrofóbicas da época, mesmo que não soubessem no que estavam entrando. Os pais de Paula se opuseram veementemente à escolha da profissão de sua filha e à sua ambição de servir a pátria. Ela escutou educadamente as objeções e razões apaixonadas deles e, depois, com determinação teutônica, arrumou sua mala e saiu imediatamente de casa.

Ela se aplicou completamente em seu treinamento médico, que incluiu, entre outras coisas, aulas de equitação e instruções sobre como conduzir uma carroça puxada por cavalos. Avançando rapidamente dois anos, no final de 1917, Paula estava logo atrás das linhas da Frente Ocidental, onde permaneceu até o final da Guerra, em 11 de novembro de 1918. Ela viu o serviço em Ypres e Arras. De vez em quando, ela enviava uma ou duas cartas para casa. Ela era muito cuidadosa para não causar a seus pais qualquer aflição desnecessária e, consequentemente, as cartas eram lidas como cartões postais "gostaria que vocês estivessem aqui". Ela enviava para casa fotografias de suas poses com outras enfermeiras em uniformes brancos impecavelmente engomados. Ela nunca mencionou os horrores diários que testemunhou, e até teve a temeridade de assinar as cartas "de sua Irmã Paula sob as armas trovejantes".

No entanto, ela mantinha um pequeno diário que dava uma visão curta, mas esclarecedora da vida cotidiana das enfermeiras da linha de frente. Enquanto servia perto de Langemarck, em Ypres, ela soube que seu irmão, Arthur, havia sido ferido e estava se recuperando em um hospital próximo. Foi aí que aquelas aulas de equitação aparentemente inúteis vieram a calhar, porque ela pegou um cavalo emprestado e cavalgou para vê-lo no meio da noite. No cartão que ela escreveu aos pais, ela abandonou algum de seu estoicismo teutônico: "Espero que vocês tenham um bom Pentecostes. Fui ver Arthur e, durante minha viagem de volta aos meus aposentos, testemunhei um terrível bombardeio dos pilotos inimigos. Pensei que nunca mais veria nenhum de vocês".

Depois da Guerra, Paula casou-se com Georg Geller, dentista, e teve quatro filhos. Foi só mais tarde que ela se abriu e falou de suas experiências em tempo de guerra. Enquanto a maioria das mães teria contado contos reconfortantes na hora de dormir, Paula contou aos filhos histórias sobre jovens gravemente feridos e manchados de sangue que chamavam por suas mães enquanto se agarravam desesperadamente à vida em hospitais superlotados. Ela também lhes contou sobre os soldados religiosos que rezavam numa tentativa de aliviar seu doloroso desespero, e as inúmeras intervenções médicas que foram realizadas pelas próprias enfermeiras experientes, mesmo que não tenham sido oficialmente autorizadas a fazê-las.

Paula manteve sua medalha Flanders Cross e outras honras em uma caixa especial para seus netos. Um item em particular inspirou a curiosidade de seu neto. Era um pedaço de metal. Este pedaço de ferro-velho recortado, com aproximadamente 2 cm de comprimento, eram os restos de uma granada Mills, que quase havia cortado o dedo de Paula e se incrustou na parede atrás de sua cabeça. "Dois centímetros mais perto e eu teria sido morta completamente", ela transmitia com preocupante jocosidade. Então, ela segurava o dedo indicador torto como prova. Oh, que bela guerra!

Outra notável enfermeira da Primeira Guerra Mundial que trabalhou nos hospitais Aliados foi Julia C. Stimson, nascida em Worcester, Massachusetts, em 26 de maio de 1881. Ela frequentou a Brearley School, em Nova York, para sua educação preliminar e foi para a Faculdade Vassar, formando-se em 1901. Em 1908, ela se formou na Escola de Treinamento de Enfermeiros do Hospital de Nova York, e recebeu seu diploma. Pouco tempo depois, ela se tornou Superintendente de Enfermeiras no Hospital Harlem. Em 15 de maio de 1917, Stimson navegou para a Europa como membro do Corpo de Enfermeiros do Exército e Enfermeira Chefe do Hospital de Base 21, a Unidade St. Louis. Entre 18 de maio e 3 de junho, seis hospitais de base americanos totalmente equipados desembarcaram nos portos de Liverpool e Falmouth, na Inglaterra. Um governo britânico agradecido lhes deu uma recepção cortês. Uma vez na Inglaterra, contingentes dos próximos hospitais militares britânicos na França viajaram do continente para se encontrarem com os recém-chegados, e para ajudá-los em seu movimento para a França. Começando em 24 de maio e continuando até 11 de junho, os seis Hospitais de Base transitaram para a França para iniciar seus serviços com as Forças Expedicionárias Britânicas. Estes médicos, enfermeiras e homens americanos alistados enfrentariam a possibilidade de morte e a destruição meses antes que os primeiros soldados americanos vissem o combate. O pessoal médico americano foi o primeiro de seus compatriotas a ser destacado e o primeiro a sofrer baixas.

Julia Stimson também chegou a Liverpool e foi colocada no Hospital de Base 21 na França, onde serviu o grupo hospitalar até abril de 1918, quando lhe foram atribuídas as funções de Chefe de todas as enfermeiras associadas às Enfermeiras da Cruz Vermelha americana na França. Em dezembro, ela também se tornou Diretora do Serviço de Enfermagem das Forças Expedicionárias Americanas (AEF) e foi responsável pelo Corpo de Enfermeiros do Exército.

Como algumas de suas predecessoras, ela foi uma feminista dedicada e, em muitos aspectos, uma reformadora, uma pioneira, que durante sua vida elevou consideravelmente o nível da enfermagem americana. Quando se tornou superintendente da Corporação de Enfermeiras do Exército, entre outras coisas, ela elevou o nível de exigências para a nomeação para a corporação, instigou exames físicos mais rígidos e instituiu estudos estatísticos e relatórios adequados.

Vítimas de um ataque de gás lacrimogêneo em abril de 1918. O gás venenoso foi usado pela primeira vez na Primeira Guerra Mundial, pelos alemães em Ypres, em 22 de abril de 1915.

Ela navegou para a Europa em 15 de maio de 1917 como enfermeira chefe do Hospital de Base 21, localizado perto de Rouen. Esta unidade era composta principalmente por médicos e enfermeiras associados à Universidade de Washington e ao Hospital Barnes em St. Louis. A Força Expedicionária Britânica na França a utilizou principalmente. Stimson permaneceu com ela até abril de 1918, quando foi designada para o serviço com a Cruz Vermelha americana em Paris.

Seu orgulhoso pai compilou em um livro suas cartas de guerra para casa, que ele intitulou *Finding Themselves*. Foi publicado em 1918 e, embora tenha sido elogiado pela imprensa popular, nem todos ficaram impressionados. Algumas das enfermeiras que Stimson havia liderado na França acharam o título ofensivo. Stimson se via à distância, operando em um nível superior.

Julia reagiu às objeções das enfermeiras em uma carta que ela escreveu aos pais no Natal de 1918. Isso lhe causou alguma angústia ao reconhecer que algumas das outras enfermeiras haviam se enfurecido com o que era um título bastante inócuo. Ela escreveu uma carta apaixonada a seus pais sobre alguns dos efeitos da guerra química que ela testemunhou no hospital na França: "Nossas enfermeiras não precisam de nenhuma 'palestra de ódio' depois do que vimos nos últimos dias. Temos recebido pacientes que foram atacados por gases e queimados de uma forma muito misteriosa. Suas roupas não estão queimadas, mas têm queimaduras ruins em seus corpos, em partes que estão cobertas por roupas. Os médicos acham que isso foi feito por algum produto químico que tem sua ação total sobre a pele depois que ela está úmida e quando os homens suam, é nestes lugares que estão mais úmidos que as queimaduras são as piores. Os alemães têm usado uma espécie de óleo em bombas, os homens dizem que é óleo de mostarda. Estas bombas explodem e os olhos, narizes e gargantas dos homens ficam tão irritados que não detectam os vapores de gás venenoso que vêm das bombas, que seguem estas de óleo, e assim, ou o inalam e morrem como moscas, ou têm uma ação retardada e são terrivelmente afetados por isso várias horas depois. Tivemos muitos desses homens atacados por gases de ação retardada que tossem e tossem continuamente, como crianças com tosse convulsiva. Tivemos um caso muito ruim na outra noite, que não dormia uma hora por quatro noites ou dias, e cujos paroxismos de tosse chegavam a cada minuto e meio pelo relógio. Quando finalmente as enfermeiras o fizeram dormir, depois de armar uma tenda sobre ele para que pudesse respirar o vapor de uma chaleira sobre um pequeno fogão que literalmente tinha que ser segurado nas mãos para que ardesse corretamente, elas disseram que estavam prontas para ajoelhar-se em agradecimento, sua angústia tinha sido tão terrível de se ver".

Ela dirigiu as atividades de 10.000 enfermeiras do exército durante os últimos dias da guerra, e durante o difícil período de desmobilização pós-guerra. Graças à sua dedicação e aos seus esforços, milhares de soldados feridos receberam bons cuidados médicos. Por seu serviço na França durante a Guerra, o governo dos Estados Unidos concedeu a Stimson a Medalha de Serviço Distinto. Outras nações concederam a Cruz Vermelha Real Britânica, 1ª Classe; a *Medaille de la Reconnaissance Francaise*; a *Medaille d'Honneur de l'Hygiene Publique*; e a Medalha 'Florence Nightingale' da Cruz Vermelha Internacional. Após a Guerra, ela continuou a trabalhar como enfermeira e foi uma recrutadora-chave de enfermeiras na Segunda Guerra Mundial.

Entre outras coisas, a Grande Guerra percorreu um longo caminho para redefinir as restrições de classe em ambos os lados do Atlântico, o que, até 1917, impediu que as mulheres jovens privilegiadas sequer considerassem a perspectiva de emprego na profissão de enfermagem. O patriotismo era um grande nivelador. Uma socialite chamada Winifred Tittman, a filha de uma proeminente família de St. Louis, lembrou meio século depois: "Uma vez que meu irmão foi abatido, fui autorizada a frequentar a escola de enfermagem". As enfermeiras do exército receberam medalhas militares por bravura, e algumas até morreram por seu país, mas só em 1920 lhes foi concedida a patente militar real. Mesmo assim, o título conferido não lhes permitia os mesmos privilégios das fileiras comissionadas.

Quando a América entrou na Guerra, em abril de 1917, a necessidade de enfermeiras pelo exército era tão desesperada que até mesmo um sistema de ajuda voluntária foi considerado. Apesar da aspiração do exército de matricular mais enfermeiras, as autoridades militares não lhes proporcionavam os mesmos benefícios concedidos a outros ramos, mesmo quando eram dispensadas do serviço. Além disso, as diferenças pecuniárias entre servidores homens e mulheres só reforçaram as ideologias feministas de Julia Stimson.

Outra notável enfermeira da Primeira Guerra Mundial que previu o envolvimento americano foi Isabel Anderson. Ela foi esposa do Embaixador dos EUA, Larz Anderson, o enviado americano à Bélgica de 1911 a 1912. Quando a chamada chegou, ela era uma das milhares de mulheres que se voluntariaram para ajudar no esforço de guerra. Em casa, nos EUA, ela levantou fundos para instituições de caridade relacionadas à Guerra antes de se voluntariar para trabalhar para a Cruz Vermelha americana em hospitais de campo diretamente atrás das linhas de frente. Ela permaneceu lá por oito meses. Por seu serviço, recebeu a *Croix de Guerre* francesa e a Medalha Rainha Elisabeth belga. Em seu livro, *Zigzagging*, ela relata algumas das experiências das enfermeiras de primeira linha. Sua experiência vivendo como esposa de um embaixador dos EUA em Bruxelas, proporcionou a Isabel um conhecimento decente da língua francesa, e isto provou ser uma vantagem quando ela estava no front, como ela, às vezes, mostrava em suas cartas:

> "Meu primeiro dia, um homem bonito, com cabelos pretos grossos e grandes olhos pretos foi trazido diretamente das trincheiras. Ele tinha ambas as pernas cortadas, mas, felizmente, ele não sabia disso. Fiquei ao lado de sua cama a maior parte do tempo, depois que ele saiu do éter, mas ele morreu às 10h00 naquela noite. Fiquei especialmente preocupada no dia seguinte, com um pequeno homem loiro que havia sido ferido três vezes e recebeu todo tipo de cuidados. Ele morreu naquela noite. Depois disso, eu estava tão exausta e triste que mal dormia, e chorei a maior parte da noite. Depois, peguei um resfriado e fiquei empolada com iodo. Na verdade, eu estava desanimada, mas continuei e não perdi uma hora de trabalho.
>
> Na enfermaria, demos injeções de sal e doses de morfina, etc., e tivemos transfusões de sangue. Misturei todo tipo de bebida conhecida, peguei e carreguei, e fiz curativos de corpo, e anéis cobertos de borracha, pois a maioria dos feridos tinha que sentar-se neles na cama, e todas as noites esfregava uma dúzia de homens com álcool e pó. É claro que havia um avô em nossa enfermaria. Sempre se chamava os mais velhos de *grandpere* ou *mon vieux*. Nosso avô tinha apenas 30 anos de idade, embora tivesse barba e parecesse ter quase qualquer idade. Ele era apelidado de "O Tigre" e, certamente, era um cliente rude. Seu braço e perna de um lado estavam gravemente feridos e, além disso, ele tinha um buraco na testa. Um tubo de Carrel saia de sua cabeça enfaixada, e eu era obrigada a esguichar a solução Dakin a cada duas horas. Ele

chamou o tubo de seu telefone e costumava me dizer o que ouvia através dele. Não conseguíamos perceber se ele estava um pouco fora de si ou muito original e divertido".

A enfermeira americana Ellen LaMotte também se voluntariou para servir perto das linhas de frente na Europa. Desde o início, ela estava determinada a trabalhar como enfermeira e saciou esta ambição anos antes dos Estados Unidos entrarem na Guerra. Ela iniciou sua carreira como enfermeira de tuberculose em Baltimore, Maryland. Ao chegar na Europa, ela foi primeiro ao Hospital Americano de Neuilly, uma comuna francesa a oeste de Paris, apenas para descobrir, para sua tristeza, que já havia voluntários mais do que suficientes. Ela foi, então, apresentada a Mary Borden, filha de um rico homem de negócios americano e esposa de um comerciante inglês, que dirigia um hospital de campo na Bélgica. LaMotte juntou-se a ela e serviu em um hospital de campanha francês com o Exército Francês de 1915 a 1916.

Em 1915 ela estava na Bélgica. Seu livro, de 1916, *The Backwash of War*, foi uma das primeiras publicações a apresentar ao público internacional uma visão em primeira mão dos horrores do dia a dia que ela testemunhou. O livro foi considerado tão explícito na época que só foi reimpresso em 1934. Em um capítulo intitulado "Ataxia locomotora", que significa perda de coordenação de movimento, Ellen descreveu suas experiências:

> "Os feridos graves foram descarregados cuidadosamente e colocados em camas cobertas com lençóis de borracha e sacos limpos, que protegiam os colchões finos do sangue. Os pacientes foram, depois, aquecidos com cobertores vermelhos e, também, foram dadas garrafas de água quente de pedra. Mas, na tenda de triagem não havia tais confortos. Eles não eram necessários. Os homens doentes e os levemente feridos podiam sentar-se muito bem nos bancos sem encostos até que o [médico responsável] tivesse tempo de vir e examiná-los.
>
> Numa manhã, uma grande companhia de "sentinelas" foi reunida aqui, ajudada por duas grandes ambulâncias que chegavam a dez minutos uma da outra. Eram um lote desanimado, e eles tropeçaram na tenda de forma instável, tateando em direção aos bancos, sobre os quais tentavam colocar seus corpos cansados, velhos e febris em posições confortáveis. E

como não podia ser feito, houve um movimento contínuo de mudança, e agitação. Pernas com pesadas botas molhadas foram empurradas com força para a frente, depois arrastadas para trás novamente. Corpos velhos e finos dobrados para frente, torcidos lateralmente, mãos grosseiras e imundas penduradas entre os joelhos estendidos e, então, novamente as mãos mudavam, e apertavam rostos com bigodes e desencorajados. Eram todos rudes, grotescos, deprimidos, e cheiravam um cheiro abominável, esses *poilus* [peludos], estes soldados peludos e desgrenhados. A seus pés, seus sacos estavam deitados, inchados com seus poucos pertences. Eles não tinham muito, mas tudo o que tinham estava ali, aos seus pés. Velhos sacos de lona marrom, salientes, lamacentos, gastos, desgastados, como seus donos. Amarradas por fora estavam latas de água, e botas extras, e baionetas, e por dentro, estavam meias e papel de escrita e fotografias de esposas. Portanto, os sacos desajeitados eram preciosos, e eles os abraçavam com os pés cansados, com medo de perdê-los.

Então, finalmente o major chegou, e começou o trabalho de classificá-los. Ele foi rápido e alerta, e os chamou um a um para se apresentarem diante dele. Eles se misturaram à sua pequena mesa, vacilantes, depreciativos, humildes, e responderam às suas breves perguntas impacientes. E, no local, ele fez diagnósticos rápidos, como reumatismo, bronquite, chutado por um cavalo, derrubado por um cavaleiro de expedição, disenteria, e assim por diante, uma miserável e estúpida série de enfermidades e pequenos acidentes, exigindo alguns dias de tratamento. Era um serviço monótono, este serviço médico, mas era preciso estar sempre alerta contra o contágio, por isso o serviço era responsável. Há muita bronquite nos Flandres, nas trincheiras, por causa da incessante chuva belga. Eles também estão doentes com ela, pobres demônios. Assim disse o major para si mesmo enquanto fazia suas rondas".

O advento da Primeira Guerra Mundial viu avanços espetaculares em anestesia, cirurgia asséptica e bacteriologia, assim como o crescimento das profissões médicas civis e militares. Quando a Guerra começou, em agosto de 1914, a Alemanha pôde recorrer aos serviços de 33.031 médicos (a maioria dos quais funcionários do Estado), dos quais 80% foram mobilizados. Em outubro de 1915, o Exército Francês havia convocado 18.000 médicos. Cerca de 11.000

médicos britânicos também foram convocados. A Grande Guerra foi o primeiro grande conflito (com exceção da Guerra Russo-Japonesa) no qual as mortes por ferimentos excederam as mortes por doenças. Na Guerra da Boer, dois terços dos soldados britânicos morreram de doenças. No geral, a Frente Ocidental estava mais bem preparada para lidar com os feridos. Este não foi o caso em outros teatros porque sete vezes mais tropas turcas morreram de doenças do que de ferimentos, e a doença foi a principal causa de fatalidades na África Oriental.

Os Aliados na Macedônia perderam muito mais homens para a malária do que para as forças inimigas. O tifo afligiu um quarto do exército Sérvio em 1915, e foi uma das principais razões para seu colapso. Durante os amargos combates na Frente Leste, mais de 5 milhões de soldados russos foram hospitalizados por causa de doenças, principalmente escorbuto, mas também tifo, febre tifoide, cólera e disenteria. Apesar da devastação da doença, a maioria dos infectados sobreviveu e, durante a Guerra como um todo, cinco vezes mais soldados morreram de ferimentos de combate do que de doença.

A maioria das tropas britânicas recebia água limpa, banhos e lavanderia quando saía da linha de frente. As tropas alemãs foram desalojadas em '*gouseleums*' móveis pagos por assinatura pública. A varíola havia assolado o Exército Francês em 1870, mas havia sido praticamente erradicada em 1914. Nas Forças Expedicionárias Britânicas em 1914, 31% dos feridos contraíram tétano, mas ao final da Guerra, as taxas de infecção caíram para 0,1%. Vinte por cento das tropas americanas que combateram os espanhóis em 1898 contraíram febre tifoide, mas muito poucos o fizeram em 1917-18. Doenças que iam da sífilis ao pé de trincheira (uma condição semelhante ao congelamento causado pela imersão constante dos pés na água) não ameaçaram a força e eficiência de combate dos exércitos beligerantes. Isto se deveu, em grande parte, à ascensão de um corpo médico profissional antes de 1914, bem como aos novos desenvolvimentos na medicina preventiva, e a maioria dos que foram vítimas puderam voltar ao serviço ativo.

Ainda mais notável foi o sucesso da medicina em reabilitar os feridos, e isto, mais do que qualquer outra coisa, foi responsável pela capacidade dos exércitos de continuar lutando, apesar das baixas frequentemente terríveis. Após a Guerra, quase todas as vilas ou cidades da Europa tiveram sua cota de guerreiros feridos, alguns mendigando nas ruas, outros apenas vagando por aí. Um trabalhador têxtil francês descreveu sua aldeia no norte do país:

"Os trabalhadores agrícolas voltaram amputados, cegos, intoxicados com gás, ou como "gargantas cicatrizadas", como alguns foram chamados por causa de seus rostos desfigurados e grosseiramente curados. Começamos a ver cada vez mais e mais o retorno. Que multidão! Que choque grosseiro na estação ferroviária, onde as esposas foram ao encontro de seus maridos, para encontrá-los assim - aleijados, doentes, desesperados por não terem mais utilidade. No início, tivemos a impressão de que todos os que retornavam tinham sido feridos. Só mais tarde é que aqueles que haviam escapado sem um arranhão voltaram. Mas, como seus camaradas, eles eram sérios, tristes, desatentos, falavam pouco. Eles tinham vivido no inferno por quatro anos e não se esqueceriam disso".

Quando as vítimas da Grande Guerra voltaram para casa, muitos estavam psicologicamente danificados. Raramente se relacionariam em suas experiências. Estes silenciosos não eram os mesmos homens que haviam se reunido às várias bandeiras das nações beligerantes em 1914 e em 1917. Sua dor era profunda, intensa e, em muitos casos, duradoura. Depois houve os que sofreram danos faciais horríveis. A cirurgia reconstrutiva estava ainda em sua infância, por isso, muitos se viam obrigados a usar próteses faciais, tais como nariz, olhos, queixo e, às vezes, ossos da mandíbula inteiros. As estimativas variam, mas pelo menos 12% de todos os homens feridos sofriam de lesões faciais, e cerca de um terço destes estavam permanentemente desfigurados. O caminho para a recuperação desses homens era, muitas vezes, repleto de dores e angústias terríveis. A enfermeira francesa Henriette Remi relatou a história de como ela visitou um amigo oficial na primavera de 1918. O oficial tinha a seu cargo alguém que ele descreveu como "um homem sem rosto". Ele disse a Henriette: "Ele tem apenas uma perna, seu braço direito está coberto por ataduras. Sua boca está completamente distorcida por uma cicatriz feia, que desce abaixo de seu queixo. Tudo o que resta de seu nariz são duas narinas enormes, dois buracos negros, que prendem nosso olhar e nos fazem pensar, o que este homem sofreu? Tudo o que resta de seu rosto são seus olhos, cobertos por um véu; seus olhos parecem ver".

Estes foram aqueles para os quais a Guerra nunca terminou. A maior parte das guerras não terminam.

CAPÍTULO TREZE

OUTRA GUERRA MUNDIAL

O maravilhoso trabalho realizado por aquelas enfermeiras corajosas na Primeira Guerra Mundial abriu caminho para que as enfermeiras se matriculassem em um número ainda maior quando as hostilidades começaram em 1939. Ao longo da década de 1930, o Comitê Internacional da Cruz Vermelha tergiversou sobre o envolvimento direto em algumas das questões urgentes com as quais foi confrontado, como a internação de prisioneiros políticos e a perseguição aos judeus, mas ainda iria desempenhar um papel significativo na Segunda Guerra Mundial.

Durante a Segunda Guerra Mundial, a eficácia dos médicos de combate e militares no atendimento ao trauma de linha de frente aumentou significativamente, graças às inovações médicas.

Um bioquímico alemão, Gerhard Johannes Paul Domagk (1895–1964), conduziu uma pesquisa intensiva em produtos químicos antibacterianos, o que resultou na descoberta de uma nova classe de drogas que forneceram os primeiros tratamentos eficazes para pneumonia, meningite e outras doenças bacterianas. Quando Domagk publicou suas descobertas, em 1935, os médicos descobriram que um de seus compostos, o Prontosil, reduzia muitas infecções bacterianas. Posteriormente, outros pesquisadores desenvolveram derivados baseados no grupo Prontosil sulfonamida. Os chamados medicamentos sulfa resultantes revolucionaram a medicina e se tornaram particularmente populares durante a Segunda Guerra Mundial.

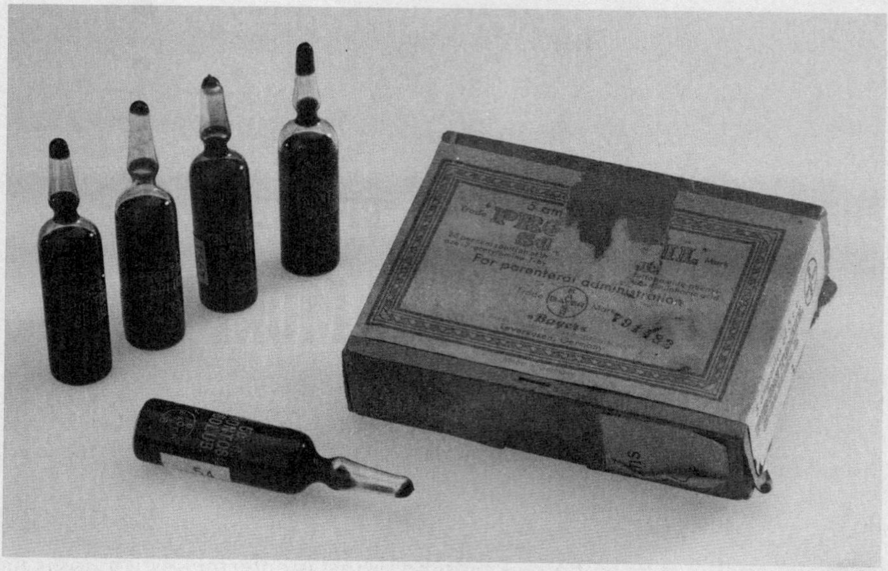

O Prontosil foi uma das primeiras drogas antimicrobianas usadas na Segunda Guerra Mundial.

A descoberta da sulfanilamida reduziu significativamente a taxa de mortalidade durante a Segunda Guerra Mundial. As drogas sulfamidas eram usadas rotineiramente para controlar doenças como pneumonia, gonorreia, meningite, disenteria e infecções estreptocócicas. Os soldados americanos foram ensinados a aspergir o pó de sulfato imediatamente em qualquer ferida aberta para evitar infecção. Cada soldado recebeu uma bolsa de primeiros socorros que era presa ao cinto da cintura. A bolsa de primeiros socorros continha um pacote de pó de sulfato e um curativo para cobrir a ferida.

Durante a Primeira Guerra Mundial, o bacteriólogo escocês Sir Alexander Fleming (1881-1955) começou a experimentar substâncias antibacterianas e, em 1921, descobriu a lisozima, uma enzima antibiótica que ataca muitos tipos de bactérias. Em 1928, ele descobriu o "suco de bolor" secretado por algo chamado penicillium. Ele compreendeu imediatamente o valor e o potencial médico, mas não foi um negócio fechado. Fleming não tinha recursos, nem meios para fabricar penicilina suficiente para ser útil na prática; consequentemente, sua descoberta foi descartada como não mais do que uma curiosidade de laboratório. Passariam mais dez anos antes que uma equipe de cientistas da Universidade de Oxford redescobrisse o trabalho de Fleming.

Nessa época, eles tinham provas mais convincentes dos notáveis poderes da penicilina. O momento era ruim, porque, na época, a Grã-Bretanha estava fortemente envolvida na Segunda Guerra Mundial e incapaz de fornecer os fundos necessários para desenvolver ainda mais a droga. Isto levou a equipe a buscar ajuda nos Estados Unidos.

Em 1941, John Davenport e Gordon Cragwall, dois representantes da empresa farmacêutica Pfizer, participaram de um simpósio durante o qual, pesquisadores da Universidade de Columbia apresentaram provas irrefutáveis de que a penicilina poderia tratar efetivamente as infecções.

Médicos de combate no trabalho durante a Batalha da Normandia, 1944.

Os dois homens reconheceram o potencial e, prontamente, ofereceram a assistência da Pfizer. Levaria mais dois anos e envolveria muitas armadilhas antes que eles pudessem efetivamente produzir em massa o que se tornou amplamente considerado como a primeira droga milagrosa do mundo. Em junho de 1942, somente tinha sido produzida penicilina suficiente para tratar dez homens. Os testes da droga pelo exército começaram na primavera de 1943 e tiveram tanto sucesso que quando a Pfizer demonstrou que seus cientistas haviam encontrado um processo de fermentação profunda para produzir a droga, o governo comprou 21 bilhões de unidades. Eventualmente, a Pfizer produziu 90% da penicilina que pousou com as forças Aliadas na Normandia no Dia D, em 1944, e mais da metade de toda a penicilina usada pelos Aliados para o restante da Guerra. Ela ajudou a salvar incontáveis vidas. A penicilina continua sendo um dos antibactericidas mais ativos e seguros disponíveis. Outras inovações médicas, como plasma sanguíneo e sangue total, também ajudaram a reduzir a taxa de fatalidades em batalhas. A Segunda Guerra Mundial marcou um divisor de águas na história do desenvolvimento de vacinas, pois os militares, em colaboração com o meio acadêmico e a indústria, alcançaram níveis de inovação sem precedentes em resposta às ameaças de doenças agravadas pela guerra, tais como influenza e pneumonia pneumocócica. Os programas governamentais patrocinados pela Guerra contribuíram para o desenvolvimento de vacinas novas ou significativamente melhoradas que enfrentaram 10 das 28 doenças evitáveis por vacinação identificadas no século XX.

Nos Estados Unidos, em 1943, a demanda por enfermeiras treinadas transcendeu as barreiras raciais previamente aceitas. Quando a Corporação de Enfermeiras Cadetes foi estabelecida naquele ano, tanto mulheres negras como brancas, juntamente com algumas mulheres nativas americanas, ingressaram na profissão de enfermagem. Havia até mesmo algumas internas japonesas-americanas no programa. Mais de 115.000 cadetes foram matriculadas tanto em hospitais federais quanto em hospitais não federais. Quando o General James Carre Magee foi nomeado cirurgião-geral, em 1° de junho de 1939, ele e sua equipe passaram a desempenhar um papel integral na introdução de novas drogas para uso militar e insistiram em imunizar todos os soldados contra febres tifoides e paratifoides, varíola e tétano, o que manteve a incidência dessas doenças tão baixa a ponto de ser quase insignificante. No final de 1942, ele tinha 30.000 médicos e 20.000 enfermeiras ao serviço das forças armadas.

As enfermeiras britânicas da Segunda Guerra Mundial eram conhecidas como o Serviço de Enfermagem Militar Imperial da Rainha Alexandra (QAIMNS). Cada QA tinha uma oficial com a patente equivalente, mas sem status real de patente. Isto mudou em 1941, quando as patentes de emergência e a estrutura de classificação foram formuladas para alinhar os QAs com o resto do Exército Britânico. Isto significava que, a partir de 1941, os oficiais de alta patente usavam crachás de patente, eram elegíveis para promoção e recebiam benefícios financeiros junto com as patentes de tenente até brigadeiro. De 1939 a 1945, os membros do QAIMNS serviram em muitos países da África, Birmânia, China, Egito, França, Gibraltar, Hong Kong, Islândia, Itália, Malásia, Malta, Normandia, Palestina e Cingapura.

A enfermeira Dorothy Barre serviu no Exército dos EUA na Segunda Guerra Mundial. Ela cresceu em uma fazenda em Millbury Road em Oxford, Massachusetts. Seu avô, John Taft, havia lutado na Guerra Civil Americana, e Dorothy ainda era uma criança quando se mudou para o centro da cidade para morar com ele. Ela se formou na Oxford High School em 1936 e, depois, foi para a Simmons College antes de iniciar o treinamento de enfermeira no Massachusetts Memorial Hospital em Boston. Ela se alistou no exército em 5 de julho de 1943, como enfermeira registrada, número de série N-752 051, e foi direcionada ao Campo Edwards, em Cape Cod, antes de ser designada para o 16° Hospital Geral, que foi reorganizado em Fort Andrews, Massachusetts, em 1° de setembro de 1942. Em 25 de agosto de 1943, a unidade foi transferida para Fort Devens, onde as enfermeiras passaram por treinamento básico.

Em 21 de dezembro de 1943, a unidade foi transferida para o Campo Miles Standish e, uma semana depois, o "hospital", com 100 enfermeiras, 500 homens e pessoal de apoio, 60 oficiais masculinos e quatro voluntários da Cruz Vermelha, embarcou no navio de transporte *Edmund B. Alexander* de Boston. O navio chegou em Liverpool em 8 de janeiro de 1944, e o 16° Hospital Geral foi instalado em Oulton Park, Cheshire, antes de ser transferido para Penley Hall em Flintshire, País de Gales.

Finalmente, no verão de 1944, eles embarcaram para a França, chegando em Utah Beach, Normandia, em 14 de agosto - apenas algumas semanas após o Dia D. Em 2 de outubro, o 16° Hospital Geral acampou em uma área perto de Enghien les Bains, a poucos quilômetros de Paris, onde permaneceu até 9 de outubro. Depois, foi transferido para Liège, na Bélgica, a tempo da ofensiva de Ardennes, também conhecida como a Batalha do Bulge. Dorothy lembrou mais tarde: "Trabalhei nas enfermarias de ortopedia cirúrgica. Fomos instalados em Liège antes da ruptura do Bulge e estávamos em barracas que comportavam trinta pacientes de cada vez. No centro de cada barraca, havia um fogareiro que nos mantinha quentes, e tínhamos carrinhos cirúrgicos que podíamos usar para os curativos. Quando o Bulge caiu, Liège era um depósito de munição, então, eles estavam enviando bombas de choque em direção à cidade. Estávamos naquele beco de bombas e, quando as ouvíamos, um paciente saía correndo para ver em que rota elas estavam. Havia três rotas que eles atiravam sobre nós. Durante esse período, fomos atingidos três vezes pelas bombas, não onde os pacientes estavam. Não tivemos nenhuma baixa. Estávamos a dez ou doze milhas da luta. Mas, uma vez, uma das bombas atingiu as proximidades, uma das casas, e admitimos pacientes belgas. Eu tinha uma mãe e uma filha, e a filha morreu. O médico e eu trabalhamos juntos para ajudá-los até que eles pudessem levar a mãe ao hospital belga em Liège.

Antes do Bulge, às vezes, tratávamos os soldados, mas quando o Bulge começou, nós os pegamos de caminhões do exército ou macas. Eles podiam estar apenas embrulhados em cobertores, os jovens, e nós, os lavávamos. Às vezes, tínhamos quatro enfermeiras para um, lavando-os, colocando pijamas, e verificando seus curativos. Perguntávamos a eles se tinham dor, e carregávamos codeína e aspirina em nossos bolsos. Eu me lembro de sentar-me nos beliches e conversar com os rapazes. Eles sempre me perguntavam de onde eu vinha, já que tinha sotaque de Boston. Às vezes, eles ficavam conosco por apenas oito ou dez horas. Os pacientes recebiam uma boa refeição, eram limpos e recebiam penicilina também. Depois de estarem bem, eles eram levados para Paris ou Londres".

Os soldados Aliados na Segunda Guerra Mundial recebiam check-ups médicos bastante frequentes. Assegurar que um soldado estivesse em forma e saudável o suficiente para desempenhar suas funções era tão importante quanto cuidar dos feridos. Um soldado, o Major Earl Edwards, preparava-se para tomar o 2º Batalhão, 22º de Infantaria, 4ª Divisão de Infantaria, em terra no dia D, 6 de junho. Mas, antes que ele pudesse iniciar seu ataque à França, Edwards tinha um certo problema com o qual tinha que lidar. Alguns dias antes do desembarque, ele estava sofrendo de um caso debilitante de hemorroidas que estava lhe causando um desconforto considerável. Ele descobriu que sua enfermidade até mesmo afetou sua marcha. Ele pediu a seu colega de quarto que relatasse sua condição ao coronel. Ele estava certo de que sua situação médica iria impedi-lo de fazer os desembarques. Em suas memórias, Edwards descreveu os eventos: "Mais tarde, uma ambulância se dirigiu até nossos aposentos e dois médicos entraram e disseram que eu viria com eles. Eles me ajudaram na ambulância, onde encontrei o coronel Tribolet e o Cirurgião Regimental, Dr. Kirtley. Fomos de carro e logo estacionamos em frente a um hospital de campanha dos Estados Unidos. O Coronel Tribolet e o Dr. Kirtley entraram e logo retornaram. Depois, dirigimos um pouco e estacionamos em frente a outro hospital.

Aconteceu a mesma coisa. Então, dirigimos para outro. Desta vez, alguns médicos saíram e me carregaram e, em pouco tempo, fui operado. Após cerca de uma hora de recuperação, fui levado de volta para a ambulância, que me devolveu ao meu quarto, e fui colocado novamente no meu beliche. Durante todo este tempo, nenhuma explicação. Mais tarde, soube que o Coronel Tribolet estava determinado que eu comandaria o 2º Batalhão na invasão, então, ele e o Dr. Kirtley decidiram me levar a um hospital e perguntar se me operariam e imediatamente me liberariam para seus cuidados. Se a resposta fosse "não", eles simplesmente me carregariam para outro hospital, e assim por diante, até que um concordasse.

Então, entrei nos desembarques com um grande maço de algodão colado à minha retaguarda. Felizmente, a água salgada e algumas rodadas de artilharia me curaram. Não me lembro de ter pensado nisso depois que pisamos em terra".

O celebrado comediante britânico, escritor e veterano da Segunda Guerra Mundial, Spike Milligan, serviu como artilheiro com a Artilharia Real através das campanhas de Tunis e da Itália. Ele descreveu vividamente sua experiência terrível de bombas de choque em seu livro *Mussolini: His Part in My Downfall*: "Logo eu estava no fundo da montanha, logo estou falando com o Major Jenkins, estou chorando, não sei por que, ele está dizendo: 'Cubra essa ferida'. Eu disse: 'Que ferida?' Eu tinha sido atingido na lateral da minha perna direita. 'Por que você voltou?' Ele está gritando comigo e me ameaçando, não consigo lembrar o que estou dizendo. Ele está dizendo: 'Você poderia encontrar seu caminho de volta, mas não conseguiu encontrar seu caminho para o posto de operação.' A seguir, estou sentado numa ambulância e tremendo, um enfermeiro coloca um cobertor nos meus ombros, estou chorando de novo, por que, por quê? Em seguida, estou em um posto de curativo avançado, um enfermeiro me dá um chá muito doce e quente, 'Engole estes', diz ele, dois pequenos comprimidos brancos. Eu não consigo segurar a caneca por estar tremendo, ele a tira de mim e me ajuda a bebê-la.

'Todos ao redor estão feridos, ele dobrou minhas calças. Ele está colocando um curativo adesivo na ferida, ele está me dizendo que é pequeno. Eu realmente não me importo se é grande ou pequeno, por que estou chorando? Por que eu não posso parar? Estou recebendo muita simpatia, o que quero é uma explicação. Estou me sentindo sonolento, e devo ter começado a balançar porque, a seguir, estou em uma maca. Sinto-me adorável, o que tinha naquelas pílulas...isso é o que eu quero, quem quer comida? Eu não sei há quanto tempo estou lá, eu acordo. Ainda estou na maca, não estou sonolento, mas começo a tremer. Eu me sento. Colocam uma etiqueta em mim. Eles me põem de pé e me ajudam a chegar a uma ambulância. Eu posso ver homens muito feridos, suas ataduras embebidas em sangue, o plasma está sendo injetado neles".

Apesar dos avanços na psiquiatria, parecia que na Segunda Guerra Mundial as lições da Primeira Guerra haviam sido largamente ignoradas. Havia ainda um estigma ligado àqueles diagnosticados com trauma pós-guerra ou fadiga de combate. Em 26 de abril de 1943, o General Omar N. Bradley emitiu uma diretiva que estabeleceu um período de retenção de sete dias para pacientes psiquiátricos no 9º Hospital de Evacuação e, pela primeira vez, o termo "exaustão" foi prescrito como o diagnóstico inicial para todos os casos psiquiátricos de combate. Outra razão para a escolha do termo "exaustão" foi porque se considerou que ele não tinha conotações negativas, que pudessem associá-lo ao problema real do distúrbio neuropsiquiátrico. A implicação foi que a ruptura psiquiátrica era o resultado de uma fadiga natural e que o simples descanso era suficiente para devolver os homens ao serviço. Na Segunda Guerra Mundial, as baixas por estresse de combate representavam entre 20 e 30% dos feridos em ação. Em agosto de 1943, o Tenente-General George S. Patton visitou um hospital perto de Palermo. Sua bem divulgada denúncia de uma baixa psiquiátrica causou um frenesi na mídia e um protesto público, mas também destacou a questão do esgotamento do combate e forneceu o estímulo necessário aos militares para lidar com esta condição debilitante.

O General Patton mostrou grande respeito por seus homens feridos, mas tinha menos consideração por aqueles sintomas de fadiga de batalha.

Além de uma falta gritante de conhecimento sobre problemas psiquiátricos decorrentes da exposição ao combate, os militares americanos tiveram que lidar com outras questões prementes exacerbadas pelo pensamento antiquado. Ainda havia segregação racial nas forças armadas americanas naquela época e, durante a Segunda Guerra Mundial, a Corporação de Enfermeiras do Exército dos EUA estava inicialmente relutante em aceitar enfermeiras negras ao serviço. Aquelas que entraram para o serviço só podiam cuidar de tropas negras em enfermarias ou hospitais negros. Em janeiro de 1941, o Exército Americano estabeleceu uma cota de 56 enfermeiras negras para admissão na Corporação de Enfermeiras do Exército. Através dos esforços da Associação Nacional de Enfermeiras de Graduação de Cor (NACGN), a cota do exército foi abolida antes do fim da Guerra e as mulheres negras puderam servir com distinção em várias capacidades.

As enfermeiras afro-americanas não estavam autorizadas a tratar os soldados brancos feridos.

Quando a Guerra terminou, em 1945, apenas 479 enfermeiras negras estavam servindo em um corpo de 50.000, porque um sistema de cotas imposto pelo exército durante os dois primeiros anos da Guerra restringiu o número de matriculadas negras. No final de julho de 1945, havia 512 mulheres negras na Corporação de Enfermeiras do Exército, incluindo nove capitães e 115 primeiros tenentes. Das três unidades que serviam no exterior, uma era um grupo de 63 enfermeiras negras que trabalhavam com o 168º Hospital Station em Manchester, Inglaterra, cuidando de prisioneiros alemães feridos. Em 1943, por exemplo, o exército limitou o número de enfermeiras negras na Corporação de Enfermeiras a 160.

Em dezembro de 1941, poucos dias após o bombardeio de Pearl Harbor, que iniciou a entrada da América na Segunda Guerra Mundial, uma mãe de Detroit chamada Sylvia Tucker visitou seu centro local de doadores da Cruz Vermelha para doar sangue. Ela se inspirou nos apelos incitantes da rádio nacional e quis fazer a sua parte. Quando chegou ao centro, o supervisor imediatamente a recusou e se recusou a aceitar sua doação. Ordens dos Escritórios Nacionais proibiam os doadores de sangue afro-americanos neste momento. A Sra. Tucker ficou tão chocada com o incidente que escreveu uma carta de protesto articulada e emocional à primeira-dama, Eleanor Roosevelt:

> "Fiquei chocada e triste ao saber que a 'eterna questão das cores' era primordial para a grave situação de guerra. Depois de explicar que tanto minha lealdade ao meu país, como ao meu jovem filho, que será elegível para o Serviço Militar dentro de dois meses, me levavam a fazer minha oferta, desafiei o médico a aceitar meu sangue e colocá-lo em um recipiente e rotulá-lo como 'Sangue Negro' e, após o devido processo, torná-lo disponível para o filho de alguma mãe negra que, como seus irmãos americanos brancos de armas, deve enfrentar o tiro e a bomba, e a morte, pois estas coisas não conhecem nenhuma "linha de cor". ... A Cruz Vermelha Americana detém o destino de milhares de [humanos], brancos e negros, faça-os entender que "Nós também somos americanos".

Charles R. Drew foi um médico afro-americano que desenvolveu formas de processar e armazenar plasma sanguíneo em "bancos de sangue" e conduziu pesquisas pioneiras sobre tipagem, preservação e armazenamento de sangue para posterior transfusão. Em 1941, ele se tornou o primeiro cirurgião afro-americano selecionado para servir como examinador na Junta Americana de Cirurgia. Posteriormente, foi nomeado diretor do primeiro Banco de Plasma da Cruz Vermelha Americana. No final de 1941, os cirurgiões gerais do Exército e Marinha dos Estados Unidos tomaram a ignominiosa decisão de informar à Cruz Vermelha que somente sangue de doadores brancos seria aceito para uso militar. Apesar de ter sido provado conclusivamente que não havia diferenças raciais no sangue, os militares estavam cedendo ao preconceito social prevalecente e à pressão política substancial.

Em janeiro de 1942, o Departamento de Guerra reviu sua posição, concordando em aceitar sangue de doadores negros, mas insistiu rigidamente na adesão a segregação do fornecimento de sangue. Um soldado negro poderia

Um soldado americano é submetido a uma transfusão de sangue na Sicília, em 9 de agosto de 1943. Era contra os regulamentos do exército americano dar sangue afro-americano a soldados brancos.

receber uma transfusão de sangue de um doador caucasiano se não houvesse mais nada disponível, mas o contrário não era possível. Surpreendentemente, a estimada Cruz Vermelha não só aceitou essa decisão, mas também declarou que não tinha interesse em se intrometer em controvérsias sócio-raciais. Mais tarde, os funcionários da Cruz Vermelha ofereceram que aqueles que persistiam em criticar a política estavam tentando, sem patriotismo, aleijar o serviço de doação de sangue e, assim, prejudicar o próprio esforço de guerra.

Drew denunciou abertamente a política, declarando que não havia absolutamente nenhuma evidência científica de qualquer diferença baseada na raça, e declarou que a segregação racial do sangue estava em contravenção aos fatos científicos e era um insulto aos negros americanos patrióticos. Por causa disso, foi-lhe pedido que se demitisse da Cruz Vermelha. Ele retornou a Washington DC e tornou-se chefe do Departamento de Cirurgia da Universidade de Howard e, mais tarde, cirurgião-chefe do Hospital da Universidade Freedman. Drew morreu em 1º de abril de 1950, em Burlington, Carolina do Norte, devido a ferimentos sofridos em um acidente de carro quando a caminho de uma conferência no Instituto Tuskegee, no Alabama. O governo revogou sua política de segregação de sangue oito meses após a morte de Drew.

Della H. Raney, uma graduada da Escola de Enfermagem do Hospital Lincoln, em Durham, Carolina do Norte, foi a primeira enfermeira afro-americana a ser comissionada como tenente na Corporação de Enfermeiros do Exército durante a Segunda Guerra Mundial. Sua primeira viagem de serviço foi em Fort Bragg, Carolina do Norte. Como tenente no famoso Aeródromo de Tuskegee, no Alabama, ela foi nomeada enfermeira-chefe da Corporação de Enfermeiras do Exército, em 1942, efetivamente a primeira afro-americana a receber esta nomeação. Mais tarde, ela serviu como enfermeira-chefe no Forte Huachuca, Arizona. Raney foi promovida à capitã em 1945. Após a Guerra, ela foi designada para chefiar a equipe de enfermagem no hospital da estação em Camp Beale, Califórnia. Em 1946, ela foi promovida a major e serviu em uma turnê de serviço no Japão. A major Raney se aposentou em 1978.

A notável Mabel Staupers havia defendido a causa de Raney. Durante a Segunda Guerra Mundial, Staupers trabalhou como secretária executiva da Associação Nacional de Enfermeiras Graduadas de Cor (NACGN - *National Association of Colored Graduate Nurses*), onde ela liderou o movimento para obter a plena integração das enfermeiras negras nas forças armadas e nas organizações profissionais de enfermagem. O objetivo da NACGN era confrontar a marginalização das enfermeiras negras e fazer avançar a posição e os melhores interesses das enfermeiras treinadas. A organização conseguiu padrões mais elevados de enfermagem e uma mudança geral na sociedade, expondo o fardo da discriminação e da segregação. A luta para alcançar o reconhecimento, status e aceitação das enfermeiras negras nas estruturas institucionais da enfermagem americana avançou significativamente por causa de sua liderança.

Mabel Staupers nasceu em Barbados, em 27 de fevereiro de 1890. Em abril de 1903, sua família migrou para os Estados Unidos e, em setembro daquele ano, se estabeleceu no Harlem, Nova York. Ela foi admitida na Escola de Enfermagem do Hospital Freedmen em 1914, graduando-se com honras em 1917. Nesse mesmo ano, ela se casou com o Dr. James Max Keaton, de Asheville, Carolina do Norte. Este casamento terminou em divórcio e, em 1931, ela se casou com Frisby Staupers, de Nova York.

Sua carreira profissional começou com a enfermagem em serviço privado nas cidades de Nova York e Washington DC. Em 1920, em cooperação com o falecido Dr. Louis T. Wright e Dr. James Wilson, ela organizou o Sanatório Booker T. Washington, a primeira instalação na área do Harlem onde médicos negros podiam tratar seus pacientes. Ela serviu a esta instituição como administradora e diretora de enfermeiras. Em 1921, ela recebeu uma bolsa de trabalho do Instituto para Tuberculose Henry Phipps, na Filadélfia, Pensilvânia. Mais tarde, ela foi designada para o departamento de tórax do Jefferson Hospital Medical College, na Filadélfia. Sua experiência com a segregação e discriminação de funcionários e pacientes foi uma das forças motivadoras que a fez, em cooperação com o Dr. Wright, trabalhar por oportunidades plenas e iguais em todos os programas e serviços de saúde na América. Ela lutou pela inclusão de enfermeiras negras no exército e na marinha durante a Segunda Guerra Mundial. As enfermeiras afro-americanas haviam demonstrado interesse em ingressar na Corporação de Enfermeiras do Exército já em 1927, porém, em vão. Quando uma enfermeira negra solicitou admissão à Corporação, no final de setembro de 1940, foi-lhe dito, em termos inequívocos, que os regulamentos do exército não previam a nomeação de "enfermeiras negras". Em 1940, quando abordado sobre o assunto das enfermeiras negras, o cirurgião-geral da Corporação de Médicos do Exército dos EUA, James

C. Magee, havia sido prudente em sua resposta. Parte de sua resposta correu como se segue: "Seus empregos são considerados impraticáveis em tempo de paz. Você pode ter certeza de que quando as condições militares tornarem praticáveis para o departamento de guerra o uso de enfermeiras de cor, elas não serão desconsideradas".

A Cruz Vermelha Americana, a Associação Nacional de Enfermeiras Graduados de Cor e outras organizações de enfermagem protestaram contra a política do exército de excluir as enfermeiras afro-americanas. Quando Mabel Staupers confrontou o Presidente Franklin Roosevelt sobre o assunto, ele respondeu assegurando a ela que o Departamento de Guerra estava considerando o emprego de enfermeiras negras. Em abril de 1941, havia 48 enfermeiras negras designadas ao Camp Livingston, Louisiana, e em Fort Bragg, Carolina do Norte. O número de enfermeiras negras havia triplicado até maio de 1943.

Durante a Segunda Guerra Mundial, as enfermeiras afro-americanas serviram em todos os teatros da guerra, incluindo África, Birmânia, Austrália e Inglaterra. A primeira unidade médica com enfermeiras negras a ser implantada no exterior foi a 25ª Unidade Hospitalar da Estação, que continha 30 enfermeiras. A unidade foi para a Libéria em 1943 para cuidar das tropas americanas que protegiam os aeródromos estratégicos e as plantações de borracha. As enfermeiras usavam capacetes e carregavam pacotes completos contendo máscaras de gás e cintos de cantina. As faixas de braço da Cruz Vermelha, e a falta de armas, as distinguiam daqueles que estavam realmente combatendo as tropas. Mabel Staupers continuou a lutar pela plena inclusão de enfermeiras de todas as raças e isto foi concedido, finalmente, em 1945. No final da Segunda Guerra Mundial, aproximadamente 600 enfermeiras afro-americanas haviam servido seu país e, em 1948, a Associação Americana de Enfermagem permitiu que elas se juntassem a suas fileiras.

As enfermeiras do exército feminino que serviram em áreas de combate durante a Segunda Guerra Mundial foram um elemento vital, mas, apesar de sua contribuição maciça, elas permaneceram, em grande parte, irreconhecíveis por seu serviço. Uma mulher negra em particular, que se voluntariou para servir com uma unidade médica do Exército dos EUA, permaneceu anônima por mais de 65 anos.

A guerra e o conflito podem produzir os heróis e heroínas mais improváveis. Augusta Chiwy foi uma delas. Ela morreu em 23 de julho de 2015, na grande velhice de 94 anos, em uma casa de cuidados geriátricos na periferia de Bruxelas e foi enterrada em Bastogne com plenas honras militares. Sua personagem apareceu muito brevemente na famosa série de TV *Band of Brothers*, onde foi retratada como "Anna do Congo" no episódio "Bastogne".

A história de Augusta é quintessencialmente sobre duas pessoas, um médico e uma enfermeira cujos caminhos nunca teriam se cruzado se não fosse o cerco de Bastogne. Eles tinham um relacionamento que não deixava tempo para interlúdios românticos. Eles estavam muito preocupados tentando salvar vidas e cuidar de soldados feridos com pouco mais do que ligaduras e pó antisséptico, realizando cirurgias sem instrumentos cirúrgicos e usando apenas conhaque para anestesia.

Em 1930, aos nove anos de idade, Augusta foi trazida para Bastogne, na Bélgica, por seu pai europeu branco, um veterinário itinerante chamado Henry Chiwy. Sua mãe era congolesa, e Augusta era uma das muitas crianças mestiças reassentadas na Bélgica vindas do Congo que, naquela época, era uma colônia belga. Depois de crescer em Bastogne, Augusta partiu para a cidade flamenga do norte de Leuven em seus vinte e poucos anos de idade para estudar na escola de enfermagem. Ela permaneceu em Leuven depois de se formar e trabalhou no Hospital St. Elizabeth, que era atendido pelas Irmãs da Congregação Agostinha. Em dezembro de 1944, ela aceitou um convite de seu pai para voltar a Bastogne e passar o Natal com ele e a cunhada dele (a quem ela chamou de "Mama Caroline").

O momento de Augusta não poderia ter sido pior. Embora os Aliados tivessem feito grandes ganhos territoriais na Bélgica e na França após o Dia D em seu empurrão para Berlim, em dezembro de 1944, os alemães estavam prestes a ripostar - e o foco de sua contraofensiva eram as Ardennes belgas, uma de suas principais cidades estratégicas era Bastogne. Assim que Augusta chegou em casa, a Batalha do Bulge começou.

Seus planos festivos foram postos de lado, Augusta se viu voluntária para trabalhar com a 10ª Divisão Blindada e, depois, com a 101ª Divisão Aérea. Muitos, muitos americanos sobreviveram a este encontro épico por causa dela. Após a Segunda Guerra Mundial, Augusta não voltou à enfermagem em tempo integral até 1967. A razão foi que Augusta foi atingida por uma forma

Nascida no Congo belga e trazida para a Bélgica aos nove anos de idade, a enfermeira Augusta Chiwy demonstrou notável habilidade, compaixão e coragem que salvaram muitas vidas americanas durante a devastadora Batalha do Bulge, em dezembro de 1944.

de desordem de estresse pós-traumático conhecida como mutismo seletivo. Qualquer menção à Guerra ou a Bastogne a faria calar completamente.

O cirurgião da 20ª Estação Auxiliar da AIB em Bastogne, onde Augusta trabalhava, era o Dr. John 'Jack' Prior, que veio de uma pequena cidade em Vermont. Jack e Augusta não eram apenas de países diferentes, com idiomas diferentes, eles eram de mundos diferentes. Foi a sorte da guerra que os uniu e os separou. Mas, nas poucas semanas em que trabalharam lado a lado nos hospitais do exército, forjaram um vínculo profundo que durou décadas após a Guerra.

Na manhã de 16 de dezembro de 1944, Augusta deixou Leuven de bonde, mas quando chegou a Bruxelas para se transferir para o Sul, descobriu que todos os trens com destino a Bastogne e Luxemburgo estavam terminando na cidade de Namur. De lá, os passageiros eram carregados em caminhões de gado, a única forma de transporte disponível, e levados para a cidade de Marche. Era uma viagem fria, com temperaturas que desciam até 20 graus negativos ou menos. Dezembro de 1944 foi o inverno mais frio do norte da Europa em memória viva. Depois de passar mais de 15 horas na estrada e ter usado trens, caminhões, um jipe Willys do Exército Americano e até mesmo uma bicicleta, ela finalmente chegou a Bastogne por volta das 23h00 daquela noite.

A cidade de Bastogne não era estranha ao conflito. Um grupo de freiras devotamente religiosas, conhecidas como As Irmãs de Notre Dame, começou a preparar as adegas da cidade como lugares de refúgio, exatamente como haviam feito em 1940. Enquanto os civis Bastogne, preocupados, começaram a se reunir ali, Augusta se ofereceu como voluntária para ajudar. Ela estava completamente alheia ao fato de que três exércitos alemães haviam invadido a Frente Ocidental, que era pouco defendida, em um esforço total para tomar posse do porto da Antuérpia, com a intenção de dividir os Aliados e terminar a Guerra. À medida que avançavam para o Oeste, deixando um rastro de destruição em seu caminho, uma significativa "protuberância" nas linhas de batalha dos Aliados começou a tomar a forma que deu seu nome a esta batalha. À medida que a situação se tornava mais desesperada, a 10ª Armada apressou três equipes compostas por 2.700 homens para Bastogne. Entre eles estava o médico do exército (Capitão) Jack Prior, que se viu ao norte de Bastogne, na vila de Noville, tentando conter a investida do inimigo. A densa névoa de Ardennes exacerbou uma situação já desesperada e, após pouco menos de 48 horas, a força diminuta foi esmagada e evacuada para Bastogne.

Alguns dias depois, a estrategicamente importante cidade comercial de Bastogne tornou-se completamente cercada por forças inimigas. Tendo perdido alguns de seus homens em Noville, Jack instruiu seu segundo no comando, o Capitão Irving Lee Naftulin, a buscar na cidade por qualquer pessoa com experiência médica para ajudar em seus esforços. Naftulin encontrou duas pessoas - uma jovem enfermeira chamada Renée Lemaire e Augusta Chiwy. Ambas concordaram em unir forças com Jack para preparar e tratar o número cada vez maior de vítimas, enquanto as forças dos EUA lutavam para manter seu tênue domínio sobre a cidade contra as repetidas investidas das divisões alemãs bem equipadas. Quando o fogo da artilharia alemã começou a cair intermitentemente dentro do perímetro americano, o pequeno grupo montou uma enfermaria em um prédio recentemente abandonado que havia servido como mercearia. Com alojamentos no andar de cima e um porão embaixo, era o melhor local disponível para um novo posto de socorro.

Jack descobriu que Augusta era incrivelmente hábil em lidar com o mais sangrento e grave dos ferimentos, lidando com amputados, sangramentos, grandes feridas torácicas e outros resultados de traumas no campo de batalha. Renée era a confortadora, a melhor em acalmar os soldados em dor e mantê-los limpos. Como o racismo ainda era bastante institucionalizado nos Estados Unidos em 1944, Augusta, como uma mulher mestiça, foi objeto de fanatismo em mais de algumas ocasiões. Havia muitos soldados americanos que se recusavam a ser tratados por ela, ao que a resposta de Jack era, geralmente: "Ou ela lhe trata, ou você morre". Augusta rapidamente descobriu que a morte é um grande nivelador.

Em algumas ocasiões, Jack e Augusta fizeram viagens extremamente arriscadas às linhas de frente para retirar os feridos. Uma das mais significativas foi em um promontório nos arredores de Bastogne, chamado Mardasson Hill, que hoje é a localização do maior monumento americano fora dos Estados Unidos. Augusta e Jack ficaram sob intenso fogo de fuzil, metralhadora e de artilharia numa posição perigosamente exposta. Apesar disso, eles ainda conseguiram tratar e evacuar vários homens gravemente feridos. Augusta, que usava uma longa gabardine de enfermeira, passou incólume, mas descobriu vários buracos de bala na roupa. Em anos posteriores, Augusta lembrou em entrevistas que Jack havia comentado: "Parece que eles quase lhe pegaram. Ainda bem que você é pequena". Ela replicou: "Um rosto negro em toda esta neve é um alvo fácil. Os alemães são apenas maus atiradores".

Enquanto os nazistas apertavam seu cerco sobre Bastogne, as baixas se acumulavam consideravelmente. E, devido à névoa intensa e penetrante, as forças aéreas não puderam reabastecer a guarnição sitiada até 23 de dezembro.

Até aquele momento, os médicos de Jack foram forçados a usar lençóis de cama e qualquer outro tecido disponível como curativo. Em um caso extremo, Jack e Augusta amputaram a mão e a perna de um homem usando nada mais que a borda serrilhada de uma faca de sobrevivência, e como anestesia, um frasco de Conhaque Cinco Estrelas requisitado.

Na véspera de Natal, Jack e Augusta deixaram brevemente o posto de ajuda para desfrutar de uma taça de champanhe fornecida por um soldado na casa adjacente. Uma vez lá dentro, eles ouviram o inconfundível barulho da aproximação de aeronave. Mas, o que eles pensaram ser mais um lançamento aéreo de suprimentos, era, na verdade, uma missão de bombardeio inimigo. O posto de ajuda deles foi atingido diretamente por uma bomba de 225 kg. A onda da explosão atirou Jack para o chão e jogou Augusta através de uma parede de tijolos. Milagrosamente, ambos emergiram relativamente incólumes, mas seu posto de socorro foi destruído e 30 pacientes no interior foram mortos, juntamente com Renée Lemaire, cujo frágil corpo foi explodido em dois pedaços. No dia seguinte, Jack apresentou-se ao serviço na 101ª Sede Aérea no quartel de Heintz, e Augusta o seguiu.

Eles continuaram a trabalhar juntos quase incessantemente, dia e noite. Eles salvaram vidas juntos e, também juntos, viram a vida fugir. Em mais de uma ocasião, por pouco, eles escaparam juntos da morte. Bastogne foi libertado pelo 3º Exército do General George Patton em 26 de dezembro e, em 17 de janeiro, Jack e Augusta foram forçados a se despedir. Eles não voltariam a se ver até mais de cinco décadas depois. Sua história é de incrível bravura, compaixão e devoção. É um conto de ternura em meio a uma terrível desumanidade enriquecida com uma profundidade de cuidado que, na maioria das vezes, ficou sem expressão e sem reconhecimento.

Jack voltou para casa em 1945, tornou-se um patologista respeitado e criou uma família. Augusta também sobreviveu para criar uma família, mas sofreu severo estresse pós-traumático para o resto de sua vida. Em 1948, a Cruz Vermelha enviou a ela uma carta de agradecimento por seu serviço, mas seus incríveis esforços foram, em grande parte, esquecidos após a Guerra, e ela não tinha absolutamente nenhum desejo de recontá-los. Após uma fervorosa campanha para conseguir para Augusta o reconhecimento que ela tanto merecia ser lançada em 2011, o rei belga Alberto II a declarou oficialmente Cavaleiro da Ordem da Coroa, o que é basicamente o equivalente a um título de cavaleiro. Em seguida, a 101ª Divisão Aérea a presenteou com a Medalha Humanitária Civil. Augusta havia finalmente recebido seu justo reconhecimento.

Isabelle Cook tinha acabado de se formar na Escola de Enfermagem do Hospital Mount Sinai quando a Guerra eclodiu. Sem que sua família soubesse, ela se ofereceu para ir supervisionar a Corporação de Enfermeiras do Exército. Em 5 de maio de 1943, Isabelle e seus colegas chegaram a Casablanca, Marrocos, e passaram três meses esperando que os alemães fossem derrotados na Tunísia. Durante os três anos seguintes, o 3º Hospital Geral no qual ela serviu seguiria para o front na Itália e, depois, para a França. Cook celebrou o fim da Guerra marchando no desfile do Dia da Vitória da Europa, em Aix-en-Provence, França, ao lado dos soldados Aliados. Pouco depois, a ordem veio para fechar o 3º Geral em agosto de 1945, e Isabelle recebeu sua dispensa formal em dezembro de 1945, tendo conquistado o posto de primeiro-tenente.

Ela escreveu um livro sobre suas experiências intitulado *In times of war*. A seguinte entrevista resumida foi feita para o Projeto de História da Biblioteca dos Veteranos do Congresso:

> "Passamos cerca de três meses em Casablanca pelo fato de que os alemães ainda estavam lutando na Tunísia e nosso hospital, o Hospital Geral, de mil leitos, deveria ter sido instalado em Mateur. Isso foi logo fora da Tunísia. Quando os alemães foram derrotados no norte da África, então, recebemos nossas ordens para prosseguir para Mateur na Tunísia. Eu era uma das dez enfermeiras escolhidas para ir com o grupo avançado. Viajamos 1.500 milhas pelo país, pelo norte da África, em um caminhão de duas toneladas e meia, um caminhão aberto e o calor era...insuportável. Mas, conseguimos atravessar...[e] assumimos o quartel do Exército Francês, que era usado como hospital pelos alemães.
>
> Na verdade, ainda havia prisioneiros alemães, bem, eram soldados alemães que estavam tão gravemente feridos que não puderam ser evacuados. Eles deixaram um médico alemão para cuidar deles. Assim, eles se tornaram imediatamente prisioneiros de guerra. Por

isso, nós cuidamos deles. Havia sinais alemães em todo lugar. Bem, o resto de nossa unidade chegou cerca de vários dias depois. Eles tinham tido uma experiência terrível atravessando o país em...carros de gado, e até mesmo uma de nossas enfermeiras tinha morrido em consequência do calor...

Bem, montamos todo o nosso hospital em cerca de oito dias, 800 toneladas de equipamentos, geradores, tínhamos nossos próprios geradores portáteis e todo o hospital foi montado e as enfermeiras e o pessoal de enfermagem tinham barracas. Havia cinco de nós em cada tenda, e latrinas externas e estações de lavagem externas, e coisas assim. O calor... estávamos pegando os ventos, os ventos "taraka" do Saara e vivendo nas barracas, era muito ruim. Mas, nós estávamos cuidando das vítimas da Sicília. A campanha siciliana tinha começado e, dentro de cerca de cinco dias depois de montarmos o hospital, começamos a receber pacientes.

Eles eram evacuados por via aérea e nós agimos como um hospital de evacuação, em vez de um hospital geral que cuida dos feridos mais graves e daqueles que precisavam ficar muito mais tempo. Mas, recebemos cerca de 2.000 pacientes. E como resultado, tivemos que abrir outro hospital de mil leitos... os soldados em tendas e os que estavam em convalescença eram transferidos para a área das barracas e os feridos mais graves estavam no edifício. Todos nós fizemos turnos duplos, porque tivemos que cuidar de todos estes pacientes. E o calor era tão insuportável ... ficamos no norte da África por um ano e cuidamos de cerca de 5.000 pacientes durante esse tempo....

Como não houve muita ação após o Dia da Vitória da Europa, fomos tão pouco requisitadas que trabalhei na seção ortopédica cuidando de pacientes de lá, mas, na Itália, eles tinham tanta falta de enfermeiras anestesistas que decidiram treinar duas enfermeiras para se tornarem anestesistas, você sabe, apenas no treinamento de trabalho.

Tivemos um major que era anestesista, e ele assumiu o trabalho de nos ensinar anestesia. Então, eles escolheram a mim e uma outra, você sabe, outra amiga minha, para nos tornarmos enfermeiras anestesistas. Nós... fizemos isso durante o último ano e meio em que estive no Serviço".

A Segunda Guerra Mundial foi o catalisador de muitas inovações no tratamento de ferimentos traumáticos no campo de batalha. Ela também levou à transformação da indústria farmacêutica, ao desenvolvimento do moderno sistema de transporte aéreo, à introdução do helicóptero e a grandes avanços no campo médico da psiquiatria. Esta foi, também, a guerra que viu o advento e o uso da arma mais aterradora e devastadora já desenvolvida pela humanidade, a bomba atômica, que foi usada pela primeira vez contra o Japão, em agosto de 1945.

A enfermeira do Exército Americano Ruth Hass havia trabalhado com sua unidade nas Filipinas, cuidando dos soldados americanos e filipinos e, depois, tratando dos prisioneiros de guerra americanos libertados do cativeiro japonês. Naquela época, eles estavam formando equipes médicas para lidar com a eventual invasão esperada do Japão. Quando a Segunda Guerra Mundial terminou, com a rendição formal do Japão em setembro de 1945, Ruth estava com um grupo de enfermeiras do exército estacionadas no exterior esperando por uma missão. Dois meses depois, em novembro de 1945, ela foi transportada por via aérea para Kure, uma grande base naval. Um dia, eles tiveram a oportunidade de aliviar o tédio e fazer um pequeno passeio turístico improvisado, mas não esperavam ver a enorme escala de destruição causada pela bomba atômica que havia sido lançada sobre Hiroshima.

As baixas da Segunda Guerra Mundial, tanto militares como civis, foram completamente sem precedentes. Nenhuma guerra anterior na história havia experimentado mais pessoas mortas ou mais propriedades destruídas. Após oito anos de Guerra no Extremo Oriente, seis anos de lutas na Europa, a maior guerra da história da humanidade havia finalmente terminado. Embora as estatísticas sejam frequentemente contraditórias, e ainda hoje é difícil dizer exatamente quantas pessoas pereceram durante a Guerra, a contagem final é, atualmente, estimada em 7,5 milhões de soviéticos, 3,5 milhões de alemães, 1,25 milhões de japoneses, 452.000 britânicos e cerca de 295.000 funcionários de serviço americanos. Os números exatos para outros exércitos Aliados variam. As mortes de civis excederam as militares. Pelo menos 19 milhões de civis soviéticos, 10 milhões de chineses e 6 milhões de judeus europeus perderam suas vidas durante a Guerra.

CAPÍTULO TREZE

O fim da Segunda Guerra Mundial moldaria direta e indiretamente a história mundial para as próximas cinco décadas. Este período foi conhecido como o pós-guerra, e foi dominado pelo que ficou conhecido como a Guerra Fria. Também foi dominado pelo fervoroso sentimento anticomunista estimulado por fanáticos como o Senador Joseph McCarthy e órgãos como o Comitê de Atividades Antiamericanas da Câmara dos EUA. Um dos maiores eventos que ocorreram como consequência direta da Segunda Guerra Mundial foi a Guerra da Coreia, que eclodiu em 1950 após a divisão daquele país.

CAPÍTULO QUATORZE

A COREIA E AS VERDADEIRAS UNIDADES MASH

Frequentemente, é referida como a "Guerra Esquecida", mas para aqueles que se viram envolvidos neste conflito amargo, ela nunca será esquecida. As ações que ocorreram na península coreana entre 1950 e 1953 foram, em muitos aspectos, comparáveis a tudo o que aconteceu na Segunda Guerra Mundial. Foi a guerra que terminou com um frágil armistício, cujas consequências ainda ressoam hoje nas tensões entre as duas Coreias, uma democrática e poderosa economicamente, a outra, uma ditadura brutalmente repressiva que governa uma população atingida pela pobreza.

Em 1904, o Japão invadiu a Coreia e fez do país um protetorado, tornando-o efetivamente uma colônia. Quando o império japonês entrou em colapso no final da Segunda Guerra Mundial, a península coreana estava, em 1948, dividida em duas nações, a Coreia do Norte e a Coreia do Sul, com a do Norte ficando sob a esfera de influência da União Soviética e a do Sul dependendo dos EUA para apoio e sobrevivência. A fronteira entre os dois países, conhecida como o 38º Paralelo, tornou-se um dos lugares mais perigosos da Terra, onde os procuradores da URSS e dos EUA se enfrentaram em um impasse desconfortável que, em mais de uma ocasião, ameaçou um conflito em grande escala.

Em 1949, os russos haviam retirado suas forças da península. Mas, isto não era um prelúdio para a paz. Ao contrário. Logo que os russos partiram, seus aliados norte-coreanos lançaram um ataque total através da fronteira para o Sul, em 25 de junho de 1950, numa tentativa de unificar a península sob um regime comunista. Em resposta, o Conselho de Segurança das Nações Unidas aprovou uma resolução apresentada pelos Estados Unidos exigindo uma força armada para repelir os invasores norte-coreanos. A Guerra da Coreia havia começado. Nessa época, grandes avanços na medicina militar e no cuidado com a saúde no campo de batalha haviam sido desenvolvidos - inclusive na forma de unidades do Hospital Cirúrgico Móvel do Exército (MASH - *Mobile Army Surgical Hospital*). Seu objetivo era fornecer cuidados cirúrgicos o mais próximo possível do campo de batalha. Eles foram instigados pelas experiências na Segunda Guerra Mundial, que provaram que o pessoal ferido sofria se houvesse um atraso no tratamento definitivo de seus ferimentos. Esta foi a primeira guerra em que helicópteros foram usados regularmente como ambulâncias voadoras para transportar os feridos para instalações médicas mais bem providas, no menor tempo possível. Novas técnicas revolucionárias, tais como sacos de plástico utilitários e o programa nacional de banco de sangue salvaram inúmeras vidas. Uma armadura corporal eficaz foi desenvolvida para permitir uma melhor mobilidade e, ao mesmo tempo, oferecer proteção. Estas melhorias radicais não apenas salvaram as vidas dos soldados em combate, mas logo foram adotadas pelo setor civil.

O Dr. Elliott Cutler, recém nomeado brigadeiro-general e consultor do cirurgião-geral disse: "Eu até mesmo insistiria em uma extensão desta cirurgia avançada, acreditando que a cirurgia deveria ser levada ao soldado, e não o soldado ao cirurgião". As unidades MASH eram um novo tipo de organização que havia sido anunciada em 23 de agosto de 1945. Parecia bem no papel, mas quando a Guerra da Coreia eclodiu, estas unidades estavam terrivelmente despreparadas. Havia apenas 156 oficiais da Corporação Médica no 8º Exército dos EUA, por exemplo, enquanto 346 eram a força autorizada. Foi necessário equipar o 8054º hospital de evacuação e as 8055ª, 8063ª e 8076ª unidades MASHs. As reservas foram mobilizadas e, em junho de 1950, devido à escassez de médicos na Corporação Médica do Exército dos EUA, o governo instituiu um "esboço médico". Naquela época, pouquíssimas unidades médicas militares americanas tinham qualquer experiência no nordeste da Ásia. O coronel Chauncey Dovell, cirurgião do 8º Exército dos EUA, enviou rapidamente unidades MASH para a Coreia para fornecer apoio médico. Consequentemente, oito unidades MASH foram implantadas rapidamente e não demorou muito para se adaptarem ao terreno acidentado da península.

As práticas de trabalho das onipresentes unidades MASH durante a Guerra da Coreia não estavam muito distantes da popular série de TV americana dos anos 70. Os personagens de Hawkeye e Major 'Hot Lips' Houlihan eram baseados em pessoas reais.

Um dos médicos chamados durante o rascunho foi Robert L. Emanuele. Ele lembrou, mais tarde:

> "Eu era um deles, apenas alguns anos fora da faculdade de medicina, com pouco treinamento cirúrgico e, certamente, nenhuma experiência com "medicina de campo de batalha". A ideia de ir para a Coreia me assustou. Não era tanto que eu temesse ser ferido ou mesmo morto, mas o que realmente me preocupava era que eu poderia não ser um médico suficientemente bom para fornecer as habilidades salva-vidas que nossos soldados precisariam. Após algumas semanas de treinamento no Campo Atterbury, em Indiana, fui enviado para a Coreia, designado como cirurgião da 8209ª unidade MASH. Cheguei

à unidade na manhã de 22 de setembro de 1951. As unidades MASH foram projetadas para serem móveis e operar perto do campo de batalha, e a 8209ª estava a cerca de 10 milhas do front quando cheguei. Lembro-me de ouvir os sons das bombas de artilharia à distância e pensei: "Uau, isto está realmente acontecendo". Não me lembro muito desse primeiro dia, mas lembro de ter frio e saudades de casa na minha primeira noite. Uma das enfermeiras me trouxe um suéter e um cobertor. O cobertor era da Marshall Field & Co. Estranho o que você se lembra'.

O trabalho médico

"Quase todos os dias havia trabalho a fazer. Começava sempre com o anúncio sobre o sistema de comunicação pública do acampamento de 'feridos que chegavam'. Isto era rapidamente seguido pelo som dos 'helicópteros'. Lembro-me que nossa unidade tinha quatro helicópteros. Havia muitos exemplos de atos heroicos na Coreia, mas os pilotos de helicópteros eram heróis em todos os voos. Eles arrancavam os soldados feridos do campo de batalha, às vezes, sob fogo pesado. Eu sempre ficava encantado como eram corajosos os pilotos.

Os dias de trabalho eram longos, 12 horas de trabalho e 12 horas de folga, e o trabalho era um desafio constante em termos do volume de casos, e da complexidade e variedade de ferimentos. Por necessidade, frequentemente, operávamos no chão, com a assistência de uma enfermeira ou de um técnico médico.

As feridas podiam ser horríveis. Uma lesão comum era o resultado de uma mina conhecida como "Bouncing Betty". Quando acionada, ela voava diretamente para cima cerca de um metro antes de explodir, geralmente estripando ou mutilando aqueles infelizes dentro do alcance. Era uma arma horrível. Grande parte das cirurgias que fizemos era na extremidade inferior, fazendo nosso melhor para reparar abdomes eviscerados e abatidos membros inferiores.

O trabalho também era emocionalmente desafiador. Lembro-me de um caso em particular, em que um jovem soldado havia sido gravemente ferido. O Ray [Capitão Ray Crissy], Mert [Major Merton White] e eu trabalhamos sobre ele durante horas. Tínhamos aberto seu peito quando seu coração simplesmente parou de bater. Fizemos tudo que pudemos para mantê-lo vivo, inclusive injetando sangue diretamente em sua aorta e massageando seu coração. Ainda me lembro da sensação de segurar seu coração na minha mão. Conseguimos trazê-lo de volta, e me lembro de ter brincado com ele alguns dias depois. Ele parecia estar indo bem e, realmente, pensei que ele iria conseguir. Mas, seus rins acabaram falhando e nós o perdemos. Como muitos dos soldados, ele era um bom garoto cuja vida terminou muito cedo".

Nos anos 70, a história da fictícia unidade 4077ª MASH chamou a atenção de Hollywood, o que resultou em um filme icônico, que se tornou uma série de TV de sucesso, com 11 temporadas, mas que, na verdade, durou muito mais do que o conflito que retratou. Embora muitos concordem que o filme *M*A*S*H*, de Robert Altman, de 1970 era ostensivamente sobre a Guerra do Vietnã, foi baseado no livro *M*A*S*H*, de 1968, um romance sobre três médicos do exército, de Richard Hooker, assessorado pelo escritor esportivo Wilfred C. Heinz. Todos os livros posteriores a *M*A*S*H*, escritos de 1974 a 1997, tiveram a coautoria de William E. Butterworth (romancista militar W.E.B. Griffin). Richard Hooker era um pseudônimo. Seu nome verdadeiro era H. Richard Hornberger de Bremen, Maine, e ele baseou seus livros fictícios em suas experiências da vida real como médico no 8055º MASH, na Coreia.

A 8055ª tinha um hospital com 60 leitos e foi a primeira unidade médica a chegar à Coreia, em Busan, em 6 de julho de 1950. Hornberger alegou que Hawkeye Pierce, o personagem principal da história, tinha sido baseado em si mesmo. Muitos afirmam que uma das enfermeiras que inspirou o personagem de "Hotlips" Houlihan foi baseada na capitã Ruth Dickson, enfermeira-chefe da unidade 8055ª. Outro possível concorrente foi a "Hotlips" Hammerly, que se dizia ser uma loira muito atraente de El Paso, Texas. Ambas eram enfermeiras de carreira do exército que alcançaram altos postos.

O ator de Hollywood, Jamie Farr, que interpretou o cabo Klinger, cuja única ambição era conseguir uma dispensa da Seção 8, não era o único membro do elenco que realmente serviu na Coreia, embora alguns anos após o fim da Guerra. Alan Alda ingressou na Reserva do Exército após graduar-se na Universidade de Fordham, em 1956, e completou seis meses de serviço como oficial de artilharia na Coreia. Embora alguns websites afirmem erroneamente que ele participou da Guerra, ele tinha apenas 14 anos quando ela eclodiu.

A faísca que fez Hornberger começar a escrever sobre a Guerra foi uma visita que ele recebeu em meados dos anos 60 de um casal de velhos camaradas que haviam servido com ele na 8055ª MASH, o médico Dale Drake e sua esposa, Cathy. Eles passaram algum tempo relembrando suas antigas experiências, e Hornberger foi inspirado a começar a escrever essas memórias.

Cathy (neé McDonough) Drake chegou à Coreia pela primeira vez em 1950, como parte da Corporação de Enfermeiras do Exército na 8076ª MASH, antes que a unidade fosse despachada para Pyongyang, na Coreia do Norte. Mais tarde, ela foi designada de volta à Coreia do Sul, quando foi trabalhar para a 8055ª unidade MASH, bem na 38ª Paralela, onde conheceu seu futuro marido, Dale. Ela se lembrou: "Eu era enfermeira do exército trabalhando no Hospital Walter Reed, em Washington D.C., e fui designada para o 171º Hospital de Evacuação na Coreia. Fui de Fort Bragg para a Califórnia e, depois, navegamos para Tóquio". O 171º Evacuação era um grande hospital, e fui enviada para uma das cinco unidades MASH que eles tinham na Coreia. Foi lá que um dos médicos, um anestesista, estava esperando sua substituição e me disse: "Este seria um cara legal para você, Cathy".

O anestesiologista estava se referindo a Dale. Enquanto Dale trabalhava como anestesista chefe no Arkansas, ele havia se alistado na Reserva do Exército e, em 1951, recebeu ordens para se alistar no Comando do Extremo Oriente, sendo então designado para a 8055ª.

Outro médico de guerra coreano foi James O. Stapleton, que serviu com a Corporação Médica do Exército. Ele se alistou no exército em 1948, em Ann Arbor, Michigan. De lá, ele tomou seu treinamento básico e acabou por terminar em Osaka, Japão, com a 25ª Divisão, Corporação Médica. O Presidente Truman deu a alguns desses homens a opção de retornar aos Estados Unidos. James tinha recebido uma outra faixa, mas tinha planos de voltar para casa para retomar seus estudos e voltar para a faculdade. Isso nunca aconteceu. Como ele lembrou mais tarde: "Isto foi em janeiro de 1951 e, provavelmente, levou cinco ou seis dias apenas para localizar este grupo, e eu acabei no pelotão de morteiros como seu médico. Eles tinham perdido dois médicos, e foi assim que fomos substitutos. E o que faríamos, íamos em patrulha e eu era o médico. E apenas uma pequena linha lateral, nunca sabia onde terminar naquela linha quando estávamos em patrulha, se seria mais seguro estar na frente, no meio ou atrás, então, tentava alternar onde estava, e uma das coisas que eu meio que pensava ser bastante incomum era o fato de que havia tantas armas diferentes. Nós tínhamos

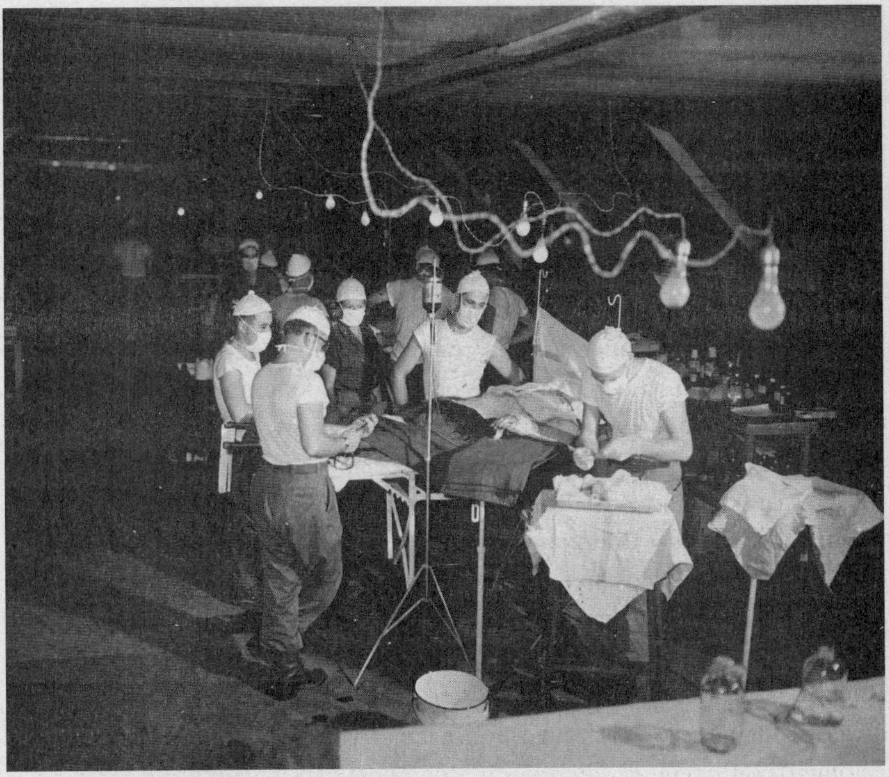

Cirurgia ocorrendo na 8209ª unidade MASH.

submetralhadoras. Na verdade, eu tinha que carregar uma M1 até ter a sorte de conseguir uma carabina, que era um peso mais leve, pois tinha todo o equipamento médico comigo. Mas vou lhes dizer uma coisa que vi em minha primeira patrulha. Estávamos indo e ali estava um capacete, e ele tinha uma cruz vermelha com um buraco de bala, atravessando aquela cruz vermelha. Portanto, tive a noção de que poderia ser perigoso aqui fora. Mas, nós íamos em muitas patrulhas e éramos tão móveis que conseguíamos informações de que havia algumas pessoas na próxima montanha, ou bem longe na estrada, e saltávamos em nossos caminhões e veículos, e íamos até lá o mais rápido que podíamos para interceptá-los.

'A Companhia de Remoção da Corporação Médica do Exército ficava cerca de três a quatro milhas atrás da linha. As ambulâncias traziam pessoas até nós. Os feridos, uma vez no helicóptero, iam para uma unidade MASH talvez dez milhas atrás ou mais adiante, e essa era uma série muito engraçada, a série MASH na TV; mas aposto que nunca houve uma unidade MASH que fosse atacada por alguém, porque elas estavam muito atrás da linha, mas nesta Companhia de Remoção, na qual eu estava, nós fizemos muito trabalho para as pessoas. E o que mais me incomodava quando eu estava ali eram crianças pisando em minas terrestres, tendo que trabalhar nelas. Sabe, se você tem uma indicação geográfica, isso é o que provavelmente vai acontecer. Se você for ferido, você vai levar um tiro; mas para uma criança, apenas sem saber e, aqueles malditos franceses, eles colocariam minas terrestres e poderiam abrir um caminho através delas, mas eles nunca souberam onde o resto delas estava e simplesmente as deixaram. E assim, esses civis, iriam para lá, e eram apenas crianças e alguns adultos que perderiam seus membros".

A Guerra da Coreia foi um conflito trágico e fratricida que infligiu ferimentos corrosivos e duradouros na península. Ela pode ser corretamente considerada, em retrospectiva, como uma das guerras mais destrutivas do século XX. Estima-se que cerca de três milhões de coreanos morreram, pelo menos a metade deles civis. Foi a guerra que estabeleceu a estrutura de base americana no exterior, e um estado de segurança nacional no país, já que os gastos da defesa quase quadruplicaram nos últimos seis meses de 1950. Enquanto a Coreia do Sul adotou a democracia e o capitalismo, a Coreia do Norte permanece até hoje um dos estados comunistas mais extremos e isolados do mundo. A Guerra da Coreia, definitivamente, não é algo para se esquecer.

CAPÍTULO QUINZE

MEDICAMENTOS NO VIETNÃ

Durante os anos 60 e 70, o conflito do Vietnã foi transportado para salas de estar em todo o mundo. Para aqueles que se lembram, era como assistir a um filme de guerra surreal, com a exceção de que esta era real e aquelas eram vidas reais. Algumas das imagens mais prolíficas e inequívocas eram de vítimas sendo transportadas por via aérea em helicópteros Huey Bell, acompanhadas pela trilha sonora de pás sibilantes e pequenas armas estalando em todas as direções. Para os jovens americanos no campo de batalha não se tratava de maquinações políticas de governos corruptos ou ideologias polarizadas, seu serviço baseava-se em uma questão abrangente: será que eu vou conseguir sair daqui? Para aqueles que foram feridos, se eles se safariam ou não dependeria de dois fatores primordiais: a gravidade da ferida e a eficácia do tratamento médico que receberiam.

De modo geral, o apoio médico ao Exército dos EUA no Vietnã foi excelente, considerando os muitos problemas e impedimentos que encontrou inicialmente. Em 1965, por exemplo, algumas unidades operacionais dos EUA no campo estavam enfrentando problemas de fornecimento. Havia escassez generalizada, especialmente de peças de reparo, munições e até mesmo botas, roupas e equipamentos de organização. Parte da dificuldade era que algum material levava mais tempo para chegar do que o esperado. Atrasos no recebimento de suprimentos médicos fizeram com que, durante várias semanas consecutivas, os soldados com algo mais grave do que erupções térmicas ou diarreia tivessem que ser evacuados para o 8º Hospital de Campo em Nha Trang. Foi fácil reprovar o Exército dos EUA em muitos níveis, mas quando se tratava dos serviços médicos, eles não ficavam atrás de nenhum outro no Vietnã.

Com este conflito, novos métodos tiveram que ser concebidos para lidar com outros tipos de traumas no campo de batalha, tais como os infligidos por minas, mísseis de alta velocidade e armadilhas. O terreno também não tornou as coisas mais fáceis. Muitos soldados feridos tiveram que ser extraídos de selvas e campos de arroz, ou ao longo de cursos d'água, onde excrementos humanos e animais exacerbavam as chances de infecção. Os helicópteros, geralmente, estavam disponíveis para evacuar as vítimas para as instalações médicas antes que a condição dos feridos graves se deteriorasse ainda mais. Muitos fatores contribuíram para a baixa taxa de mortalidade das vítimas, tais como a rápida evacuação, a disponibilidade de sangue total, hospitais avançados bem estabelecidos, técnicas cirúrgicas aprimoradas e melhor gerenciamento

Um soldado americano é tratado no campo de batalha após um ataque de Vietcong, em fevereiro de 1968.

médico. O sangue embalado em recipientes de isopor, que permitia o armazenamento entre 48 e 72 horas no campo, poderia ser colocado na área do front em antecipação às vítimas. A maioria dos hospitais no Vietnã tinha até mesmo ar-condicionado para neutralizar o calor extremo, poeira e umidade, e permitir o uso de equipamentos médicos de última geração.

A natureza do conflito no Vietnã exigia uma abordagem totalmente diferente dos serviços médicos. Não havia uma frente real, como havia acontecido na Segunda Guerra Mundial e na Coreia. Consequentemente, os soldados no Vietnã viram mais ação do que os soldados americanos de todas as guerras anteriores juntos. Por exemplo, o soldado de infantaria médio no Pacífico Sul, durante a Segunda Guerra Mundial, viveu cerca de 40 dias de combate em quatro anos. A média dos soldados de infantaria no Vietnã foi de 240 dias de combate em um ano, graças à mobilidade do helicóptero.

Não havia rede rodoviária segura em quase todas as áreas de combate, portanto, a evacuação por helicóptero era imperativa para lidar com a situação. Aproximadamente 12.000 helicópteros viram ação no Vietnã, e estima-se que 40.000 pilotos serviram na Guerra. Dos 2,29 milhões de militares americanos que serviram no Vietnã, mais de um em cada dez se tornou uma baixa de uma forma ou de outra. No total, 58.169 foram mortos e 304.000 ficaram feridos. Embora a porcentagem de mortos seja semelhante à de outras guerras, as amputações ou ferimentos paralisantes foram 300% maiores do que na Segunda Guerra Mundial.

O processo de extrair os feridos dos campos de batalha por helicóptero tornou-se quase rotineiro. Todos os hospitais do Exército Americano no Vietnã, incluindo as unidades MUST (Unidade Médica, Independente, Transportável - *Medical Unit, Self-contained, Transportable*), foram estabelecidos como instalações permanentes com missões de apoio de área. Estes hospitais militares eram, geralmente, anexados ou próximos aos numerosos campos de base que estavam pontilhados sobre o país, e eram considerados relativamente seguros, a menos que a base estivesse sob ataque. Os helicópteros MedEvac voaram quase 500.000 missões no Vietnã, transportando 900.000 pacientes (dos quais quase metade eram americanos). O tempo médio entre ser ferido e chegar a um hospital era, geralmente, inferior a uma hora e, como resultado, menos de 1% das baixas morreram de seus ferimentos nas primeiras 24 horas. Isto se deveu, principalmente, aos talentos dos médicos dos MedEvac que abriram as vias aéreas cirúrgicas, realizaram descompressões torácicas e ressuscitações de choque no caminho para o destino alocado.

Entre janeiro de 1965 e dezembro de 1970, 133.447 feridos foram admitidos em instalações de tratamento médico no Vietnã; 97.659 desses feridos foram admitidos em hospitais. Além dos helicópteros MedEvac, os militares americanos tinham à sua disposição cinco companhias separadas e cinco destacamentos de ambulâncias terrestres. Entretanto, a principal finalidade desses veículos era transportar as vítimas da zona de aterrissagem, ou LZ, para as instalações hospitalares. Algumas vezes, eles eram usados para transportar pacientes para outros hospitais, mas isto dependia, em grande parte, de quão segura era a rota escolhida na época.

Apesar da eficácia dos helicópteros MedEvac no Vietnã, frequentemente, eles eram acometidos pelo problema de encontrar zonas de pouso adequadas

Os helicópteros Huey Bell MedEvac foram altamente eficazes, mas, muitas vezes, tiveram problemas para se aproximar da ação devido à natureza do terreno no Vietnã.

nas proximidades da ação. Na selva e em terrenos íngremes, muitas vezes, era impossível aterrissar o helicóptero, portanto, em muitos casos, os feridos tinham que ser deslocados para o local acessível mais próximo, mas isto implicava utilizar pessoal para transportar fisicamente os feridos. Isto só servia para prolongar o tempo de espera e o desconforto das vítimas. A solução para este problema foi a Talha de Salvamento de Pessoal, que foi desenvolvida e melhorada para um modelo confiável em meados de 1996.

Uma vez que o helicóptero UH-1 foi equipado com o sistema elétrico necessário, a tripulação da aeronave pôde, rapidamente, instalar ou remover o guincho, conforme necessário. A talha em si consistia em um guincho e cabo sobre uma lança que se estendia para fora da aeronave quando chegava sobre o local do resgate. Estava ancorada no chão e no teto da cabine do helicóptero, geralmente dentro da porta do lado direito, atrás do assento do piloto. Quando a porta estava aberta, o guincho podia ser girado em seu suporte para posicionar o cabo e as roldanas fora da aeronave, livre do trem de pouso, para que o cabo pudesse ser abaixado e levantado do solo. Na extremidade do cabo havia um anel e um gancho ao qual se podia prender uma maca de Stokes ou uma maca rígida. O cabo podia ser abaixado na velocidade de 45 m por minuto e retraído na velocidade de 36 m por minuto. Uma pequena variação no tema foi o penetrador florestal, um dispositivo com mola que podia penetrar a folhagem densa e ser aberto para fornecer assentos nos quais uma vítima poderia ser amarrada com segurança. Esta talha era a escolha preferida das tripulações em relação à versão de ninhada, pois era menos provável que ela se enroscasse nas árvores e na folhagem.

Em uma missão de içamento, enquanto a aeronave pairava, o médico ou chefe da tripulação usaria o cabo de içamento para baixar uma maca ou arreios para as vítimas em terra. O chefe da tripulação, às vezes, abaixaria um médico com o dispositivo. Então, o guincho elevaria tanto o médico quanto a vítima para o helicóptero. O guincho padrão poderia elevar até 270 kg em uma única carga e poderia baixar um arreio ou uma maca cerca de 76 m abaixo da aeronave. O único problema significativo encontrado pela tripulação, quando eles estavam usando o guincho, era que o helicóptero se tornou um alvo fácil para as tropas inimigas na área enquanto estava empreendendo uma extração. Em 1968, 35 aeronaves foram atingidas por fogo hostil durante missões de içamento e esse número aumentou para 39 em 1969.

O veterano do Vietnã, Phil Marshall, era membro do 237º Destacamento Médico e pilotava helicópteros MedEvac desarmados enquanto estava em Camp Evans e Quang Tri. Ele chegou ao Vietnã em 4 de julho de 1969. Durante uma missão, foi atingido no braço por uma bala. Ele reconta:

> "Servindo como um piloto médico "*dustoff*" no Vietnã, posicionado próximo ao topo das tarefas perigosas, começando com as condições que os homens encontravam. Saíamos de dia ou de noite, em todos os tipos de clima. Voávamos na direção geral de onde estavam os feridos, mas você está no meio da selva e não tem nenhum ponto de referência. Os soldados disparavam granadas de fumaça para que seus socorristas pudessem encontrá-los mais facilmente, embora os norte-vietnamitas tentassem enganar os pilotos americanos enviando sinais falsos. Eles recebiam 500 dólares por abaterem um helicóptero americano, quer ele tivesse uma Cruz Vermelha ou não. Cada segundo no chão era uma oportunidade para o inimigo nos abater.
>
> Nós quase batemos. O copiloto assumiu o controle, mas, depois, ele congelou nos controles. Sem sentir minhas mãos, eu agarrei os controles de volta. Então, o copiloto sentou e nos levou ao hospital com os feridos. As cirurgias e a recuperação levaram cerca de três meses. Eu deveria receber uma Cruz Distinta, mas ela nunca apareceu. Consegui tirar um Coração Púrpura disso".

O termo "*dustoff*" foi cunhado no Vietnã, quando foi escolhido em 1963 a partir de um livro de código como o indicativo de chamada para o 57º Destacamento Médico. Ele evocava imagens de um helicóptero Huey decolando do campo seco e poeirento do Vietnã, e veio para representar todas as operações de helicópteros MedEvac. O 57º Destacamento Médico tem a honra de ser conhecido como "O Dustoff Original".

A maioria das ambulâncias aéreas contava com cirurgiões de voo qualificados a bordo. Eles eram médicos que tinham recebido treinamento formal no campo especializado da medicina aeronáutica. Eram, geralmente, vinculados a uma brigada de aviação que, por sua vez, era apoiada por uma equipe médica de destacamento que prestava serviço de ambulatório. Quando a situação permitia, a triagem e os cuidados primários para os feridos podiam ser realizados em rota pelos cirurgiões de voo. O helicóptero era, de fato, rápido e eficiente, mas também era vulnerável a ataques no solo. Bombardeiros pesados da Segunda Guerra Mundial, frequentemente, voavam em missões que podiam levar horas, mas, dentro da duração da missão, eles só ficavam vulneráveis ao fogo inimigo por entre dez e 20 minutos. Em contraste, os helicópteros no Vietnã eram quase constantemente expostos a fogos hostis. Isto poderia até acontecer enquanto eles estivessem em seus acampamentos base.

Em 2017, a enfermeira veterana do Vietnã, Lou Elsenbrandt, relatou suas lembranças de trabalhar sob condições tão desafiadoras:

> "Com três meses, a enfermeira chefe perguntou se eu queria o desafio da sala de emergência. Eu aceitei. Depois de cuidar das vítimas, lavamos o sangue por um ralo no chão de concreto com uma mangueira. Os ferimentos na cabeça causados por lâminas de rotor eram os piores casos, ferimentos horríveis. Se um soldado não estava ferido, utilizávamos uma maca e telas para bloquear pacientes inconscientes ou mortos em ação. Durante a triagem, se determinássemos que um soldado não sobreviveria, ele era colocado atrás de uma tela, então, uma enfermeira segurava sua mão e falava com ele até o momento da morte.
>
> Uma vez, depois de uma aldeia ter sido atingida, tivemos 99 civis vietnamitas para cuidar dentro de um período de 24 horas. Quando os feridos vietnamitas entraram, toda a família também entrou. Tivemos também enfermeiras vietnamitas. Elas realmente ajudaram, devido às diferenças culturais.
>
> 'As realidades da guerra? Tenta-se esquecê-las, mas nunca se esquece. Todo soldado trazido para o pronto-socorro tinha que ter suas feridas tiradas do seu corpo, feridas frequentemente revestidas com o agente laranja. Lembro-me dos membros, braços e pernas que faltavam, pendurados em carne desfiada, e de um soldado que rolamos para verificar se havia ferimentos de saída, suas costas ficaram coladas na maca. Nós o colocamos de volta no chão. Ele conseguiu passar por uma cirurgia e nós o levamos para o Japão. Não sabemos se ele conseguiu ou não. Penso naquele garoto todos os dias.
>
> 'Você tentava se separar do sofrimento, mas eu tinha um apego a um jovem tenente que entrou com seus homens. Sua unidade

sofreu pesadas baixas, e ele queria estar com eles, para vê-los passar por sua provação. Numa outra vez, ele foi salpicado de estilhaços. Foi-nos dito que ele perderia ambas as pernas. Essa foi uma das poucas vezes em que tive que sair da sala de emergência. Isso mexeu comigo. Nós salvamos suas pernas, mas eu o vi desde que voltei para casa. Suas pernas não são muito úteis; ele é outro garoto em quem penso todos os dias."

O terreno pode ter sido radicalmente diferente, mas, como a Primeira Guerra Mundial, o Vietnã foi uma guerra de atrito em que cada lado destruiu implacavelmente as unidades do outro. Porém, o sucesso não foi medido no território ganho; foi medido na contagem de corpos. Outra semelhança está nos muitos objetivos fúteis que isso implicava, operações executadas com coragem, estoicismo e disciplina, mas, muitas vezes, com pouco ou nenhum proveito. As colinas e vales vietnamitas pagos em sangue americano eram, frequentemente, abandonados e descartados sem explicação. O problema não eram os homens no campo que lutavam como leões, eram as maquinações políticas de governos corruptos e uma mídia abertamente tendenciosa.

É um fato irrefutável que as baixas americanas incorridas na Guerra do Vietnã receberam um tratamento melhor e mais rápido do que em qualquer conflito anterior. Isto foi conseguido porque foi descoberto, no início da Guerra, que um número relativamente pequeno de helicópteros tinha a capacidade de evacuar um número maior de pacientes para instalações médicas localizadas centralmente muito mais rapidamente do que seus antecessores. Os avanços tecnológicos propagaram a melhoria das comunicações por rádio, o que levou a uma maior capacidade de receber atendimento médico usando rádios de longo alcance conhecidos como PRC-25, que eram capazes de cobrir distâncias de até 8 km. Além disso, a introdução de helicópteros mais potentes usados como ambulâncias aéreas, excedeu em muito a capacidade das ambulâncias terrestres. O principal helicóptero MedEvac no Vietnã foi o UH-1 Huey, especialmente o UH1-D e o UH-1H, mas outros também foram empregados para este fim. Quando era feito um pedido de resposta rápida para evacuação de vítimas, as equipes das ambulâncias aéreas que se deslocavam tinham treinamento médico básico suficiente para que pudessem fazer uma triagem precisa e avaliar a condição do paciente e, então, recomendariam o destino mais adequado e forneceriam cuidados de ressuscitação no caminho. Tal profissionalismo e dedicação foram sem precedentes.

O Vietnã apresentou desafios logísticos extraordinários para o sistema AEROVAC (Evacuação Aeromédica - *Aeromedical Evacuation*). Isto se devia, principalmente, à localização do Vietnã na zona tropical do sudeste asiático. Há uma diferença de tempo de 12 horas entre Washington DC e Saigon. O pessoal militar americano chegando ao Vietnã precisaria de aproximadamente quatro ou cinco dias para se aclimatar à significativa diferença de tempo e para desenvolver um novo ciclo diurno. Também levavam de duas a três semanas para se adaptarem ao calor e à umidade dos trópicos. Foram necessárias, aproximadamente, seis semanas para desenvolverem uma aclimatação biológica relativa aos tipos de organismos infecciosos que poderiam ser encontrados no novo ambiente. Consequentemente, as unidades médicas estacionadas no Vietnã foram obrigadas a desenvolver uma melhor proficiência e um certo grau de autonomia, pois o hospital fora das fronteiras americano mais próximo ficava a quase 1.600 km de distância, na Base da Força Aérea Clark, nas Filipinas. Estas distâncias ampliadas, mesmo com o transporte aéreo moderno, exigiam um grau nominal de autossuficiência para poder atuar nas zonas de operações de combate. O padrão de qualificação e proficiência excedeu o que havia sido exigido do pessoal médico em guerras anteriores. Durante a Guerra do Vietnã, os militares dos EUA empregaram uma proporção significativamente mais elevada de tropas médicas para combate do que em operações militares anteriores.

A enfermeira Helen Eileen Hause serviu no 4162º Hospital da Força Aérea, 92º Hospital do Comando Aéreo Tático, 6160º Hospital da Força Aérea, 9º Esquadrão de Evacuação Aeromédica, 820º Grupo Médico e 81º Hospital do Comando Aéreo Tático. Ela lembrou como eles conseguiram lidar com tantos pacientes:

> "Eu disse à enfermeira-chefe, você sabe, eu gostaria de ir ao Vietnã. E ela disse: 'Assim como todas as outras enfermeiras'. Eu disse: 'Está bem'. Ela disse: 'Ponha seu nome em uma lista. A lista é tão longa, você sabe, não precisa se preocupar com ela.' Bem, eu disse, alguém deve ter queimado a lista, porque três meses depois, eu tinha minhas

ordens de ir a Ton Son Nhut. Nós tínhamos uma unidade de diagnóstico com 85 leitos. O exército traria os feridos para o terceiro hospital de campo, que era um grande hospital-geral dentro dele, e cuidaria dos caras, fazendo suas coisas com eles. E, então, eles os trariam para fora, até nós. Nós os processaríamos no sistema aerovac. Eles os traziam para dentro. Nós os mantínhamos durante à noite, trocávamos seus curativos, os colocávamos em pijamas, lhes dávamos banhos, os alimentávamos e, depois, os colocávamos no avião no dia seguinte.

E, às vezes, eles vinham das unidades MASH...Esses caras ainda tinham o barro vermelho do Vietnã neles, então, nós, sabe, faríamos nossa coisa com o banho, a alimentação e a troca de curativos. Eu simplesmente não conseguia entender como os humanos podiam enfrentar o que essas crianças tinham acabado de sofrer e sobreviver. Foi incrível.

Íamos trabalhar às 5h30 da manhã, e esta outra garota, que era major naquela época, sempre quis que eu a acompanhasse. Eu ia com ela. Tínhamos que passar pelo necrotério. E eu lhe digo, não há nada para começar seu dia a não ser o cheiro de formaldeído, e o líquido de embalsamamento. Assim, ela, geralmente, vomitava no caminho. Eu simplesmente parava de respirar até passarmos por isso. E, depois, entrávamos na ala. E essas crianças, elas o observavam quando você trocava seus curativos. Eles liam seus rostos, observavam cada movimento, cada expressão em seu rosto. Então, você só tinha que se preparar para não ter nenhuma expressão em seu rosto, e isso era difícil. Isso era difícil. Mas, era assim que as coisas eram. Tínhamos um ambulatório com seis ou oito leitos em conexão com a sala de espera de vítimas. Eu pensei que [a outra garota] estava encarregada de todo o lugar. Nós nunca... discutimos sobre isso. Eu era a enfermeira encarregada dela, então, nos demos bem. Não houve problema algum. Estávamos fazendo isso seis dias por semana. E trabalhávamos até que o serviço fosse feito, mesmo sabendo que o horário era de três turnos. Todos trabalhariam até que o dever estivesse cumprido".

Conseguir um bilhete de volta ao "Mundo" pode depender de vários fatores. Era prática comum que os pacientes evacuados de volta para seu país de origem recebessem um crédito de "conclusão da missão". Isto significava, com efeito, que a vítima não seria obrigada a retornar ao serviço ativo no Vietnã. Originalmente, a política só se aplicava aos feridos em combate, mas, mais tarde, durante o conflito, isto foi estendido para incluir aqueles afligidos por casos de doenças e lesões de não-balas. No outono de 1965, a melhor maneira de um soldado se assegurar de estar em casa com sua família no Natal era contrair malária nas Terras Altas, ou ficar gravemente ferido em um acidente de trânsito. Mesmo uma queimadura "acidental" grave poderia ser seu bilhete.

Carolyn Hisako Tanaka foi apelidada de "Papa Léguas" por sua energia e entusiasmo incansáveis quando serviu no Vietnã. De ascendência japonesa, aos seis anos de idade, ela viu sua família ser expulsa de sua casa na Califórnia, na esteira de Pearl Harbor, e ser levada para um campo de internação em Poston, Arizona. Quando a família retornou à Califórnia após a Guerra, encontrou sua casa incendiada. Em 1966, ela decidiu alistar-se no exército como enfermeira de pronto-socorro. Carolyn tinha as habilidades necessárias e a ambição de cumprir seu dever para com seu país. Ironicamente, ela voltou daquela Guerra para um "bem-vindo" que evocou algumas lembranças amargas.

Quando Carolyn voltou do Vietnã, ela foi recebida com protestos e uivos de zombaria. Isso a fez lembrar de 7 de dezembro de 1941. Ela escreveu:

> "Isto marca um dia muito negro na história da América, assim como para nossa família e as de 120.000 nipo-americanos que vivem na costa do Pacífico. A Segunda Guerra Mundial entrou em erupção e interrompeu para sempre os piqueniques de nossa família. Eu ia fazer 9 anos de idade. Em 11 de abril de 1942, a febre do "Perigo Amarelo" se espalhou rapidamente, e nós, americanos descendentes de japoneses, não podíamos confiar em nosso governo. A Ordem Executiva 9066 permitiu que o governo nos tirasse de nossas casas, nos privasse de nossas liberdades civis e nos colocasse em campos de internação em todo os Estados Unidos. Vovô foi levado sem qualquer aviso prévio para onde ia. Ele só podia levar a roupa que estava usando, uma muda de roupa e uma escova de dentes. A família soube que ele foi enviado a Bismark, Dakota do Norte, quando ele escreveu pedindo para que lhe enviassem roupas quentes. A família não teve tempo para vender nossos pertences ou móveis. A maioria de nossos pertences teve que ser dada a *Mends* ou vizinhos, incluindo os elegantes

conjuntos de bonecas do Dia dos Meninos e Meninas. Papai queria que a família fosse para o mesmo acampamento que sua irmã, Aki, e o irmão da mãe, Harvey. Eles estavam morando em Dinuba com seus quatro filhos. Papai encontrou uma casa na fazenda Wake. Ele levou Hitoshi e eu para fora da escola e fez planos para nos mudar para Dinuba. O marido da irmã mais velha de papai, Toshi, estava confinado em um sanatório de tuberculose, e não podia fazer arranjos para sua esposa e seus quatro filhos. Eles possuíam um mercado de produtos em Santa Maria. Papai fez os preparativos para que eles se mudassem para Dinuba conosco. A mamãe deveria dar à luz ao seu quarto filho a qualquer dia e não podia viajar. O papai tinha que ficar para trás com ela. Então, a tarefa de dirigir o caminhão da família com todos os nossos pertences caiu sobre os ombros da irmã mais nova do papai, Sueko. Ela nunca havia dirigido na rodovia em uma viagem tão longa. Ela estava morrendo de medo, mas era algo que tinha que ser feito, e ela o fez. Muitos anos depois de sua primeira viagem ao Vietnã, ela escreveu: Minha viagem de volta do Vietnã para casa foi uma viagem chata para Travis. Em Oakland, cinco de nós no voo compartilhamos uma viagem de táxi até o aeroporto de São Francisco. Fomos aconselhadas a tirar o uniforme para evitar ser cuspidas ou chamadas de "assassinas de bebês". Demos nosso sangue, suor e lágrimas por nossos irmãos em combate, e este foi o agradecimento que recebemos."

Quando o conflito chegou ao fim, havia mais de 5.000 enfermeiras americanas trabalhando no Vietnã, com uma média de idade de 23,6 anos. Sessenta e um por cento dos combatentes mortos eram menores de 21 anos, com 11.465 menores de 20 anos. A média de idade dos homens mortos era de 23,1 anos. Apesar da utilização da minuta, dois terços dos homens que serviram no Vietnã eram voluntários e representavam aproximadamente 70% dos mortos.

As últimas tropas americanas deixaram o Vietnã em 29 de março de 1973, e a queda de Saigon ocorreu em 30 de abril de 1975. Só para constar, é importante ressaltar que foram os vietnamitas do Sul que perderam a Guerra, não os americanos.

CAPÍTULO DEZESSEIS

IRAQUE E AFEGANISTÃO

A tarefa imediata atribuída aos departamentos médicos do exército, marinha e força aérea Aliados quando começaram a se deslocar para o Golfo Pérsico como parte de um esforço multinacional chamado Operação Escudo do Deserto, era fornecer a esta Força uma gama completa de apoio médico. Os diplomatas americanos começaram imediatamente a pressionar a Arábia Saudita a admitir tropas americanas para dissuadir possíveis novas agressões do Iraque. Inicialmente, a Arábia Saudita mostrou-se relutante em convidar cristãos e soldados mulheres para um país que é muçulmano. Outro ponto de discórdia foi a colocação da Cruz Vermelha em hospitais de um país muçulmano, embora isso tenha sido rapidamente aprovado. O 12º Hospital de Evacuação dos EUA, naquela época localizado na Alemanha, seria o primeiro hospital a ser implantado no Oriente Médio. O 12º foi destinado a apoiar a 7ª Corporação, mas, naquela época, estava terrivelmente despreparado. A unidade tinha metade de sua força não médica (oficiais administrativos e pessoal não-médico alistado), mas nenhum pessoal médico de fato à sua disposição. Para compensar isso, o 7º MEDCOM recorreu a soldados individuais de outras unidades e instalações médicas na Europa. Eles até mesmo emprestaram pessoal, incluindo pessoal médico alistado, como técnicos de farmácia, técnicos de sala de cirurgia e enfermeiros práticos licenciados, bem como pessoal de manutenção, especialmente oficiais seniores não alistados e oficiais de mandado de manutenção.

A paranoia geral sobre o possível uso de armas químicas inspirou o Major General Michael Scotti, comandante do 7º MEDCOM, a iniciar duas tarefas particulares de treinamento para as unidades que se preparavam para a implantação. A prioridade era como lidar com o ambiente áspero do deserto sem degradar suas operações e, em segundo lugar, eles tinham que se preparar completamente para a possível eventualidade de Saddam usar armas químicas de destruição em massa (WMD - *weapons of mass destruction*). Nenhuma WMD foi encontrada no Iraque.

No Reino Unido, a ação da Guerra do Golfo tinha o código Operação Granby. Como parte disso, em 22 de setembro de 1990, o Hospital de Campo Aldershot foi enviado para a ilha do Bahrein e, depois, para Wadi Al Batin, no norte da Arábia Saudita. Em outubro de 1990, o pessoal do Hospital Militar de Cambridge, Aldershot, foi mobilizado como Hospital de Campo 33, e enviado para Al Jubayl, na costa leste da Arábia Saudita. A Guerra do Golfo de agosto de 1990 viu o maior destacamento de QAs (Corporação de Enfermagem do Exército Real da Rainha Alexandra - *Queen Alexandra's Royal Army Nursing Corps*) desde a Segunda Guerra Mundial.

Em preparação para a subsequente Operação Tempestade no Deserto, aviões da Força Aérea americana e navios da Marinha se deslocaram para a área, juntamente com unidades da Corporação de Fuzileiros Navais que utilizavam equipamentos já in situ. Seu desafio era enviar um sistema médico treinado e equipado a mais de 7.000 milhas para atender uma população maior do que a de Seattle e dispersa por uma área aproximadamente um quinto do tamanho dos Estados Unidos continental, e preparar-se simultaneamente para o fluxo contínuo esperado de baixas em massa. Médicos militares, dentistas, enfermeiros e outros profissionais de saúde ativos dos hospitais comunitários e centros médicos dos EUA foram rapidamente despachados para servir nos batalhões, brigadas, divisões, navios, pelotões aéreos, hospitais e unidades médicas de campo que estavam sendo implantadas no Golfo Pérsico.

O principal espaço logístico da Coalizão era uma área fora do porto de Dhahran. Durante duas semanas, a Corporação principal do 12º foi colocada lá em uma cidade de barracas. Este tempo foi utilizado praticamente para organizar a unidade e integrar o pessoal médico recém-chegado com o pessoal não-médico. A enfermeira-chefe foi obrigada a conhecer todas as novas enfermeiras, aprender suas qualificações e experiência e, depois, atribuir-lhes um cargo apropriado. O equipamento que chegava era descarregado, os itens que faltavam eram acondicionados e o transporte era providenciado. O jogo continuava.

Às 3h00, horário de Bagdá, em 17 de janeiro de 1991, a Operação Tempestade no Deserto foi desencadeada com a intenção de expulsar as forças iraquianas de Saddam Hussein do Kuwait. O precursor da Tempestade no Deserto foi uma intensa campanha de bombardeio que devastou a infraestrutura do Iraque e destruiu muitas linhas de abastecimento militar. A campanha aérea foi rapidamente seguida por uma guerra terrestre que durou 100 horas, na qual uma vasta coalizão internacional liderada por 500.000 soldados dos EUA encaminhou o quarto maior exército do mundo. A "mãe de todas as batalhas" prevista por Saddam Hussein não demorou muito para se deteriorar para as forças iraquianas e se tornar "a mãe de todos os recuos".

Na esteira dos ataques terroristas contra os Estados Unidos ocorridos em 11 de setembro de 2001, as forças militares americanas foram mobilizadas e enviadas para o Afeganistão na Operação Liberdade Duradoura (OEF - *Operation Enduring Freedom*), em 2001, e para o Iraque na Operação Liberdade do Iraque (OIF - *Operation Iraqi Freedom*), em 2003. Estas forças tinham à sua disposição unidades médicas de campo do exército altamente treinadas e especializadas, como o anteriormente mencionado Hospital Cirúrgico Móvel do Exército (MASH - *Mobile Army Surgical Hospital*), o Hospital de Apoio ao Combate (CSH - *Combat Support Hospital*) e a Equipe Cirúrgica Avançada (FST - *Forward Surgical Team*), bem como equivalentes que acompanharam as unidades da Força Aérea e da Marinha. Estas equipes médicas se familiarizaram quase imediatamente com os tipos de baixas, tanto militares como civis, causadas pela guerrilha insurgente. Entretanto, graças aos avanços tanto na medicina civil quanto na militar, mais soldados sobreviveram a feridas graves do que em conflitos anteriores.

Em 2017, os Estados Unidos, apoiados pelo Reino Unido e outros aliados da OTAN, estavam continuamente envolvidos em uma guerra nos últimos 13 anos. Um total de cerca de 2,5 milhões de americanos serviram no Iraque ou no Afeganistão em algum momento nos anos pós 11 de setembro, muitos deles, mais de uma vez. A principal distinção nestes conflitos recentes é que mais mulheres assumiram deveres de combate na linha de frente do que em qualquer guerra anterior. O grau de envolvimento das mulheres no OEF e na OIF, tanto em termos do número de mulheres empregadas quanto do escopo de seu envolvimento, é sem precedentes. Em 2010, o Comando de Operações Especiais do Exército dos EUA criou um programa piloto para colocar mulheres no campo de batalha no Afeganistão e, em janeiro de 2016, os serviços armados levantaram uma proibição controversa das mulheres que serviam em posições de combate direto. Desde então, mulheres soldados têm patrulhado as ruas de Fallujah e Kandahar. Elas conduziram comboios por estradas desérticas e passagens de montanha, se destacaram com as Forças Especiais no Afeganistão em equipes de apoio cultural, entraram nos cockpits dos aviões de combate e rastejaram para fora dos escombros sangrentos causados pelas explosões de IED (Dispositivo de Explosão Improvisado - *improvised explosive device*). Eles se tornaram parte integrante de todas as operações militares.

Uma pessoa que experimentou o Iraque em primeira mão foi Corrine Lynn Schurz, de Easton, Pensilvânia. Seu relato de sua experiência em combate tem um toque muito contemporâneo e franco, e mostra um dos muitos problemas enfrentados pelos militares de hoje. Abertamente gay, ela estava ansiosa para servir seu país e aprender uma habilidade de vida útil, então, alistou-se no Exército dos Estados Unidos como uma especialista em radiologia. Ela começou a treinar como especialista médica (médica de combate) e passou a ser especialista em raios X. Depois do AIT (treinamento individual avançado), ela foi colocada na Alemanha Ocidental. Enquanto lá, ganhou o Distintivo de Especialista Médico de Campo e foi promovida a Especialista 5. Após retornar aos Estados Unidos, ela entrou para a Reserva do Exército dos Estados Unidos e passou os 19 anos seguintes como reservista de treinamento ativo nas numerosas unidades médicas que eram chefiadas pelos reservistas de treinamento em Grand Rapids, Michigan, terminando com o 323º Hospital de Apoio ao Combate e a 322ª Companhia Médica sediada em Southfield, Michigan. Durante seu tempo como reservista de treinamento, Schurz foi promovida a sargento de primeira classe. Ela se formou na escola de enfermagem e foi comissionada como segunda-tenente em junho de 2003.

Schurz foi enviada com o 325º Hospital de Apoio ao Combate para COB Speicher, fora de Tikrit, Iraque, onde serviu como enfermeira médico-cirúrgica

A taxa de mortalidade dos feridos nos conflitos contemporâneos diminuiu significativamente graças a unidades como o 28º Hospital de Apoio ao Combate no Iraque.

cuidando de americanos feridos e doentes, iraquianos, forças de coalizão e cidadãos de países terceiros (trabalhando como contratada). Um Hospital de Apoio ao Combate (CSH) tem o trabalho de estabilizar o paciente e fornecer tratamento especializado dentro de uma zona de combate. Os pacientes que não puderam retornar ao serviço foram evacuados para hospitais em bases militares dos EUA na Europa. Um CSH ativo forneceu até 248 leitos e foi capaz de realizar cirurgia geral, ortopédica, torácica, vascular, urológica e ginecológica. O CSH tem amplas capacidades laboratoriais: Raio-X, ultrassonografia, tomografia computadorizada, banco de sangue e fisioterapia.

Enquanto destacada, Schurz recebeu a Medalha de Comenda do Exército. Ela terminou sua carreira militar de 28 anos honrosamente em 29 de junho de 2008, como resultado da política "Não pergunte, não diga " (DADT - *Don't Ask, Don't Tell*) do Presidente Clinton. Este é o termo comumente utilizado para a política que restringe o pessoal militar dos Estados Unidos dos esforços para discriminar ou assediar membros ou candidatos ao serviço militar homossexual ou bissexual, enquanto exclui aqueles que são abertamente gays, lésbicas ou bissexuais do serviço militar. Schurz vive com sua parceira amorosa e diz:

> "Eu sou lésbica e sempre fui lésbica, então, parte disso era qual ramo do serviço era menos provável de se importar ou de me expulsar por ser lésbica. Os fuzileiros navais não têm um campo médico e era para lá que eu queria ir... por um par de razões. Primeiro, eu não pensava que ... era provável que o campo médico me pedisse para fazer coisas ... que violassem meu código de ética pessoal.
>
> Meus deveres eram os seguintes. Trabalhei na ala de cuidados intermediários no turno da noite, então... Basicamente, eu era enfermeira médica/cirúrgica. Basicamente, cuidávamos de qualquer pessoa que estivesse doente, porque os materiais médicos eram mais ou menos, os bens médicos eram divididos... Então, cuidávamos de pessoas que estavam doentes. Havia soldados que podiam voltar ao serviço. Nós cuidávamos das pessoas que estavam feridas, dessa forma, geralmente, eles ficavam, se fossem americanos eles eram evacuados. Se eles fossem forças de coalizão, eram evacuados. Cuidávamos dos cidadãos de países terceiros que trabalhavam principalmente como empreiteiros, e cuidávamos dos iraquianos, da polícia, do exército e dos civis que se feriam... Tivemos um par de baixas em massa, então, tivemos que cuidar deles. Sabe, a guerra é bastante violenta e não faz muito sentido a maior parte do tempo.
>
> Certamente, servi com muitas mulheres que se honraram, e muitas delas, da minha perspectiva, eram lésbicas, não todas, e a orientação sexual não faz um bom ou mau soldado de uma forma ou de outra, seja qual for a forma em que estamos, mas, para minha identidade, tem sido importante encontrar minhas irmãs em comum. Acho que as lésbicas no serviço não foram realmente reconhecidas porque nós, assim como os gays, tínhamos que estar sob o radar. Portanto, revelar-se, para mim, é importante no processo. Então, como o exército já havia conseguido, estávamos lá".

Quase 90% dos médicos de combate designados com unidades de linha participaram de patrulhas de combate e a maioria deles experimentou algum tipo de fogo hostil. Aproximadamente, um terço testemunhou alguém de sua unidade ou um aliado sendo gravemente ferido ou morto, ou tropas inimigas sendo gravemente feridas ou mortas. Os ferimentos característicos dos veteranos de guerra que retornaram do Iraque e do Afeganistão são representados pelas condições duplas de transtorno de estresse pós-traumático (TEPT) e traumatismo cranioencefálico (TCE). A raiva e a agressão podem ser correlatas de ambas as condições.

A história militar do Afeganistão é um legado longo e amargo. Muitos historiadores, frequentemente, têm se referido ao Afeganistão como o "cemitério dos impérios". Há mais de 2.000 anos, Alexandre, o Grande, viveu os combates no Nordeste. Para ele e seu exército, foi uma longa e sangrenta guerra de ações de guerrilha e cercos, e Alexandre passaria a maior parte de três anos exaustivos tentando subjugar os povos recalcitrantes dos satrapias distantes da região. Ele falharia inevitavelmente. A invasão britânica de 1839 produziu, inicialmente, uma vitória impressionante para o Exército Imperial, mas isso foi rapidamente seguido por uma derrota impressionante que foi, consequentemente, seguida por uma segunda vitória. Em 1878, os britânicos invadiram novamente. Embora tenham sofrido uma grande derrota em Maiwand, seu exército principal acabou derrotando os afegãos. Os britânicos, então, redesenharam a fronteira da Índia Britânica até o Khyber Pass, e o Afeganistão teve que ceder várias áreas fronteiriças. Os afegãos iniciaram os combates na terceira guerra anglo-afegã quando Amanullah Khan enviou tropas para a Índia Britânica, em 1919. Em um mês, eles tinham sido forçados a se retirar.

Ao contrário da crença popular, os russos não sofreram uma grande derrota militar no Afeganistão. É verdade que os mujahideen afegãos ganharam alguns encontros importantes, notadamente no vale do Panjshir, mas definitivamente perderam outros. A verdade é que isso culminou em um impasse e nenhum dos lados derrotou decisivamente o outro. Os soviéticos poderiam ter ficado no Afeganistão o tempo que quisessem, mas decidiram partir em 1988, quando Mikhail Gorbachev estimou que a guerra tinha chegado a um impasse e não era mais viável em termos de custo em homens, dinheiro e prestígio internacional.

O atual conflito no Afeganistão começou em 2001, na esteira dos catastróficos acontecimentos do 11 de setembro. O objetivo do governo Bush era eliminar a ameaça terrorista do líder da Al-Qaeda, Osama bin Laden. As forças dos EUA iniciaram a Guerra contra o terror atacando o Talibã, com a premissa de que eles estavam se escondendo e protegendo este terrorista procurado, o malvado mentor por trás dos ataques às Torres Gêmeas. O Conselho de Segurança da ONU emitiu sanções punitivas contra o Afeganistão. Estas sanções, juntamente com a Guerra do Afeganistão que se seguiu, podem ter levado à queda do Talibã, mas ele não foi eliminado. No final de dezembro de 2014, a missão de combate da OTAN terminou e foi substituída por uma missão de assistência batizada de Suporte Resoluto. O nome da missão ou operação é, em grande parte, supérfluo para as baixas que ocorreram e, com cada guerra, há baixas. Entretanto, melhorias na medicina do campo de batalha significam que mais de 90% dos soldados feridos no Afeganistão sobreviveram. Isto é uma melhoria acentuada em relação ao recorde de 86,5% da Guerra do Vietnã. Estima-se que o custo dos pagamentos médicos e de invalidez dos veteranos somente para os Estados Unidos nos próximos 40 anos poderá chegar a 1 trilhão de dólares. Considerando que estes jovens, homens e mulheres, estão preparados para dar tudo pelo país pelo qual serviram e sofreram, o custo pessoal para aqueles que retornam desmembrados e desfigurados é incalculável.

Chantelle Taylor entrou para o Exército Britânico aos 22 anos de idade, em 1998, como técnica médica de combate. Ela serviu em Kosovo, Serra Leoa, Iraque e Afeganistão. Quase 12 anos após o alistamento inicial, ela foi recomendada a tirar a comissão da Rainha das fileiras, mas optou por deixar o serviço. Ela retornou ao Afeganistão pela terceira vez com o Departamento de Estado dos EUA, onde ajudou a desenvolver o programa de assistente de trauma e completou dois anos como instrutora em medicina de combate. Sua contribuição para o mundo da medicina tática continua com suas experiências no campo, compartilhadas através da exposição interativa de soldados no Museu Nacional do Exército em Londres. Chantelle foi formalmente apresentada à Rainha Elizabeth II e ao Príncipe Philip durante a cerimônia oficial de abertura do museu. Suas memórias militares *Battleworn*, juntamente com seu poema "*Keep me Awake*", foram apresentados como parte da contribuição dos militares britânicos para a exposição de arte *Warrior Care*, em Washington DC, em 2016.

Uma guerra, um conflito, uma ação policial, uma insurgência; todas estas descrições são excedentes às exigências das equipes médicas que remendam e remontam os corpos despedaçados de jovens, homens e mulheres feridos em ação. Independentemente da natureza ou do motivo do confronto violento, eles são sempre obrigados a fazer seu trabalho. No Vietnã, enfermeiros e médicos tiveram que lidar com ferimentos resultantes de balas, bombas e armadilhas, mas durante as Guerras do Iraque e do Afeganistão surgiu uma nova ameaça que se tornou a causa de uma porcentagem significativa de feridos aliados. Na segunda Guerra do Iraque, os IEDs, ou dispositivos explosivos improvisados, foram usados extensivamente contra as forças de invasão lideradas pelos EUA e, no final de 2007, tinham se tornado responsáveis por aproximadamente 63% das mortes da coalizão no Iraque.

Entre 2001 e o final de 2014, as forças da coalizão OTAN/ISAF sofreram 1.401 mortes como resultado das IEDs, o que representa cerca de 50,4% das mortes no Iraque em suas perdas totais em combate. No período de 2008 a 2011, as fatalidades do IED representaram entre 58% e 61% das perdas da Coalizão. O número de feridos de IEDs ou as baixas entre as forças afegãs não são conhecidos, mas, de acordo com dados da Organização Conjunta de Derrotas do Pentágono, entre metade a dois terços dos americanos mortos ou feridos em combate nas Guerras do Iraque e do Afeganistão foram vítimas de IEDs plantadas no solo, em veículos ou edifícios, ou usadas como coletes suicidas, ou carregadas em veículos suicidas.

Os IEDs são montados usando uma variedade de componentes que incluem um iniciador, interruptor, carga principal, fonte de energia e um recipiente. Os IEDs podem ser cercados ou embalados com materiais adicionais ou "melhorias" tais como pregos, vidro ou fragmentos de metal projetados para aumentar a quantidade de estilhaços impulsionados pela explosão. As melhorias também podem incluir outros elementos, tais como materiais perigosos. Um IED pode ser iniciado por uma variedade de métodos, dependendo do alvo pretendido. Eles foram originalmente introduzidos no Oriente Médio e Ásia Central, de certa forma, paradoxalmente, pelos militares americanos. Os insurgentes iraquianos, provavelmente, aprenderam como fabricar os dispositivos mortais a partir do Manual Técnico TM 31-210 do Exército dos EUA, acessível eletronicamente. Eles apressaram-se em melhorar as receitas básicas americanas, construindo uma sucessão de engenhocas mais difíceis de detectar, mais potentes e mais fáceis de usar. O know-how iraquiano foi transferido, com sucesso, para o Afeganistão, e continuamente melhorado, tanto técnica como taticamente, transformando assim os IEDs em uma das armas mais eficazes nos arsenais do Talibã. A principal questão com os IEDs é que eles são uma arma que não atinge apenas as tropas estrangeiras em patrulhas terrestres e em comboios rodoviários; um IED também é uma arma de terror indiscriminado que mata e mutila milhares de civis.

O tratamento das baixas resultantes do contato com os IEDs apresenta novos problemas para as equipes médicas que operam em zonas de guerra. Devido a sua natureza e mecanismo, um IED tem o potencial de infligir uma lesão multidimensional, prejudicando inúmeros sistemas e órgãos. As explosões de IEDs podem causar sérias incapacidades permanentes ou duradouras que podem resultar em amputações, lesões internas, queimaduras, lesões cerebrais e traumas psicológicos. Embora as vítimas atingidas pelos IEDs tenham uma taxa de fatalidade maior do que as das minas, como relatado no Afeganistão, eles ainda ferem muito mais pessoas do que matam, e a maioria dos que sobrevivem a essas explosões necessitarão de assistência médica e, em alguns casos, psicológica, por muitos anos. Os IEDs ativados são dispositivos que são detonados pela presença, proximidade ou contato de uma pessoa ou de um veículo.

Os IEDs são a fonte de maior preocupação da maioria dos soldados que entram em uma zona de guerra. O medo de perder um membro é uma coisa, mas o medo de perder seus órgãos reprodutivos é maior. A explosão inicial de um IED tem a capacidade de cortar braços e pernas, rasgando a carne macia, esmagando órgãos e ossos, e levando sujeiras e rochas profundamente nas feridas abertas. Também pode mutilar os genitais da vítima ou explodi-los completamente. Sabendo que ele estava destinado ao serviço ativo no Afeganistão, um jovem fuzileiro recém-casado planejou tomar a precaução de ter seu esperma congelado para que, no caso de contato com um IED, ele e sua esposa ainda pudessem ter filhos. Infelizmente, as restrições de tempo o impediram de fazer isso. Algumas semanas depois, ele estava numa patrulha de combate em Sangin, no sul do Afeganistão, caminhando atrás de um engenheiro para varrer os IEDs. Houve um clarão ofuscante, seguido por uma onda de calor abrasador. A explosão para cima arrancou as pernas do jovem e a maior parte de seu braço esquerdo, cortando seu braço restante, quebrando sua pélvis e levando uma pedra e outros detritos para dentro de sua cavidade abdominal. Em meio à carnificina sangrenta, toda a pele de seu pênis foi arrancada e seus testículos desapareceram. Mais tarde, enquanto se recuperava no hospital, ele chamou sua esposa para pedir desculpas pela natureza de seus ferimentos. Segurando as lágrimas, ela tranquilizou estoicamente o soldado ferido e disse: "Vamos superar isto juntos, como uma equipe".

Apesar de alguns dos ferimentos devastadores que ocorreram aos soldados no campo, uma unidade em particular, o Hospital de Campo Britânico 34, em Camp Bastion, reivindicou uma taxa de sobrevivência de 98% para as baixas, tornando-se um líder mundial em atendimento a trauma. No entanto, durante um tour padrão no Afeganistão, houve relatos de que médicos e enfermeiros, motoristas de ambulância e paramédicos, hospitais e centros de saúde, todos foram atacados em algum momento ou outro. Isto, naturalmente, perturbou a prestação de cuidados médicos quando mais necessário. Tanto civis quanto combatentes morreram porque foram impedidos de receber os cuidados necessários em muitas ocasiões.

As feridas físicas eram um aspecto, mas o trauma psicológico ou TEPT era inteiramente outro. Michelle Partington deixou a RAF em 2015, depois de servir 20 anos como paramédica de linha de frente. Ela foi a primeira paramédica feminina a ir para a linha de frente com o Regimento da RAF e foi colocada operacionalmente em várias incursões com o MERT (Equipe de Resposta a Emergências Médicas - *Medical Emergency Response Team*), levando cuidados de emergência para salvar as vidas dos feridos. Ela trabalhou no Reino Unido e no exterior em alguns dos ambientes mais remotos e austeros. Ela entrou para a RAF em 1991, e alcançou a patente de sargento antes de ser comissionada como oficial de apoio médico, fornecendo apoio tático e estratégico para os Serviços Médicos de Defesa. Michelle foi uma peça-chave na construção de um quadro paramédico dentro da RAF e se tornou oficial especialista em TEPT. Ela começou a escrever um blog para ajudar o público a entender a mente de alguém que sofre de TEPT. Escrever sobre suas experiências tem sido difícil, mas, em última análise, catártico. Ela explica:

"Um dos camaradas da tripulação entrou na sala da tripulação para nos informar que tínhamos uma troca de táxi (helicópteros). Isso sempre foi uma delícia pra gente ... NÃO!!! Estava tudo pronto para mover tudo de um Chinook para outro, porque o anterior havia recebido um tiro após ser alvejado durante o último voo. Estou feliz por não ter percebido isso enquanto estava no chão. Com certeza, há sempre um risco hoje em dia, muitos sinais de polegar para baixo. Portanto, fizemos a troca de táxi o mais rápido possível e protegemos tudo. Normalmente, estamos protegidos de um trabalho durante essas trocas de táxi, mas tentávamos fazê-la rapidamente porque isso significava que não poderíamos fornecer cobertura médica disponível para os caras no terreno.

Infelizmente, tivemos azar, porque o rádio ganhou vida "MERT & MERT você tem um MedEvac urgente, confirme". Anouska pegou o rádio e corremos algumas centenas de metros até a cabine, colocamos nosso kit enquanto a tripulação da aeronave ligava o Chinny. Fomos chamados para socorrer dois soldados que tinham recebido ferimentos de fragmentos, um deles na cabeça, que não parecia tão bom assim. Minha vítima parecia estar bem, mas você não pode correr nenhum risco, porque não sabe para onde o fragmento foi. Fomos chamados para ferimentos de fragmento no passado, que pensávamos terem sido bem pequenos, mas quando nos aproximamos do desembarque do paciente, ele explodiu devido a um pedaço de estilhaço que cortou uma artéria. Os fragmentos eram compostos de todo tipo de material, incluindo parafusos, basicamente qualquer coisa que os rebeldes pudessem encontrar para causar danos. Felizmente, os pacientes permaneceram bastante estáveis durante todo o voo de volta e na entrega ao hospital.

Normalmente, após um grito, o paramédico líder do dia e o médico ou enfermeiro transitariam com os pacientes para o hospital para a entrega, enquanto o resto da equipe e a tripulação aérea retornavam para reabastecer o combustível e os insumos médicos que tínhamos usado. Entretanto, nesta ocasião, não houve tempo para recuperar o kit médico de reposição, pois, ao chegarmos ao Chinook, recebemos uma nova chamada. Era uma correria, e eu estava louca para tomar uma bebida. Felizmente, tínhamos uma caixa no Chinook com materiais de reposição para estojos como este, então, agarramos um kit. Havia também água na cabine, mas estava quente e não muito palatável. Na verdade, não consigo beber muita água desde que servi no Afeganistão.

A segunda chamada foi para um único paciente, um de nossos próprios rapazes que tinha obtido um ferimento na cabeça devido à arma em seu jipe de terra girando e batendo nele. Ele estava bastante estável e quando aterrissamos, Anouska e eu deixamos o táxi para acompanhá-lo para dentro do helicóptero. Durante a viagem de volta à cabine, recebemos uma mensagem de rádio da central, nos informando que tínhamos mais uma mudança de táxi. Eu não podia acreditar, quais eram as chances! Quando nos aproximamos do Chinook, eles ainda estavam no meio da mudança de táxi. Eu estava prestes a saltar da parte de trás do jipe quando ouvi os tons

A Equipe de Resposta Médica de Emergência trata de uma baixa de IED na província de Helmand, Afeganistão.

suaves 'MERT & MERT você tem uma evacuação médica urgente, confirme'. Virei-me para a Anouska e disse 'Estamos no meio de uma mudança de táxi, deem-nos um tempo!!' Eu estava absolutamente destroçada e agora não estava me sentindo muito bem. Além disso, não tínhamos tido a oportunidade de beber ou comer nada. Embora normalmente estejamos protegidos de chamados durante uma troca de táxi, rapidamente se revelou que se tratava de uma situação de acidente em massa, por isso estava tudo no convés. Então, apressamos a troca de táxi, não tínhamos, mais uma vez, tempo para reabastecer o kit, pois tínhamos que decolar. Aparentemente, eles tinham 13 pacientes de maca, 4-5 tinham falecido e vários feridos ambulantes. Todas as vítimas eram afegãs que estavam em um mercado quando um homem-bomba suicida chegou. Alguns dos 13 estavam extremamente críticos e incluíam uma criança já em parada cardíaca.

Eu não estava ansiosa para sair do chão para ajudar mais, mas tive que fazê-lo. A unidade americana *Pedros* tinha começado a triagem quando chegou ao local primeiro. O MERT era conhecido por ter o maior conhecimento clínico devido a ter um anestesista etc. a bordo, enquanto a *Pedros* não tinha. A equipe, inicialmente, pensou que iríamos levar os pacientes da maca devido ao fato de termos a experiência na cabine e podermos levar mais pacientes que a *Pedros*, que só podia carregar duas macas. Entretanto, logo ficou evidente que três das vítimas tinham ferimentos na cabeça que ameaçavam a vida e precisavam ir diretamente para Kandahar se quisessem ter alguma chance de sobrevivência.

Nosso Chinook era a única fuselagem que tinha o alcance para fazer a viagem, então, nós os levamos. Eu acomodei meu paciente ao estágio em que apenas observações de rotina eram necessárias. Verifiquei o resto da equipe, e eles não necessitavam de mais assistência. Lutei para tentar não ficar doente e minha cabeça estava batendo. A certa altura, tive que me levantar porque estava prestes a vomitar em cima do meu paciente. Esse não teria sido realmente um bom dia para aquele paciente. Foi muito engraçado durante o voo porque, como vocês devem se lembrar, não tivemos tempo suficiente para pegar o kit antes de sairmos. Bem, embora não deva ser engraçado, a prancha espinhal meio que escorregou e quase caiu sobre Brian. Eu ainda estou sorrindo sobre isso agora, desculpe Brian! Fiquei tão aliviada por estar pousando em Kandahar, mas quando olhei lá fora, não havia uma ambulância à vista. Eu estava fumegando, talvez um pouco infeliz demais, mas tinha sido uma longa série de chamados. Não podíamos realmente esperar, então, tive que correr cerca de 300 metros com colete protetor de corpo inteiro e capacete para chegar aos caras da ambulância e dizer-lhes que precisávamos que os pacientes fossem pegos no helicóptero.

Finalmente, deixamos os pacientes no hospital e voltamos para a linha de voo para aguardar o retorno do Chinook do reabastecimento. Eu me senti tão mal e vomitei lá, então!!!"

Michelle continua sendo uma inspiração para outros portadores de TEPT. Em 2017, ela participou dos maravilhosos Jogos *Invictus* nas modalidades de remo e levantamento de peso, e é uma tendência que ela está determinada a continuar.

Um dos aspectos mais perturbadores a emergir dos conflitos recentes vem como resultado das mídias sociais. Os soldados fazem patrulhas usando câmeras de cabeça que têm capacidade de transmissão ao vivo, e muitos carregam telefones celulares. Algumas dessas gravações acabam inadvertidamente e propositalmente nas mídias sociais, onde muitas rapidamente se tornam virais. Durante a incursão ao complexo de Osama Bin Laden pelos Seals da Marinha dos EUA, imagens de vídeo ao vivo foram, supostamente, transmitidas para a Casa Branca.

Uma câmera de capacete gravou um incidente em 2013, que levou à condenação de um fuzileiro real britânico por assassinato por atirar em um insurgente afegão desarmado e ferido. As autoridades militares consideraram o ato como sendo uma violação da Convenção de Genebra. As imagens de áudio e vídeo foram utilizadas como prova em uma corte marcial relacionada ao incidente. Grupos insurgentes como o chamado Estado islâmico foram rápidos em armar as mídias sociais para seus próprios projetos nefastos e, hoje em dia, utilizam todas as plataformas disponíveis em uma política sem restrições para fins de recrutamento e disseminação de propaganda maligna.

CAPÍTULO DEZESSETE

PARA ONDE VAMOS A PARTIR DAQUI?

As experiências das Guerras Mundiais proporcionaram avanços significativos na medicina de campo de batalha. Na Primeira Guerra Mundial, aproximadamente quatro de cada 100 homens feridos que receberam tratamento poderiam esperar sobreviver; na Segunda Guerra Mundial, esse número subiu para 50 de cada 100. Um exame mais próximo dos índices históricos de baixas indica que quase 50% dos militares que foram mortos em ação, morreram como resultado de uma perda excessiva de sangue. Oitenta por cento sucumbiram dentro de uma hora após os ferimentos iniciais. Para um médico de combate, aqueles primeiros 60 minutos cruciais são conhecidos como a "hora de ouro". Se o cirurgião, enfermeira ou médico de combate puder tratar a hemorragia dentro de uma hora após o ferimento inicial, os feridos têm uma chance muito maior de sobrevivência. Durante as duas últimas décadas, os médicos de combate treinaram intensivamente para manter vivos os soldados feridos enquanto balas e bombas são trocadas, na suposição confiável de que a assistência está sempre apenas a uma chamada de rádio e, hoje em dia, normalmente está.

Os médicos de combate ainda cumprem um papel bipartidário quando servem nas linhas de frente. Espera-se que eles sejam soldados treinados e lutem ao lado de seus irmãos e irmãs em armas, mas eles também são encarregados de preservar a vida dentro e fora do campo de batalha. Espera-se que eles sejam tanto guerreiros quanto salvadores de vidas. Mas, é importante lembrar que estes indivíduos notáveis não são autômatos; eles são seres humanos e sofrem das mesmas tensões e ansiedades que os outros soldados com quem servem. Eles são realmente corajosos e tenazes, mas também são vulneráveis e, consequentemente, muitos sofrem de sintomas residuais de estresse pós-traumático. Apesar de serem reverenciados e considerados irreprimíveis por seus pares, frequentemente, eles são profundamente afetados por suas experiências de combate. A compulsão para internalizar experiências traumáticas é mais pesada entre os médicos de combate, mas há, inevitavelmente, consequências.

A dupla função dos médicos de combate enfatiza fatores que outras especialidades militares, às vezes, são alheias. A tarefa de fornecer ajuda contínua na linha de frente, significa que alguns estão potencialmente em alto risco de queimadura, fadiga por compaixão, estresse de combate e TEPT. Os sintomas, muitas vezes, dependem de fatores desencadeantes, eventos ou ocasiões que fazem com que o paciente reviva o trauma inicial, o que pode resultar em sensação de estar no limite, pesadelos ou padrões anormais de sono. Estas reações de estresse são comuns após um evento traumático e, em muitos casos, podem diminuir após alguns meses; entretanto, os médicos com TEPT podem experimentar uma infinidade de sintomas relacionados, mesmo anos após a ocorrência do evento.

Este foi o caso da enfermeira voluntária Augusta Chiwy, que não era médica de combate, apenas uma enfermeira civil que, inadvertidamente, se viu salvando vidas na linha de frente. Setenta anos após os eventos que impactaram sua vida durante a Batalha do Bulge, ela não conseguia ouvir o nome 'Bastogne' sem ficar traumatizada.

Como outros veteranos de guerra, muitos ex-médicos sofrem depressão, ansiedade, problemas conjugais e abuso de substâncias. Aqueles que experimentam os efeitos do TEPT são, frequentemente, inclinados a se automedicar com álcool, medicamentos prescritos ou drogas ilegais e, em muitos casos, os sintomas não se dissipam com o tempo. Ser um médico de combate não faz com que se esteja isento dos perigos de estar na linha de frente. Se algo se agrava, eles deixam de lado o papel de médicos, e são perfeitamente capazes de livrar-se de um combatente inimigo quando necessário. No entanto, se um médico está cuidando de um soldado ferido, é seguro assumir que ele está em uma situação precária e propenso ao fogo inimigo.

Apesar do fato de que, ao longo das últimas décadas, houve avanços gigantescos no tratamento de doenças crônicas e debilitantes, as lesões traumáticas sofridas durante o serviço ativo continuam a representar um equilíbrio impraticável entre a fisiologia básica e o tempo.

A utilização imediata do torniquete na estabilização pelas Equipes Cirúrgicas Avançadas e a evacuação imediata dos feridos para níveis mais elevados de cuidado, permitiu que as unidades da linha de frente aumentassem as taxas de sobrevivência individual para um fator de 90%. Em alguns casos, quando a pessoa ferida era capaz de chegar a um nível mais alto de cuidado, a taxa de sobrevivência chegou a 97%.

Comandantes militares talentosos sempre respeitaram o terreno onde seus exércitos lutaram, e os realmente bons usaram características geográficas em seu benefício. O conhecimento prévio do terreno e do meio ambiente, inevitavelmente, impacta a forma como os serviços médicos são implantados para apoiar as tropas em ação, pois estes ambientes variáveis apresentam desafios únicos para aqueles que prestam primeiros socorros no campo de batalha.

Para lidar com tecnologias de armas emergentes, os requisitos de cuidados médicos avançados precisam ser desenvolvidos de forma congruente no mesmo ritmo. Isto, inevitavelmente, apresentará desafios, porque diversos terrenos exigirão abordagens diferentes. Lutar em um ambiente urbano é significativamente diferente de ter que negociar um campo de batalha montanhoso. Distinguir as necessidades de vários ambientes será um elemento crítico na manutenção da prontidão futura.

Equipes médicas e médicos de combate modernos são treinados para lidar com os efeitos deletérios de lesões por esforço repetitivo e exaustão por calor, e identificaram os passos iniciais no gerenciamento de lesões na cabeça e na preservação urgente dos membros. Algoritmos sofisticados, para o cuidado e recuperação do soldado gravemente ferido, avançaram durante a última década e a medicina militar continua a inovar.

Talvez, o futuro veja o uso e a implantação de inteligência artificial na forma de sistemas autônomos capazes de orientar os fornecedores de vários conjuntos de habilidades ou até mesmo de prestar cuidados diretos aos feridos? A tecnologia moderna e o crescimento na compreensão dos processos biológicos oferecem tremendas oportunidades para combater a escala e a magnitude dos desafios da medicina de campo de batalha. Um uniforme de batalha futurista, com uma rede que pode conectar uma tropa ferida com médicos em um hospital a milhares de quilômetros de distância já está sendo desenvolvido. Os uniformes estão embutidos com tecnologia que pode rastrear a localização da tropa, sinais vitais e até mesmo administrar medicamentos para reduzir o choque. Isto significa que um oficial de combate poderá começar a fazer a triagem mesmo antes de chegar fisicamente ao local.

Houve um caso relativamente recente de um soldado saudável, de 22 anos de idade, que sofreu graves lesões no tronco após a detonação próxima de um IED. Ele foi imediatamente colocado em um helicóptero MedEvac, e posto sob os cuidados do médico de voo para ser transportado para o hospital cirúrgico militar mais próximo, que ficava a cerca de 50 km de distância. Uma vez que o soldado ferido foi fixado dentro do helicóptero, foram aplicadas substâncias intravenosas e ele recebeu analgésicos quando o helicóptero saiu da zona de fogo inimigo. Durante a avaliação da ferida, os sinais vitais do soldado se registraram normais, mas após vários minutos em trânsito, ele começou a reclamar de fortes dores abdominais e no peito. O médico de voo pediu mais detalhes, mas as afirmações do soldado estavam se tornando cada vez mais ininteligíveis. Além disso, a situação foi exacerbada devido aos ruídos clamorosos do motor do helicóptero.

Em pouco tempo, o soldado tornou-se progressivamente taquicardíaco. Sua saturação de oxigênio começou a se deteriorar e seu ritmo cardíaco começou a aumentar. O médico de voo realizou um exame e-FAST com um dispositivo portátil de ultrassom. O exame permitiu uma avaliação dos ferimentos que ameaçavam a vida durante a evacuação. Suas janelas ultrassonográficas abdominais e pericárdicas eram negativas para a presença de líquido intraperitoneal ou pericárdico. Como os sinais vitais do paciente continuaram a deteriorar-se, o exame ultrassonográfico dos campos torácicos revelou a presença de um grande pneumotórax do lado direito. A descompressão do espaço pleural direito, seguida da colocação do tubo de toracostomia do lado direito, foi imediatamente realizada, com a consequente normalização de todos os sinais vitais. A vida do soldado foi salva graças à tecnologia moderna.

Apesar da introdução destas tecnologias, os médicos de combate contemporâneos ainda serão obrigados a provar sua eficiência em quatro grandes competências antes de se lançarem na linha de frente. Cuidados de emergência, evacuação, proteção das forças médicas e cuidados primários limitados. O atendimento de emergência implica nas habilidades habituais de atendimento de vítimas de combate e ressuscitação por trauma. Habilidades específicas incluem controle de hemorragias, imobilização, bandagem, gerenciamento avançado de vias aéreas, terapia com fluidos intravenosos, descompressão de pneumotórax de tensão e gerenciamento de choque.

O gênero não é mais um problema na linha de frente, como mostrado aqui com esta enfermeira do Hospital de Apoio ao Combate no Iraque.

Um médico de combate dos EUA disse recentemente:

"Nos últimos 18 anos, tenho notado o quanto o equipamento que usamos melhorou, mas, na minha opinião, ainda se resume ao treinamento. Quando comecei a treinar como médico para estancar uma hemorragia, sempre se tratava de aplicar pressão e elevar e, no pior dos casos, se aplicava um torniquete. Após alguns anos em guerra, nossos chefes nos disseram para usar o torniquete imediatamente, porque isso salva mais vidas.

A evolução ocorreu durante 4 a 6 anos; foi um caso de 'Ei, olha, isto parece funcionar melhor, então, vamos fazer isso. Está salvando mais vidas no campo de batalha, vamos fazer isso e treinar de acordo'. Então, passamos a treinar nossos homens no chão 'de aplicar pressão e elevar' para 'colocar o torniquete imediatamente para parar o sangramento, porque você quer salvar uma vida em vez de apenas evitar danos'. O processo de triagem se tornou um pouco mais ágil, um pouco mais fácil. Não é apenas o médico que está fazendo isso no campo de batalha. O médico está fazendo a triagem, seja ele um médico ou uma enfermeira ou um médico ou alguém que seja medicamente qualificado. Mas, também, há outras pessoas ao redor que podem administrar isto, e elas podem não ser pessoal médico, mas têm o treinamento básico que chamamos de 'treinamento de salva-vidas de combate' no Exército dos EUA, para poder sustentar a vida. Talvez não seja imediato, mas, então, temos algo que chamamos de amigo de batalha, que também pode aplicar um torniquete se houver sangramento maciço, e eles podem aplicar um estetoscópio no peito ou algo parecido, e é mais ou menos assim que evoluiu. Às vezes, você sente que nunca está preparado o suficiente, porque o que fazemos é tão importante que tentamos cuidar das vítimas o melhor que podemos. Mas, infelizmente, nem todas elas podem ser salvas, então, você sempre tem esta sensação de inadequação, o que poderia ter feito melhor para salvar a vida desta pessoa. Nunca senti, quando tive uma baixa, que havia algo que eu esqueci de fazer ou algo que eu sabia fazer que não fiz. Sempre foi, eu gostaria de ter sabido como cuidar melhor desta pessoa, ou teria ajudado ou teria feito a diferença.

A maneira como vejo as coisas evoluindo é que há muitos produtos novos com os quais as pessoas estão lidando depois de suas experiências no campo de batalha ou experiências próprias. Elas estão saindo com melhores maneiras de estancar a hemorragia porque isso é o mais importante, ou de ser capaz de levá-los de volta a um escalão superior de cuidados. A maneira como eu vejo uma coisa evoluindo é, há muito tempo, antes desta Guerra começar, os médicos militares eram treinados para fazer todas as suas coisas básicas... Eles sabem como parar um sangramento, sabem como dar oxigênio e sabem como fazer massagem cardíaca. Agora, está se tornando mais avançado, você sabe que a 'hora de ouro' é a mais crítica, portanto, investir mais dinheiro e mais treinamento em indivíduos é necessário. Cada indivíduo que está lá deve receber investimento porque, 9 em cada 10 vezes, há apenas 1 médico para 20, 35 pessoas. Mas, se todos conhecem os cuidados básicos, então, podem fornecer ajuda até que o médico seja capaz de fazer o que eles podem fazer.

No que diz respeito ao avanço, pode haver alguns avanços tecnológicos, coisas assim, talvez alguns equipamentos novos. Mas eu acho que a maior coisa que eles começarão a fazer é investir no conhecimento e nas capacitações, e permitir que os médicos no terreno façam mais. Eles já o fazem com Equipes de Forças Especiais e outras equipes altamente eficientes, mas também vão começar a dar maior conhecimento médico a todos os outros médicos que estão no terreno. Ser capaz de transferir esse conhecimento para todos os outros no pelotão é igualmente importante, para que eles possam ajudar quando puderem".

Os planejadores militares, há muito tempo, têm previsto o uso da robótica no campo de batalha, e o potencial para utilizar tecnologias paralelas adequadamente desenvolvidas para melhorar a prática da medicina de campo de batalha e o cuidado com traumas no futuro também está em preparação. O futuro pode ver autômatos controlados remotamente proliferando em operações médicas terrestres, onde eles terão o potencial de reduzir as baixas entre os médicos de combate, e melhorar significativamente a eficácia das intervenções médicas que salvam vidas, ao mesmo tempo em que reduzem ainda mais as taxas de mortalidade no campo de batalha.

Os planejadores militares contemporâneos se preparam para contingências envolvendo operações de forças dimensionáveis para operações especiais e situações de conflito, que podem envolver uma força de intervenção militar limitada, a situação arquetípica do campo de batalha linear que conhecemos no passado se tornará antiquada. O potencial para novos armamentos de alta tecnologia, uso de agentes químicos e biológicos, juntamente com o combate a forças não tradicionais e terrorismo, exigirá uma abordagem totalmente diferente para lidar com o que será percebido como uma ameaça de 360 graus.

O consenso entre a hierarquia militar é que a crescente urbanização global da população mundial implica que é mais do que provável que futuras batalhas sejam travadas dentro dos limites da cidade. A tecnologia de ponta pode realmente preparar o caminho para um melhor atendimento às vítimas do combate, mas não eliminará totalmente a necessidade de intervenção humana. Os médicos de combate ainda carregarão torniquetes, dispositivos de controle de hemorragia funcional e agulhas intraósseas (usadas para injetar diretamente na medula de um osso).

Apesar de todos os avanços, muitas dessas chamadas novas ferramentas e conceitos existem de uma forma ou de outra há séculos, e a história nunca deve esquecer os inovadores. Tal é a natureza da humanidade que é praticamente inevitável que sempre haverá guerras e conflitos, e os combatentes em situação de perigo podem ser feridos. Enquanto este for o caso, o objetivo final foi, é, e continuará sendo, apesar da tecnologia utilizada, a otimização do cuidado no campo de batalha, e o cuidado, como a coragem, não pode ser programado em nenhuma máquina.

Bibliografia

William Allan. *Homer: The Iliad* (Bristol Classical Press, 2012).

William Beatty. *The Death of Lord Nelson*. (CreateSpace Independent Publishing Platform, 2015).

Nathan Davis. *History of Medicine: With the Code of Medical Ethics* (Applewood Books, 2010).

Horatio Gates. *The Horatio Gates papers, 1726-1828*.

J. C. Goddard. 'Genitourinary medicine and surgery in Nelson's navy', *Postgraduate Medical Journal*, 81 (2005).

Roger-Henri Guerrand and Fernande de Bissy. *Oeuvres D'Ambroise Paré* (4 vols.). (Union Latine d'Editions, 1976).

Dr William Hanson, M.D. *Smart Medicine: How the Changing Role of Doctors Will Revolutionize Health Care*. (Palgrave Macmillan, 2011).

Philip K. Hitti (tr.) *An Arab-Syrian Gentleman and Warrior in the Period of the Crusades; Memoirs of Usāmah ibn-Munqidh*. (New York, 1929).

Woody Holton. *Abigail Adams, Biography & Autobiography* (Tantor Media, Inc., 2009).

Lucy Hutchinson. *Memoirs of the life of Colonel Hutchinson* (Longman, Hurst, Rees and Orme, 1806).

Martin King. *Searching for Augusta: The Forgotten Angel of Bastogne* (Lyons Press, 2017)

Martin King and Michael Collins. *Voices of the Bulge: Untold Stories from Veterans of the Battle of the Bulge* (Voyageur Press, 2010)

J. Kirkpatrick & I. L. Naylor. 'The qualities and conduct of an English surgeon in 1446: as described in a manuscript attributed to Thomas Morstede'. *Annals of the Royal College of Surgeons in England*, 79:3 (May 1997).

Oxford Dictionary of National Biography, entries on John Bradmore and Thomas Morstede. (Oxford University Press, 2004).

Ellen Newbold La Motte. *The Backwash of War: The Human Wreckage of the Battlefield as Witnessed by an American Hospital Nurse* (G.P. Putnam and Sons, 1916).

Dominique Jean Larrey. *Memoirs of Military Surgery, and Campaigns of the French Armies* (Classics of Surgery Library, 1985).

A. Louis. 'Excerpts from the eulogy of Jean-Louis Petit presented during the public session of the Royal Academy of Surgery on May 26, 1750.' *Annals de Chirurgie* 126:5 (June 2001).

Stanley F. Malamed. *Sedation: A Guide to Patient Management* (Elsevier, 2017).

National Maritime Museum, Greenwich, London. 'Journal of the HMS *Vanguard*, 1797 by John Grimshaw'.

Daniel Nijensohn. 'Admiral Horatio Lord Nelson's Death at the Battle of Trafalgar: A Neurosurgeon's Forensic Medical Analysis.' *Journal of Trauma & Treatment*, 6:2 (2017).

Ambroise Paré. *La Méthode de traicter les playes faictes par hacquebutes et aultres bastons à feu* (1545).

Ambroise Paré, (tr. Robert White Linker and Nathan Womack). *Ten Books of Surgery: With the Magazine of the Instruments Necessary for it.* (University of Georgia Press, 1969).

Michelle Partington. Author communications and questions.

Pope Gregory I. *Dialogo de sam Gregorio.* (Presso l'Accademia della Crusca, 1979).

Diane Purkiss. *The English Civil War. Papists, Gentlewomen, Soldiers, and Witchfinders in the Birth of Modern Britain.* (Basic Books, 2009).

Bernard D. Rostker. *Providing for the Casualties of War: The American Experience Through World War II.* (RAND Corporation, 2013).

Stanley G. Schultz. 'William Harvey and the Circulation of the Blood: The Birth of a Scientific Revolution and Modern Physiology', *Physiology* 17:5 (October 2002).

Corrine Lynn Schurz Collection, Veterans History Project (AFC/2001/001/97568, Library of Congress, 2001).

Walter Simons. *Cities of Ladies: Beguine Communities in the Medieval Low Countries, 1200-1565.* (University of Pennsylvania Press, 2003).

P. Skandalakis et al., '"To Afford the Wounded Speedy Assistance": Dominique Jean Larrey and Napoleon.' *World Journal of Surgery*, 30:8 (July 2006).

Peter Stanley. *For Fear of Pain: British Surgery, 1790-1850*. (Editions Rodopi, 2003).

Mabel Keaton Staupers. *No Time for Prejudice* (Macmillan, 1961).

Julia Stimson. *Finding Themselves: The Letters of an American Army Chief Nurse in the British Hospital in France* (Macmillan, 1918).

Morris Stockhammer. *Plato Dictionary* (Philosophical Library, 2015).

Carolyn Hisako Tanaka. "Memoir, Road Runner" by (unpublished manuscript, Library of Congress, 2001).

The National Archives of the UK. 'Journal of HMS *Captain*; by James Farquhar, Surgeon; between 3 September 1798 and 26 May 1799.' ADM 101/93/2D.

The Nursing Mirror and Midwives Journal (1915–1918).

Marie-Cécile Thoral (tr. Godfrey Rodgers). *From Valmy to Waterloo, 1792-1815* (Palgrave Macmillan, 2011).

Vegetius (tr. Lieutenant John Clarke) *The Military Institutions of the Romas (De Re Militari)* (1767).

Andreas Vesalius. *De humani corporis fabrica libri septem* (1543).

Índice

ÍNDICE

Crédito das Fotos

Alamy: 89 (GL Archive), 245 (Harvey O. Stowe)

Bridgeman Images: 21

Getty Images: 165 (ullstein bild), 190 (Bettmann), 211 (Interim Archives), 214 (Bettmann), 216 (Bettmann), 229 (John Moore/Staff), 237 (Marco Di Lauro/Stringer)

Library of Congress: 100, 111

Metropolitan Museum of Art: 18

National Archives and Records Administration, US: 132, 207

National Library of Medicine, US: 57, 65, 102

Public Domain: 29, 30, 33, 46, 53, 70, 83, 116, 127, 129, 141, 159, 162, 168, 183, 189, 192, 197

Shutterstock: 31

Wellcome Collection: 40, 43, 50, 63, 67, 76, 93, 151, 173, 182